資本戰爭

熱錢如何
重塑全球金融、撼動股市、
左右大國爭霸

MICHAEL
J. HOWELL

麥可・J・豪爾————著 吳慕書————譯

CAPITAL WARS
The Rise of Global Liquidity

目 錄

附圖清單

附表清單

謹獻離散他鄉的索羅門兄弟（Salomon Brothers）幫

前序

　　歷史絕非隨機發生，尤其是金融史。本書的關鍵思維在於，經濟週期是由金融流動所驅動，也就是儲蓄與信貸總量，而非普遍認定的通膨或利率水準所致。全球流動性這座一百三十兆美元自由流淌的現金池彰顯出它們橫掃千軍的破壞性威力。由此可知，我們的中央銀行決策者應該徹底改變政策，更高度聚焦金融穩定性，而非命中虛幻的消費者物價指數目標。英國經濟學家約翰‧梅納德‧凱因斯（John Maynard Keynes）區分經濟領域中金融範疇與工業範疇的方式，與當今我們劃分資產經濟與實體經濟的手法類似。試圖祭出流動性刺激實體經濟永遠都得冒著製造資產價格泡沫的風險。一九三〇年代，決策者遭逢一種與後金融危機時期幾乎如出一轍的情境，當時他們釋出一套雷同的刺激方案並收到相似的後果：一般商業價格幾近持平，但資產價格一飛沖天。一個分化、不確定的世界激勵投資者緊握過剩的「安全」資產，好比現金與政府公債，尤以美元資產為甚，而非將資金投入有益生產的工作領域。當國家無法產出足夠的安全資產時，民間就推出次等替代品介入，不幸的是，它們的價值都會順週期變化。就這個角度來看，政府的緊縮政策與量化緊縮方案有可能聽起來不是那麼完善？不妨把這套機制想成所謂的**預防性貨幣需求**，傳統教科書只以三言兩語帶過，不過它似乎比眾所周知的投機動機更適切描述我們眼前這道日益茁壯的系統性風險，畢竟投機動機是在評估走高（或下修）的利率足以導致「流動性陷阱」的機率有多高。個人淺見主張，全球流動性永不受困：它不聲援愛國主義、深諳無邊無界，而且在市場與資產類別之間飛速移轉。

　　事實上，在最新的政策辯論中，有兩道看似令人費解的特徵強調全球流動性的重要性。首先，央行的反覆聲明強化一道廣泛的共識，認為更多量化寬鬆（quantitative easing, QE）實則降低而非推升期限貼水（term premium）*，進而提高政府債券殖利率。二〇一六年，美國經濟學家約瑟夫・E・甘農（Joseph E. Gagnon）撰文總結學術界論點，每借道量化寬鬆挹注一〇％國內生產毛額（GDP），就量化債券殖利率六十七個基點。其次，許多人相信，殖利率曲線的斜率是商業週期一道明確的預測指標，因此，殖利率曲線倒掛應該是在警示我們，經濟衰退正迅速逼近。事實上，這兩套說法都不是正解。前者禁不起數據考驗，它們會清楚顯示，美國推行量化寬鬆時期與高殖利率息息相關，而且在過去的每一場量化寬鬆階段，期限貼水準均上升一百三十四個基點。另有國債殖利率當作商業週期預測指標效率的分析，好比在下二〇一八年發表的文章。這一點證實，標準的十年期與二年期殖利率斜率充其量只是一道不可靠的預測指標。這份分析指出，因為不同的到期利差會在不同的時間發揮作用，另一道也很重要的元素就是期限結構的曲率。在其他研究中，斜率與曲率必須一起評估，解釋曲率的一項關鍵要素就是期限貼水的模式。期限貼水是流動性現象，多半反映「安全」資產的需求過剩。

　　一九八九年，柏林圍牆（Berlin Wall）崩塌引爆的流動性衝擊像子彈一樣在世界各地彈跳，終究迫使利率下跌並協助反轉全球金融體系的極端傾向。資本順著我所謂的**金融絲路**（Financial Silk Road）直奔東方，政治與群眾卻移向西方，導致尤以中國為首的許多國家打著安全的名義過度倚賴美元和美國國債市場。當今的金融市場與這些變化環環相扣，越來越有必要擔綱**再融資的機制**，而非**全新的融資機制**，使得資產負債表規模這種資本的能耐遠比利率水準這種資本的成本更形重要。劣質的「安全」資產即是我採取

---

* 譯注：意指投資者選擇持有長期債券而非短期債券所獲得的額外報酬。

更正規方式稱呼的**影子貨幣基礎**，供應量因此高漲，進而削弱民間的資產負債表展期全球金融危機時代遺留至今大筆未償付債務的能力。諷刺的是，流動性與「安全」資產的供應減少，竟然推升囤積它們的需求。這些特徵加總在一起便放大全球流動性的波動程度，也足以解釋為何世界變大的同時也更波動易變。優質資產的潛在稀少性誘使我們相信**資本戰爭**一觸即發。在此，戰場涵蓋資金、科技與地緣政治，外加兩股超強勢力正面對決：中國的工業與美國的金融業。中國的存在感越來越強大：二〇〇〇年，中國占全球流動性僅五‧九％，不到美國占有率的五分之一；二〇〇七年至二〇〇八年全球金融危機肆虐期間上升至一〇‧一％；如今更暴衝至超高的二七‧五％，顯著超車一路下滑到二二‧五％的美國。中國對全球經濟與全球金融而言至關重要，我歸納的結論是，雖說美國有必要重振自家工業，中國盡快發展自家金融業的必要性卻更形迫切。正如歷史所示，這些都是演變過程而非單一事件，但我們還是可以問問，市場的最終勝利者究竟將是美元還是數位打底的中國人民幣？

　　本書是經濟、金融理論與現實世界經驗的結合體。我不採取傳統金融手法，聚焦個別股票的優劣價值，而是專注資產配置，並依據投資群眾與貨幣機構的互動程度評估總體價值轉變的潛力。這套手法為我所有，但確實是有幾位前輩為我提供靈感。在所有影響我的學者當中，首屈一指的幾位是榮恩‧史密斯（Ron Smith）、倫敦商學院經濟學教授理查‧波提斯（Richard Portes）、倫敦商學院經濟學教授賀蓮‧芮伊（Hélène Rey）與挪威銀行投資管理公司的帕沃‧波瓦拉（Pavol Povala）。在商界，我有幸得與華爾街資深分析師亨利‧考夫曼（Henry Kaufman）、摩根士丹利研究部門副總裁馬帝‧萊波維茲（Marty Leibowitz）與克里斯‧米欽森（Chris Mitchinson）等創意十足的研究者共事。至於思慮周到的銀行家，最著名的就是資產管理顧問依文‧卡麥隆—瓦特（Ewen Cameron-Watt）與已故的英國投資銀行家麥可‧霸菱（Michael Baring）。一九九六年，一批同事與我共同創辦投資顧

問公司「跨境資本」這家專事蒐集、執行流動性與資本流向數據工作的企業。安琪拉‧柯吉妮（Angela Cozzini）尤其值得表揚。我還要感謝佩爾格雷夫‧麥克米蘭（Palgrave Macmillan）出版社編輯涂拉‧薇絲（Tula Weis）與露西‧齊薇（Lucy Kidwell）。最重要的是，我要衷心感謝長期包容忍讓的家人。

倫敦牛津　麥可‧J‧豪爾

二〇一九年十一月

第一章

簡介：資本戰爭

金錢勢力在和平時期掠奪國家，災難時期則密謀造反；它比君主專制更暴虐、比獨裁統治更張狂、比官僚主義更自私。據稱，此語出自一八六四年六月美國《國家銀行法》（*National Bank Act*）通過後，時任總統亞伯拉罕・林肯（Abraham Lincoln）十一月致信陸軍中校威廉・F・艾金斯（William F. Elkins）所言。

資本戰爭：新貿易戰爭

我們概觀確定性支離破碎的後二○○八年時代，可以從中學到什麼？二○○七年至二○○八年全球金融危機[1]是一場破壞力超強的全球流動性衝擊。這句警語在一九八○年代初期就已經問世。當時，全新的要素逐漸演化，取代視股價為**獲利能力**主要驅動力這套盛行的學說：在所有要素中，**金錢勢力**拔得頭籌。我們聚焦一股自行定義為**全球流動性**的特定型態金錢勢力：一座一百三十兆美元自由流淌的現金池，比當前全球國內生產毛額高出不只三分之二。請參見附圖一・一。

二○○七年至二○○八年全球金融危機發生在一個貨幣緊張局勢急劇升級，引發各方勢力瘋狂爭奪美元的時刻。單單歐洲的需求就高於驚人的

附圖1.1　全球流動性

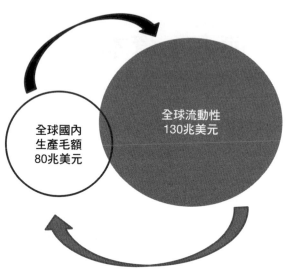

八兆美元。不過當時國際上並沒有這麼一位萬不得已之際順理成章的最後放款機構，加上當時國際貨幣基金組織（International Monetary Fund, IMF）的火藥庫也只有幾十億美元，全世界找不到任何一處儲備現金池，唯獨美國聯邦準備理事會（US Federal Reserve，簡稱Fed）與它自身的互換額度（swap lines）體系，規模龐大足以支應國際金融系統。這道差距至今仍在，美元互換額度也從此變得更政治化。美國當局正式鎖定「優惠國」（favored nations），就目前來看，排除新興市場經濟體，而且刻意衝著中國這個全球最大美元用戶而來[2]。本質上，美國部署聯準會互換額度以及配置對象的這道決定已經變成類似羅馬暴君尼祿（Nero）的選擇，而且還是取決於何方神聖坐鎮白宮。現在，隨著非美國企業積欠接近十七兆美元債務，而且其中超過三分之二是以美元結算，這些決定顯得舉足輕重。

　　近十年來，面對這些緊張局勢時，目睹貨幣政策調節手段填補許多民營企業傷亡所留下來的缺口並不出人意料之外，還能理所當然地類比成科幻小

說《科學怪人》（*Frankenstein*）中主角法蘭康斯坦（Frankenstein）博士導入幾十億閃電伏特猛擊倒地的怪物一般。附圖一‧二顯示，全球流動性持續超越全球國內生產毛額，甚至二〇〇九年、二〇一七年時，占據國內生產毛額的比率還比全球金融危機爆發前的峰值猶勝一籌。美國聯準會持續扮演的關鍵角色意味著，如今它的行動很大程度來說支配著全球投資者究竟是迎戰風險或是規避風險。就此而言，美國聯準會觀察術成為一項彌足珍貴的技能，有時甚至被視為足與霍格華茲（Hogwarts）魔法學院及哈利波特（Harry Potter）相提並論的暗黑藝術。二〇〇七年至二〇〇八年全球銀行爆發倒閉潮、二〇一〇年至二〇一二年歐元區驚傳銀行業危機，全球央行隨後全面採取明確的量化寬鬆（quantitative easing, QE）政策，挹注金融市場超過十兆

附圖1.2　1980-2019，全球流動性（占全球國內生產毛額比率）

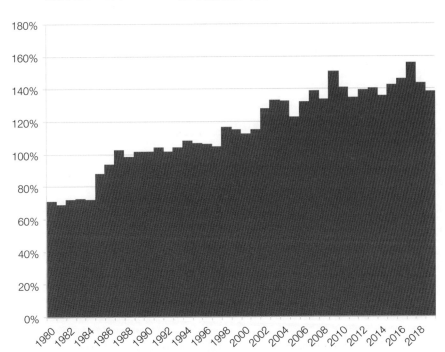

資料來源：跨境資本

美元，到了近期則是短時間內轉向量化緊縮做法，在在強調監控與理解全球流動性條件的重要性。一言以蔽之，有錢能推動市場。

世界經濟的貨幣強權之戰

　　民主黨策略家詹姆斯·卡維爾（James Carville）機敏體認到金融掌控全世界，因此給出一句著名的譏諷妙語，要是真有來世，他想要「……轉生為債券市場*」至今，它益發顯著主導工業經濟與市場之間錯雜的互動。不過究竟是何人或何物掌控金融？在此我們聚焦全球流動性的驅動力，亦即各國內部與彼此之間的金融與匯率關係，以及資金、證券、商品與服務跨境流動的決定因素。在這場美國、歐洲與中國三大勢力日益升級的資本戰爭中，這些相同元素已經成為全新的武器。請設想資本戰爭是國與國之間的衝突，選在投資市場開打，它與更熟知的貿易戰概念如出一轍，最終都涉及一場世界經濟的貨幣強權之戰。全球流動性體現這麼一道觀點：即使是站在國家層級，甚至對全球幾個最龐大的經濟體而言，資金（在此我們意指儲蓄加信貸）絕不會自外於經濟體系。全球流動性衝擊借道跨境流動在國際間加劇擴散。這些衝擊依舊遵從蘇格蘭哲學家暨經濟學家大衛·休謨（David Hume）制定的物價現金流動機制（price-specie flow mechanism）這套經典規則，但升級至涵蓋跨境的資本流動；它們持續依循格雷欣定律（Gresham's Law）[3]，亦即被高估（或說劣幣）的資金將被低估（或說良幣）的資金逐出流通圈之外進而囤積；它們也尊重論及國際間對美元信心的特里芬兩難（Triffin dilemma）[4]。衡諸歷史，資金引爆的問題總是大同小異：它是各路人馬提出內容不一的解決方案。

　　隨著歷史時鐘滴答前行、國內信貸市場與跨境資本流動的管制鬆綁，更

---

* 譯注：原句為 If there was reincarnation...... I would like to come back as the bond market. You can intimidate everybody，下一句是輕易就能威脅任何人。

低的稅收結合下滑的通膨率便協力動員倫敦、紐約和東京這幾座龐大資金中心日積月累而膨脹的儲蓄池，成為移動迅速而且有時候稍帶威脅感的跨境資本流動。這些流動終究是被「推力」或「拉力」所帶動的爭議此起彼落，但事實上，兩者都說得通。金融資本傾向流往經濟成長率正在加速的國家，因為這些經濟體往往具備一道天然缺陷，即國內儲蓄比起投資機會相對短缺。同理，當經濟成長率減緩，金融資本通常隨著投資潛力下滑而退出。然而，資本流動運行的群聚力與共同性存在於國家之間，也存在於資產與負債的構成要素之間，突顯出一股全球流動性週期的重要推力。

　　一戰結束以來的多數時間裡，美國的經濟主導地位意味著它的外部支付地位可以為世界其他地區提供便利的緩衝或避震作用，以便抵禦這些國際資本浪潮。兩場世界大戰加速美國經濟成長，也提供它一筆慷慨的儲蓄盈餘。乍看之下，這一點像極了今天的中國。不過當年的時空背景可不比當前，一九二〇年代與一九五〇年代，美國籌募戰後重建資金的能力適逢其他地區龐大的投資及儲蓄短缺窘境。因此美國可以輕而易舉借道對外貿易輸出它的巨額儲蓄，儘管這麼做反倒是提高它自身因應關稅戰爭及一九三〇年代隨之而來的貿易緊縮的脆弱程度。

　　一九六〇年代末期，情況改觀。尤以德國、日本為首的已開發經濟體至此已經完成重建，全球儲蓄再度豐沛。這些經濟體不再亟需獲取稀少的資本，這時反倒開始為它們可資交易的商品獵尋對外出口市場，同時採取限制消費者進口商品以便保護自家產業。簡言之，它們想將自家過剩的儲蓄當作資本對外出口。美國與英國兩大經濟體挾著龐大、開放的金融市場，並憑藉一九五〇年代與一九六〇年代逐步取消控制資本流動的既定背景，開始累積出日益走高的貿易逆差，以便調節這些亞洲與歐洲大陸的盈餘，儘管必須以自家更高升的失業率、更龐大的消費者債務為代價。諷刺的是，這些巨額赤字很可能是衡量英國與美國金融競爭力更貼切的指標，而非一道相對來說代表產業效率低下的記號。

近來，我們似乎登頂了：全球經濟受到柏林圍牆崩塌之後的經濟巨變刺激，現在正享有過剩產出、充沛儲蓄，單單是中國就得每年部署六兆美元準備金。越來越多經濟體正在尋求提升貿易順差之道，因此可能變成更龐大的資本淨出口國。這一點毫不意外。然而，這一步明顯需要某個或數個其他經濟體承擔相對應的巨額貿易逆差[5]。況且，由於貿易逆差實際上意味著國內製造業的逆差，這是未來生產力成長的關鍵來源，而且一貫指向主要的都會區雇主，這種政策引發情感爭論的政治挑戰。承擔更沉重、持續的貿易逆差或許也可以解釋，中國取代美國在全球貿易體系地位的說法恐怕言之過早。若是少了美國身為促進者的角色，其他規模較小的經濟體將被迫承擔赤字以便遷就中國，這一點可能大幅減少它們的潛在經濟成長率。有些預估結果甚至暗示，全球貿易體系聚焦**美國赤字**一旦轉向圍繞**中國順差**運行，終究可能抑制全球國內生產毛額成長每年高達二％ [6]。

布列敦森林的固定匯率制度

在這個資本充裕的新世界，我們看似一頭栽進死胡同。美國已經失去吸收其他國家過剩儲蓄的能力與意願。美國占全球國內生產毛額的比率明顯低於第二次世界大戰後的表現、國內收入不平等日益擴大，而且遷就諸如中國等經濟對手的地緣政治利益遠不比以往顯著。但是肯定過剩的流動性應該壓低資金價格並協助恢復平衡嗎？考慮到**資金的真實價格**其實是匯率[7]而非利率，一道與充裕資本相關的問題就此浮現：當今，什麼樣的貨幣安排最適用於美國與經濟競爭對手之間分歧的利益？近兩百年多數時期中，美元和其他國際貨幣一向採取釘住匯率制，一七一七年至一九三四年的初期階段是採用金本位制[8]，之後的一九四四年至一九七一年改採布列敦森林（Bretton Woods）的固定匯率制度。布列敦森林是一套美元打底的制度，雖說後來有些人士主張這道結果全非預先確定的走向，但當時這套做法很大程度是受到英國對於無法擔保未來英鎊的穩定度緊張兮兮所致。無論巧合與否，布列敦

森林時代已獲證明是比較經濟的極樂世界，既可享有國內生產毛額成長率大約是前、後幾十年貨幣波動時期的兩倍；適度但緩升的通膨；重大的銀行倒閉與金融危機不復見；而且收入和財富也更均等分配。

布列敦森林制度消亡之後[9]，近五十年來全球主要貨幣都在浮動；與此同時，資本流動逐漸放鬆管制。一九七九年，即將上任的英國前首相柴契爾（Margaret Thatcher）政府幾乎馬上祭出廢除英國資本管制的頭號行動，其他國家緊隨其後。一九九〇年代，所謂的**華盛頓共識**（Washington Consensus）政策持續演化，彰顯稅制改革與財政紀律的特徵，再加上貿易自由化與資本帳戶對內投資大開門戶。這些舉措是由國際貨幣基金組織、世界銀行（World Bank）與美國國債帶頭，它們全都鼓勵新興市場經濟體採用。我們將在稍後章節深入探討，一九八九年柏林圍牆崩塌頗具象徵意義，連同更早的一九八五年鄧小平在中國實際推動改革，在經濟層面跨越許多以前實施社會主義的國家和過往採取鎖國立場的經濟體，解放二十億至三十億名工人的權利。二〇〇一年中國加入世界貿易組織（World Trade Organization, WTO），進一步明確訂定快速的成長途徑。好幾個快速成長的國家決定正式採取固定自家貨幣對上浮動的美元，或是密切釘住它，提供美鈔一支急迫所需的強心劑。隨後發展是，這段浮動匯率不應如同某些人士所建議，視為自然演化成多元通貨制度（multi-currency system）的環節，而是應該被視為三段不同時代。始自一九七四年至一九九〇年代初期，全球立足於**原油基礎的標準**運作[10]，有效擔保美元體系延續。其次，一九九〇年代初期開始，新興市場經濟體湧現全新需求，取代產油國的貨幣需求，同樣也協助擔保美元。我們理當主張，我們的貨幣金融不穩定就此生根。

一九五〇年代與一九六〇年代，浮動匯率的原始擁護派推進幾道膨風主張，宣揚它們的吸引力，包括貨幣運動的範疇與步調方面的漸進主義，以及國家貨幣政策的更高獨立性。不過，儘管潛藏在金本位制底下的金融危機並非不為人知，近三十年卻是貨幣史上最騷動不安的時期之一。匯率變動

的步調與範疇遠大於以往，而且匯率「過度反應」（overshooting）的幅度更大[11]，同時卻又明顯無力攔阻全球流動性的破壞性浪潮。一九六〇年代，全球經濟多半苦吞勞動成本衝擊，到了一九七〇年代、一九八〇年代換成原油與大宗貨品價格衝擊，至今則是不斷飽嘗全球流動性衝擊。金融市場繞著脆弱的軸心旋轉，這道共同的驅動力彰顯出，現代金融危機往往不單是國家層級，也絕非獨立事件；尤有甚者，經濟學家與央行都採用他們所謂的動態隨機一般均衡模型（Dynamic Stochastic General Equilibrium, DSGE）[12]研究，但全球流動性的衝擊力道通常比他們所得的水準更強大、持久而且蔓延更廣。事實上，一九八〇年以來，已經有超過六十個國家經歷資產榮景與隨後而至的銀行業危機，至少吹出六場重大的資產價格泡沫：（一）一九八〇年代的日本；（二）一九九〇年代初期在瑞典與斯堪地那維亞（Scandinavia）半島多數地區；（三）一九九〇年代中期的泰國與鄰近的東南亞經濟體和（四）一九九〇年代末期的美國；再加上進入二十一世紀前幾年又出現兩回。社會與經濟代價都相當高昂，許多這些國家的銀行體系隨後在面臨泡沫帶來的貸款損失關頭都兵敗如山倒，甚至偶有占比超過國內生產毛額四分之一的驚人個案。正如〇〇七系列電影《金手指》（Goldfinger）中探員詹姆斯・龐德（James Bond）敏銳觀察：「一次是偶然、兩次是巧合，三次就成為惡意作對了。」

　　所有這些危機中，最新近、最嚴重的代表就屬二〇〇七年至二〇〇八年全球金融危機。結果證明，這起事件不僅是一場攸關諸如不可靠的融資結構的「不良負債」危機，更是一場奠基於好比不良投資的「不良資產」危機。全球金融危機廣泛追溯到二〇〇八年三月投資銀行貝爾斯登（Bear Stearns）爆發存款擠兌現象，加上九月十五日美國政府允許另一家德高望重的投資銀行雷曼兄弟（Lehman Brothers）倒閉，危機猛然炸裂。隨著擁有超額準備金的銀行迅速變得更加厭惡風險，這起單一事件導致全球的銀行同業拆借（interbank credit）市場急凍。負債累累的銀行突然必須另謀融

資管道，以免自家的資產負債表縮水。不過在同一時間，另有一道讓人信服的論點主張，全球金融危機的根源可以反向追溯至二〇〇二年至二〇〇六年美國房產牛市，而且觸發點顯露出中國插手的痕跡：再度突顯它日益茁壯的經濟和金融影響力。更進一步檢視資本流動與信貸數據資料可以看出，二〇〇八年初中國人民銀行（People's Bank，簡稱PBoC，下稱中國人行）就收緊中國的信貸條件，可能是想趕在二〇〇八年八月北京奧林匹克運動會（Beijing Olympics）登場之前解決工業汙染並改善空氣品質？附圖一・三追蹤連續十二個月內中國人行挹注或撤出中國資金市場的總額，累計降低水位超過人民幣六千五百億元（約合九百五十億美元），換算下來約占資產負債表六・三％。這一舉措迫使信貸匱乏的中國借款方轉向境外的歐洲美元

附圖1.3　2007-2008，挹注中國資金市場的流動性總額

（單位：人民幣億元；總共連續12個月）

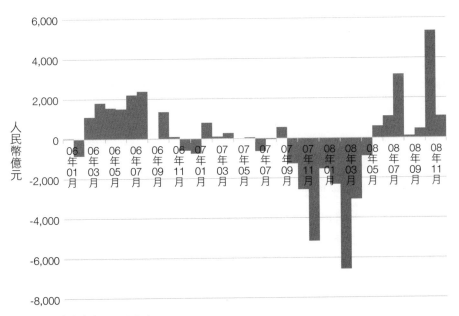

資料來源：跨境資本、人民銀行

（Eurodollar）＊市場，尋找替代資金。它們的需求有可能同步與西方借款人日亦需金孔急的現況互起衝突，尤其是貝爾斯登垮台以後，後者尋求融資以便槓桿房貸與資產支撐的證券組合也越來越吃力？

跨境資本缺陷？

　　時過境遷再回頭看，所有這些危機的模式看起來驚人地相似。每一場國家級的危機爆發前都先經歷一段經濟榮景，只是說，不是每一段經濟榮景都會帶出一場金融危機。它們的肇因不完全關乎浮動匯率制度，就本質而言，更關乎急速轉移的跨境資本流動具備的破壞性衝擊。那些遭逢嚴重危機打擊的經濟體之前往往先經歷過高於平均水準的跨境資本流入成長，導致更高漲的金融資產與房產價格。二〇〇七年至二〇〇八年全球金融危機引爆前，包括甚至美國在內的許多國家都目睹自家的跨境資本活動一飛沖天。儘管如此，在愛爾蘭、希臘、西班牙與冰島這幾個規模比較小的經濟體境內，投資流入總額與國內生產毛額之間一路走高的比率硬是跳升好幾倍；但諷刺的是，它們的大規模流入經常源於自家銀行與企業在紐約、法蘭克福和倫敦這幾處主要的境外融資中心發行的天價債務。相比之下，同一時間資本流入美國的總額增加，大都來自急速成長的新興市場經濟體，亦即中國、東南亞與原油出口經濟體，它們都渴望購買更多代表「安全」資產的美元。誠然，這些資本流動有時候也異乎尋常地龐大：中國在二〇〇一年加入世貿組織後便像撿到槍似地享有驚人的出口成長，原油出口國則是在二〇〇一年至二〇〇六年間從原油價格翻兩倍至一桶九十美元的市況大發利市。

　　建構布列敦森林體系的人士對這類風險了然於胸。他們刻意限制民間資本流動，將一九三〇年代大蕭條重創的深刻程度，以及夾在兩回世界大戰那

＊ 譯注：美國境外金融同業之間的定期存款，免受聯準會監督。

些年的動盪不安怪罪於各國之間資本劇烈波動。諷刺的是，很大程度來說浮動匯率最初根本無視資本移動，在最糟的情況下，將它視為被動調節以適應經常帳失衡的手段。這些專家不只看走眼資本流動的規模和速度，更完全無視經常帳也很可能適應資本流動：有可能是呼應一九二○年代早期關於所謂**轉移**德國一戰賠款**問題**的辯論。當然，資本流動的總和應該歸零根本毫無道理。事實上，它們反倒是經常帳失衡的必要對應組。就本質而言，龐大或微小的淨資本流動何以能夠告訴我們關於匯率的所有事，這一點也說不過去。就匯率而言，重要的是整體供需之間的淨平衡。除非貨幣供給量相應擴張，否則資本流入激增很可能推高匯率。不過即使匯率因為競買走高，誰也不能擔保它會再平衡流動。貿易衝擊後，匯率變動依據比較合理的均衡機制隨之發生，而非資本流動衝擊所致。實際上，資本流動衝擊過後，金融體系是否聚合或偏離自身的均衡格局，這一點往往難以預測，因為資本流動變得自給自足可能至少持續一段時間，進而導致貨幣與資產價格過度反應。這些快速、大規模的跨境資本流動必然需要在經常帳，也可能在匯率方面展開大規模的抵銷行動。許多國家的政府為了協助確保經濟穩定，堅持要與競爭國家的貨幣維持勢均力敵局面，尤其是必須緊貼著美元保持一致。

因此，現代的金融危機看似比較無關乎寬鬆的監管、輕率的銀行家過度冒險以及決策者執迷通膨目標等預想情境。央行坐擁權力，但它們並非總是擁有掌控權。而且，它們通常是行使無須選舉結果賦予的權力。根據一名匿名官員的說法[13]，歐洲央行（European Central Bank, ECB）「……威脅那些搞出金融破壞行徑素行不良的政府。它們切斷再融資並威脅扼殺銀行系統；它們在債券市場製造出展期危機。這就是二○一一年發生在義大利的實情。」我們總體而言聚焦全球流動性相似的破壞潛力；它扮演的角色是提高各種資產之間的相關性，並推波助瀾系統性風險日益成形。在以往爆發的每一場危機中，國內信貸擴張與資產需求高漲在很大程度上可說是跨境資本流入的結果，進而大幅緩減在地銀行的融資限制。這種超額借貸能力容許某些

特定政府、企業、家庭甚至其他銀行可以迴避現有債務壓肩的沉重負擔，往往一甩鍋就是好幾年。每一場危機都是在全球信貸提供者逐漸對新債興趣缺缺的時刻爆發，迫使剩餘資產倉卒變現以求快速償還債務；一旦資本流動突然大轉向，往往會伴隨著國家貨幣單位貶值的局面發生。與此同時，它們的資本基礎崩潰，迫使銀行巨幅縮減持有貸款的總價值，於是反過來帶動銀行資本價值進一步下跌、信貸條件日益收緊。這道發展不僅與先前的繁榮光景背道而馳，而且聽起來超符合經典的「債務通縮」（debt deflation）模型。這是美國經濟學家厄文·費雪（Irving Fisher）觀察美國大蕭條時期，並在一九三二年出版巨作《繁榮與蕭條》（*Booms and Depressions*）中所描述的現象；但是到了二〇一五年芮伊給出全新詮釋，描述它是單一的全球性元素，我們則是稱為全球流動性。

首度目擊：索羅門兄弟公司*

　　無論我們能否理直氣壯地爭取首創**全球流動性**這個名詞之責，但肯定是最早期的先驅之一。追本溯源可以回推一九八〇年代中期，美國投資銀行索羅門兄弟[14]正打算大舉進軍國際金融市場。當時，索羅門稱霸證券交易領域。它的財務動能有賴創新的研究部門支撐驚人的龐大資產負債表，主事者是一刻不得閒的天才搭檔亨利·考夫曼與馬帝·萊波維茲。亨利熟稔信貸和貨幣，馬帝則以債券及存續期限與他齊名。一支傑出的研究員和經濟學家團隊推行投資政策，其中有些挖自國際貨幣基金組織，有些則是聘自聯準會，包括尼克·沙金（Nick Sargen）、約翰·利斯基（John Lipsky）、迪克·伯納（Dick Berner）、金·尚荷茲（Kim Schoenholtz）、羅比·費德曼（Robbie Feldman）、榮恩·奈皮爾（Ron Napier）、克里斯·米欽森與拉斯

---

* 譯注：一九一〇年至二〇〇三年。

洛・比林尼（Laszlo Birinyi）。如今他們所有人都是構成影響深遠的索羅門兄弟異鄉份子。

　　許多索羅門的交易員都相信，觀察資金和資本流動是最貼近獲取**內線消息**管道的做法，更重要的是，它完全合法。索羅門在規劃它的一九八〇年代中期業務擴張大計時，有必要評估跨境投資與貿易流量的規模，本書作者在安琪拉・柯吉妮出色協助下獲予蒐集數據資料的任務。我們的研究成果最終促成一本名為《國際股權流動》（*International Equity Flows*）的年度刊物問世，但如今已不復存在。它調查跨境資本市場，並以評估我們所指稱的**全球流動性**為號召，同時採納索羅門的傳統手法定義成進入國內與跨境金融市場的儲蓄及信貸流入總量。索羅門研究部主管亨利・考夫曼有一句廣為人知的名言當然就是：「……資金誠重要，信貸價更高。」（Money matters, but credit counts.）一九八六年，索羅門兄弟出版第一本追蹤全球流動性的刊物。

　　全球流動性可以依據類型就功能與地理特性拆分，這種做法有助區隔變化多端的特質。換句話說，就總量的未來規模和方向而言，某些特定成分會發揮更大的影響力。我們聚焦三大流動性成分：（一）央行儲備；（二）民間部門供應與（三）跨境流入。我們也從三大廣義的流動性傳導管道思考，每一種都會影響或放大承擔風險的作為。首先，國內央行與民間部門流動性總量往往借道**承擔風險的管道**影響「安全」資產的相對價格。隨著安全性需求下滑，一併降低分配給風險資產的等價貼水，更高的國內流動性便降低系統性風險的機率，進而提高政府公債的期限貼水。一旦「安全」資產在國際上獲得採用，跨境流入也很可能發揮作用。其次，**匯率管道**反映民間與公共部門之間流動性千變萬化的品質組合。更多民間部門或說是「優質」的流動性會強化貨幣單位，反而央行或說是「劣質」的流動性會削弱它。第三，國內流動性從核心經濟體進入四處外溢的跨境資本流動，通常會被境外融資市場以及其他外圍經濟體的決策者放大，導致全球流動性更大幅提升，投資者也更大膽冒險。後面這種**跨境資本流動管道**是被當前世界經濟的制度結構所

形塑，體現美國和中國之間許多結構性差異之處。

　　雖說傳統的金融理論通常無視流動性因素的衝擊，但有一道簡單易懂的例子可以證明它們的重要性。打從一九八一年美國前總統羅納・雷根（Ronald Reagan）上任起算，至二〇〇一年前總統比爾・柯林頓（Bill Clinton）任期結束為止，前後大約二十年間，華爾街市值幾乎暴漲近十倍，不過獲利僅小增二三六％，因此只能證明成長率不到四分之一。事實證明，投資者對風險資產的胃口變大才是更具有決定性，直接與間接持有的股票占美國金融財富總額比率從僅逾一四％竄升到超過四二％，安全資產持有量則是相應大減。全球各地共享類似經驗，甚至是印度這類新興市場亦然，獲利幾乎持平也擋不住外國資金與國內共同基金的浪潮，再加上抱負遠大的中產階級投資者跟著敲邊鼓，一路推升股價。如今，隨著各國央行積極推行量化寬鬆政策，工業企業滿手現金，積極買進自家股票，新興市場投資者的財富水準持續提升，投資的流動性也變得空前重要。不過，投資者與決策者同樣都有必要更充分理解流動性的來源與用途，流動性分析試圖解釋的重點正是資產市場中這些總體價值的變化。

全球流動性：永無止境的東流水或是高水位線？

　　請將這一點納入考量，美國這個世界市場的全球貨幣主要供應國是一個龐大、生產力成長緩慢的經濟體，卻擁有高度發展的金融體系與資本盈餘。中國與美國截然相反，是一個龐大、生產力成長快速的經濟體，但擁有低度發展的金融市場，而且強烈渴求「聰明」、追逐風險的資本。中國日益主導全世界工業生產，並借道自家橫跨亞洲、歐洲與美洲的供應鏈及物流企業，搖身一變成為全球貨幣的主要國際用戶。順此而生的龐大資本流動進入中國，正適以描述我們所指稱的**金融絲路**，呼應十六世紀至十八世紀期間，推動資本與貿易流動沿著沙塵滿天、歷史悠久的商旅路線穿梭在西方與中國之

間的貨幣元素。一四五三年，鄂圖曼土耳其帝國攻陷拜占庭首都君士坦丁堡後，古老的絲路成為中國強烈渴望白銀的代表，一如西方需求紙張、絲綢與香料。中國的貨幣體系與白銀披索掛勾，而且有時候在中國流通的硬幣還多於墨西哥境內。一五九〇年代末期，有時中國的金／銀比率約為六：一，甚或是當時西班牙盛行比率十三：一的兩倍多。消除這種龐大的白銀套利費時超過五十年，在此期間，大規模的貿易與資本流動重塑歷史性的世界經濟。一七〇〇年代初期熱潮捲土重來，當時中國人口激增，差不多可以說是吃玉米、花生和地瓜這類美國的新作物長大，進一步激發銀幣的龐大需求。至今，此情此景再度借道美元重返現實。

　　只是說，現代國際貨幣體系從此以後越來越不適合扮演我們當前龐大的資本與貿易流動的中介角色。它是涵蓋各種協議的實用主義大雜燴演化而來，起源主要是國際貨幣基金組織這類二戰時代設立的機構，而非專為十億名勤奮工作、高額儲蓄又立志快速脫貧的中國人設計。舉例來說，中國亟欲取代美元和美國的金融深刻影響，尤其是在亞洲，這一點不出意料之外：

> ……我們應該推進人民幣[15]成為亞洲的主導貨幣，就像美元先成為北美的貨幣，再成為全世界的貨幣一樣……每一次全球化都是被每一個崛起的帝國推動……作為一個崛起中的大國，「一帶一路」是中國全球化的初始階段……它是跟美國策略東移的一次對沖（節錄自二〇一五年四月中國人民解放軍少將喬良演說）。

　　中國有必要打造一套替代性的國際支付做法，得看起來更像瑞士法郎而非阿根廷披索，但是無論它能否與美元脫鉤，這道挑戰都在最新的貨幣趨勢中添入地緣政治這個面向。它也突顯**鑄幣稅**（seigniorage）的高度重要性，也就是說國家公款握有更強大購買力的便利程度。換個方式舉例來說，這說明美國當局花費一百美元紙鈔買進實質資源的能力說穿了只需要美國財政部

花幾美分印刷成本而已。始自古希臘、羅馬到十九世紀英國的英鎊統治地位這段期間，國際金融體系始終圍繞著一種體現**鑄幣收益權**的關鍵貨幣而立。現在中國也想來分一杯羹。我們理當主張，國際金融市場穩定度的關鍵風險在於，中國與美國掛鉤太深：它出口人民幣時，實際上是再出口美元。這將可能造成龐大的跨境效應，因為它迫使中國對外國資本打開國內債券市場；更頻繁以人民幣開立貨款發票、辦理借貸業務；在境內部署或是區域化更綿密的自家供應鏈，同時打造、推動數位人民幣。

　　若說資本就是權力，資本本身也需要權力。換句話說，不折不扣構成「安全」資產的事物體現關鍵的地緣政治面向。因此，正由於英國的海軍強大，因此英鎊在許多領域稱霸十九世紀。兩者都預期主宰二十世紀。一八九七年六月二十六日，一百六十五艘英國皇家海軍（Royal Navy）艦艇在南部斯皮黑德（Spithead）*海域一字排開，慶祝維多利亞女王登基鑽禧（Diamond Jubilee）週年。這支集結艦隊綿延數英里，船上的裝飾彩旗優雅隱退到艷陽高照的地平線。浩大艦隊包括二十一艘戰鬥艦與四十四艘巡洋艦，它們的命名在在影射一個全球帝國傲慢的自信：勝利號（Victorious）、榮譽號（Renown）、威力號（Powerful）、恐怖號（Terrible）、威嚴號（Majestic）和火星號（Mars）。這是一道對外同時傳遞給友邦與敵國的強力訊息，也是預測大英帝國歷久彌堅、英鎊持續完整、穩健的訊息。即將成為愛德華七世（Edward VII）的威爾士親王（The Prince of Wales）代表他的母親站在皇家艦艇的後甲板†上行禮。女王陛下當時七十八歲，或許正明智地選擇待在附近懷特島（Isle of Wight）的奧斯本宮（Osborne House），手持望遠鏡觀察這支龐大的艦隊。這支令人望之生畏的龐然大軍花了整整八小時才駛過海域，但事實上整支艦隊中沒有任何一艘是從守衛英國的皇家海上航道而行駛

---

* 譯注：皇家海軍傳統的閱艦儀式舉辦地點。
† 譯注：指揮官舉行儀式之處，是整艘船象徵意義最重大的地點。

在地中海域或是遙遠的印度和亞洲的分遣艦隊召回。資本戰爭不單單只是貨幣霸權爭奪戰。

　　無視中國將成為未來威脅的懷疑論者可能猶記，僅僅一百多年前一戰爆發前後，美元在國際市場上的報價和兌換數量遠低於當代奧匈帝國（Austro-Hungarian）的克朗。一九八四年，中國的深圳經濟特區只能說是幾乎不曾現身在世界貿易雷達螢幕上的小亮點。中國最新的四兆五千億美元年度出口額卻顯著強調，三十多年來飛速成長、經濟「超英趕美」的影響力。如附圖一‧四所示，就許多金融實力的衡量標準而言，中國早已超越美國。經濟調整被導向一條沿著更弱勢美元與鬆散美國貨幣政策／緊縮財政政策組合前進的路徑，順勢進入一個更高強度、更加脆弱的全球流動性週期。美國的國內政策勢在必行，加上中國生產力強力追趕，本質上就催生出一個不穩定的金融世界。對「安全」的儲蓄資產來說，中國經濟的實力與美國國債供應越來越不足，兩者之間的緊張關係正為繁複形態日益鋌而走險的財務工程提供誘

附圖1.4　2019年中，中國的相對金融實力
〔單位：兆美元；除購買力評價（PPP）以每人千美元計〕

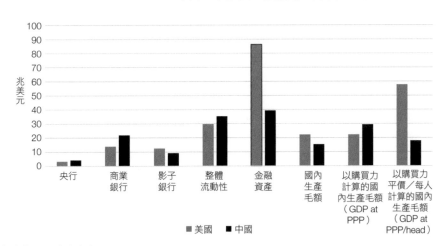

資料來源：跨境資本

因。全球流動性週期緩解這些緊張局勢。我們常掛在嘴上的口號是：別無視流動性，也別輕忽中國。這些二十年來潛藏在意識之下的訊息現在已經成為未來的明確警語。

在往後章節裡，第二章試圖將全球流動性帶進背景脈絡中。在第三章，我們追溯變革的關鍵外力並總結我們的論述。第四章分析資金流向會計的經濟學，它是我們研究方法的核心。第五章解釋實質匯率調整機制。第六章至第八章更鉅細靡遺描述全球流動性的三大主要來源：民間領域融資、央行儲備與跨境資本流動。在此將特別指出企業與工業現金池（corporate and institutional cash pools, CICP）正在崛起。第九章進一步深究中國與新興市場經濟體尚不成熟的金融體系。第十章檢視流動性衝擊的傳導方式。第十一章回頭探討安全資產短缺的議題。第十二章討論全球化、外人直接投資（foreign direct investment, FDI）以及歐洲發展方向的問題。第十三章解釋全球流動性指數（global liquidity index, GLI）數據使用方法。第十四章總結。

注釋

1. 二〇〇七年至二〇〇八年爆發的金融與經濟動盪公認的稱號是全球金融危機（Global Financial Crisis, GFC）與大衰退。
2. 請參見美國經濟學家亞當‧圖澤（Adam Tooze）著作《崩盤》（*Crashed*）。
3. 格雷欣定律是以十六世紀英國女王伊莉莎白一世的財政顧問湯瑪士‧格雷欣（Thomas Gresham）命名，意指「劣幣驅逐良幣」，這樣一來內在價值高於面值的硬幣就會被逐出流通之外，進而被囤積。
4. 與美國經濟學家羅伯特‧特里芬（Robert Triffin）同名的難題，通常與美元在布列敦森林中固定匯率制度的角色有關。它強調單一國家的經濟目標與國際的經濟目標互相衝突，亦即當國際流動性對一種國家供應的單位湧現需求，通常會導致永久的經常帳赤字。
5. 美國單單只要累積對外國人的長期資產債權，就可以向全球其他地區輸出短期的美元流動性，而且無需陷入經常帳赤字的困境便滿足貿易融資需求。這項主張大不相同。
6. 國際貨幣基金組織的預估。
7. 任何事物的「價格」就是它的購買力，也就是它可以買到的物品。利率就是針對借貸而來的資金收取溢價費用。

8. 一七一七年，英國艾薩克‧牛頓（Isaac Newton）爵士時任皇家鑄幣廠（Royal Mint）局長，訂定一套白銀和黃金的全新鑄幣比率，有效推升英國進入實質的金本位制。一九三四年一月三十日，美國前總統富蘭克林‧羅斯福（Franklin D. Roosevelt；即小羅斯福）創設《黃金準備法》（*Gold Reserve Act*），帶領美國脫離金本位制。

9. 一九七一年八月十五日，時任美國總統理查‧米爾豪斯‧尼克森（Richard Milhous Nixon）終結美元與黃金的兌換。

10. 一九七四年七月，美國財政部長威廉‧賽門（William Simon；另一位索羅門兄弟幫）同意，沙烏地阿拉伯與之後的原油輸出國家組織（Organization of Petroleum Exporting Countries, OPEC）未來可單僅採用美元定價。沙烏地持有美國國債的事實未曾單獨披露，這一點依舊成立。

11. 好比採取市場與購買力平價或趨勢匯率之間的差異衡量。

12. 動態隨機一般均衡模型是許多國家央行採納的主力模型，可以更清楚理解經濟如何因應政策變化。

13. 二〇一九年十月三十日，英國《每日電訊報》（*The Daily Telegraph*）國際商業編輯安博思‧艾文思—普查德（Ambrose Evans-Pritchard）所引述。

14. 索羅門兄弟公司最終是一九九六年被花旗集團（Citigroup）購併、吸收。

15. 英文中RMB、Renminbi與Yuan皆指人民幣，可以個別當作替代用語，正如Sterling、British pound皆指英鎊。中國的價格以人民幣結算。

參考

二〇一五年，賀蓮‧芮伊於國際貨幣基金組織開辦孟代爾—弗萊明（Mundell Fleming）*模型講座。

---

* 譯注：主要是分析貨幣政策影響最終目標的程度。

第二章

全球資金

全球流動性資金池究竟多龐大？

現代資本主義社會的財富表徵是集大量股票、債券和短期流動性工具之大成。近三十年來，多數這些金融資產都強力成長。至今，即使略而不計可觀的未上市與場外交易市場（over the counter, OTC）工具[1]，全球金融市場加總上市資產（初級證券）約達二百五十兆美元，或說約為全球國內生產毛額的三・五倍；相當於每一名地球居民的潛在收入四萬多美元；或者，請容我置入一下我們的「綠金」認證，相當於全世界每一個國家／地區種植的每一棵樹可帶來四十二美元的巨額財富。附圖二・一呈報一九五〇年以來美國家戶的淨金融財富（排除住房部分）占國內生產毛額的比率，並突顯它最近呈現拋物線式成長，直探四倍收入這個讓人印象深刻的比例。全世界的人均財富從未享有如此快速的成長態勢。

一九八〇年代初期以來，全球金融市場規模飛躍成長突破十倍，相當於全球流動性也出現相等規模的炸裂成長速度，而且這些流動多半跨越各國邊境縱橫交錯。單單這座涵蓋零售與躉售流動資產的流動現金池總額就接近一百三十兆美元，超過全球國內生產毛額的一・六倍。請參見附圖二・二。與此同時，全球信貸市場藉由諸多涉及所謂**影子銀行**的繁複中介鏈結四處延

附圖2.1　1950-2019（季度），美國家戶財富
（淨值，排除住房部分）相當於國內生產毛額的倍數

資料來源：美國聯準會

伸，加上越來越常採用市場打底的抵押品進行融資，進而變得更國際化、環環相扣。跨境層面格外重要，因為它串聯新興市場的財富與核心經濟體的西方薑售貨幣市場的劇烈波動。大型**跨國銀行**借道放款外國貨幣給在地與區域銀行這張網絡穩坐主要金融中心地位，都是透過多半以美元計價的附買回與商業本票融資。這些資金通常是以在地貨幣的抵押品轉借，意思是，美元貶值（本身通常也與美國貨幣政策擴張脫不了關係）鼓勵更高的槓桿比率。最重要的是，新興市場的在地決策者一般來說會試圖貨幣化這些資本流入，因此進一步刺激全球流動性週期。

　　正如國際貨幣基金組織所呈報，全球流動性代表一座大於全球儲蓄額年流量的資金池，附圖二‧三繪製它占全球國內生產毛額的百分比。根據附表二‧一，在這個總額中，新興市場流動性現金池接近五十兆美元，約當整體的三八％。不過，中國就寡占其中的三十六兆美元，約當新興市場流動性的

附圖2.2　1986-2019，全球流動性現金池

（兆美元）

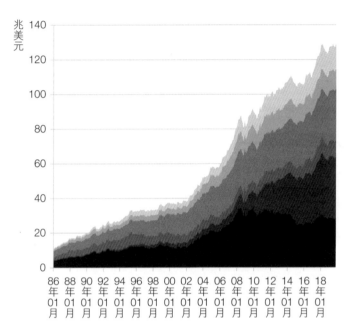

資料來源：跨境資本

七〇％，而且提供近年來絕大部分的貢獻，亦即不到二十年就暴衝至讓人瞠目結舌的十五倍。附圖二‧四呈報一九九〇年以來全球流動性對比基準的美國流動性成長率。全球流動性的波動比較劇烈。它的年度成長率經常呈現負值，總體來說看似放大美國的走勢，很有可能是借道與美元走勢相關的機制運作所致。雖說諸如日本這些經濟體先躍為主要金融玩家後又跌落神壇，其他國家則繼續大步前進，尤以中國為甚，它看似終將與美國就全球或至少亞洲的金融掌控權一較高下。正如我們稍後將在第九章詳述，一九九〇年，中國貢獻全球流動性僅六％，但此後大幅躍升至二八％，連帶其他新興市場跟著成長一一％。這則故事有個小問題在於，中國龐大的金融足跡依舊立足於美元基礎，它的未來挑戰就是得鼓勵國際使用人民幣的總量並駕齊驅成長。

附圖2.3　1980-2018，全球流動性和全球儲蓄額
（年度，占國內生產毛額百分比）

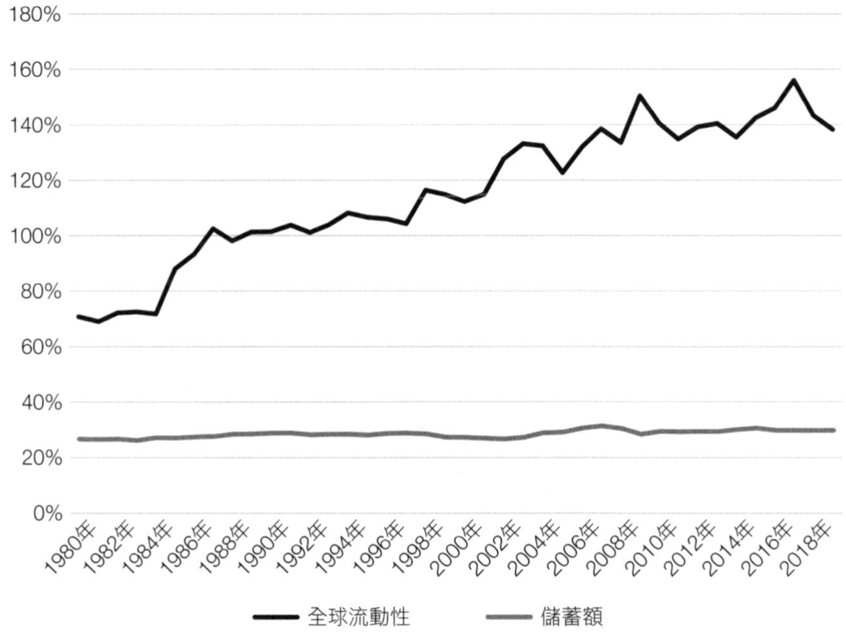

資料來源：國際貨幣基金組織、跨境資本

一九八五年，美國占全球流動性高達三九％，如今已降至不到二三％，與歐元區相差無幾；同時日本則從一九八九年的高峰二一％至今急降至僅七％。二十一世紀以來，全球流動性激增二四〇％，其中又以中國流動性為首，暴衝高達一三六六％，新興市場流動性也十分強勁但相對緩升，約為三七四％。請參見附表二‧一與附圖二‧四。

　　附圖二‧五使用塊狀圖突顯當前全球流動性資金池的分布狀況，這種做法或許還比附圖二‧六採用比較傳統的圓餅圖更能貼切描述全球流動性的集中程度與層次結構。從這幾張圖表顯而易見，中國、美國、歐元區和日本占據主導地位；英國看似相對弱勢，特別是相對於法國和德國而言，不過倫敦

附表2.1　2000-2019預估（兆美元），全球流動性，依區域細分

年底	全球	已開發國家	新興國家	占比			
				歐元區	中國	日本	美國
2000	37.95	32.49	5.47	12.09	2.43	5.01	12.01
2001	38.11	32.50	5.59	11.72	2.68	4.31	13.05
2002	45.03	38.68	6.32	15.42	3.03	4.72	14.26
2003	51.86	44.47	7.35	18.78	3.50	5.19	15.23
2004	57.45	48.97	8.44	21.11	3.92	5.22	16.53
2005	59.96	50.09	9.82	21.16	4.63	4.63	17.83
2006	67.73	56.15	11.51	24.43	5.39	4.34	19.51
2007	81.69	66.63	14.96	31.34	7.05	4.96	20.77
2008	82.40	66.22	16.08	29.77	8.67	6.08	22.47
2009	89.54	69.91	19.49	32.54	10.75	5.96	22.02
2010	93.69	69.43	24.10	31.97	13.71	6.54	21.26
2011	100.12	71.90	28.05	31.78	16.80	7.26	22.21
2012	104.34	72.51	31.64	32.49	19.50	6.25	22.84
2013	107.43	71.68	35.54	30.42	23.24	6.34	24.02
2014	104.77	66.71	37.85	25.17	25.91	6.23	25.25
2015	106.21	67.03	38.92	24.66	27.50	6.79	25.99
2016	112.59	70.76	41.52	25.59	29.23	8.10	26.96
2017	128.67	79.58	48.74	31.02	34.59	8.84	28.00
2018	127.65	77.99	49.26	28.94	35.18	9.20	28.56
2019預估	128.90	78.51	49.99	28.61	35.58	9.41	29.24
2000–2019 %變化	240	142	835	137	1366	88	143

資料來源：跨境資本

附圖2.4　1990-2019，全球流動性與美國流動性成長
（比較前一年同期的百分比變化）

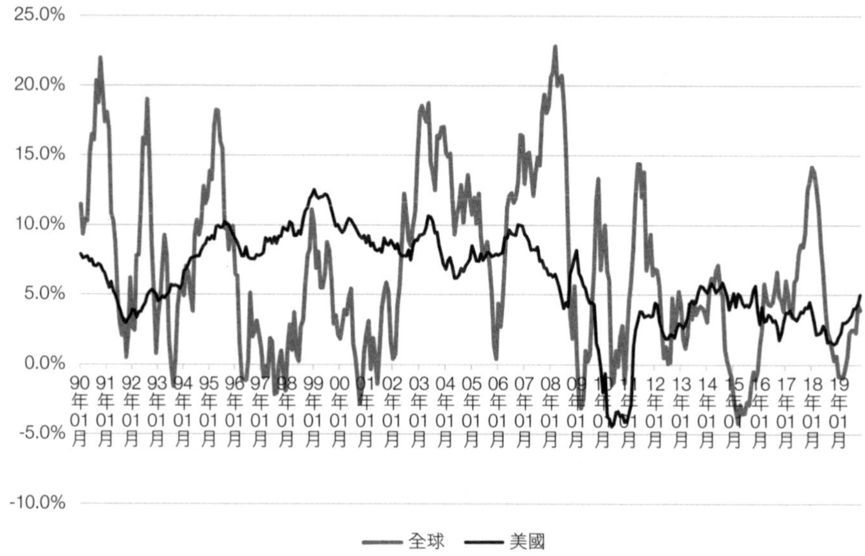

資料來源：跨境資本

市身為國際銀行業與外匯交易中心的重要地位，連同英國的大型國際銀行承辦跨境外幣借貸業務，讓它的金融影響力遠大於此。同理，瑞士也是國小力量大的代表。附圖二・七以美元計價比較中國、美國和歐元區流動性的發展態勢。就解釋這種相對表現而言，雖說外匯變動是重要元素，但是有兩道顯眼的事實分別是：（一）歐元區一九九九年導入歐元後，到了二〇〇七年至二〇〇八年全球金融危機、二〇一〇年至二〇一二年歐元區銀行業危機，此區流動性立即激增；（二）中國流動性的暴衝發生在二〇〇一年加入世貿組織後，尤其是在全球金融危機過後立即上揚。歐元區銀行業擴張主要是借道各國銀行之間的跨境借貸急速成長，諸如德國等核心經濟體，以及西班牙、愛爾蘭與希臘等身為借款方的周邊歐元區經濟體。儘管中國在二〇〇八年底開始重新實施大規模寬鬆政策，這段期間的流動性擴張主要是外匯存底

附圖2.5　全球流動性130兆美元這樣分配，截至2019年7月

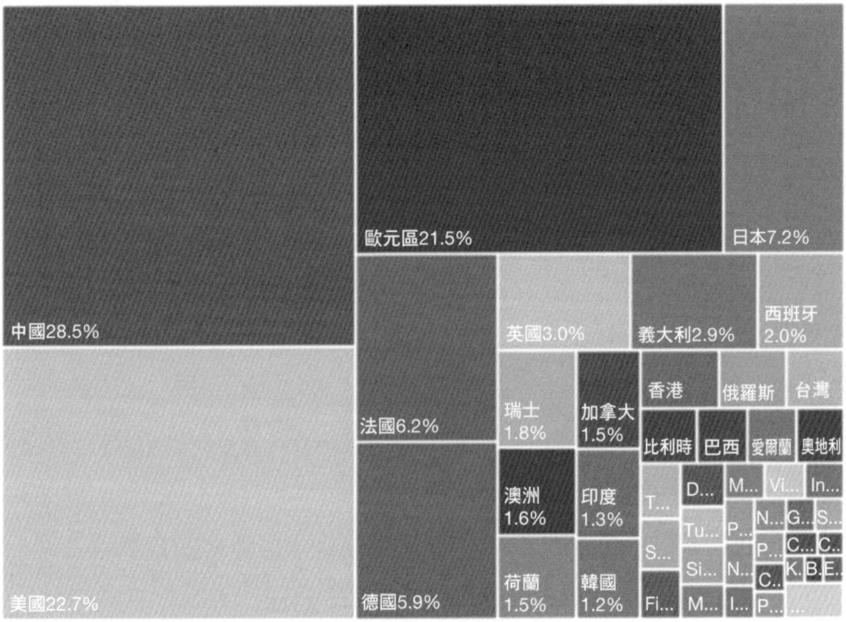

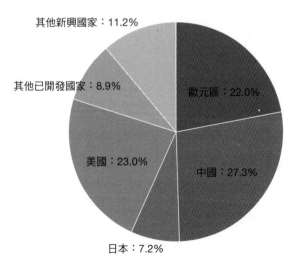

資料來源：跨境資本

附圖2.6　2019年全球流動性現金池（百分比）

資料來源：跨境資本

附圖2.7　1986-2019，主要玩家：中國、美國與歐元區

（單位：兆美元）

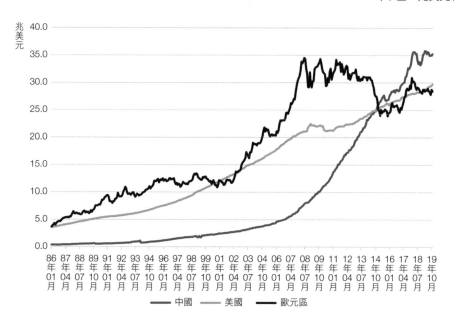

資料來源：跨境資本

同步走揚所致，就這一點而言，決策者早已將它貨幣化，推升國內信貸大幅升高；反之，中國的外匯存底水位高漲，主要是隨著二〇〇一年加入世貿組織、推行緊隨美元的政策，以及打造以美元為基礎的區域性供應鏈相關作為所致。中國精密、龐大的工業基礎與它的金融相對不成熟的現況形成鮮明的對比。

何謂全球流動性？

　　雖說全球流動性本身是一道廣獲討論的概念，有時候可能定義模糊，而且往往難以明確釐清。它不是指涉一大筆心無二用的資金，全都採用同一種貨幣計價並躉放在某一處不為人知的境外司法管轄區；它也不是主要用來

促進商品與服務靈活買賣。全球流動性是一個統合性名詞，我們用來描述信貸、儲蓄與國際資本借道全球的銀行業系統與躉售貨幣市場挹注的總流量，並套用在全球各地的境內與國際金融市場，以便推進債務、投資和跨境資本流動。在這場研究中，我們理當分析全球流動性的三大具體來源：

- **各國境內民間部門融資**，好比企業、銀行和影子銀行以及各級金融機構（請參見第六章）。
- **官方貨幣機構**，例如央行（請參見第七章），以及
- 借道跨境流動的**外國投資者與放款方**（請參見第八章）。

> **全球流動性**（定義）：一種融資來源，用以衡量信貸與國際資本借道全球銀行業系統和以抵押品擔保的躉售貨幣市場挹注的總流量。它是由所有信貸提供方的資產負債表容量（balance sheet capacity）所決定，代表民間部門借道儲蓄與信貸獲取現金的能力。

我們從可以供應民間部門**融資使用的來源**思考流動性，而非銀行存款這一類傳統概念的定義，技術上來說它是指**資金使用方式**。信貸可以換句話說是國家與國際的借款憑證（Investor-Owned Utility, IOU，即 I Owe You 的擬聲詞），宰制全球流動性。貨幣儲蓄相較之下就毫無吸引力。在現代經濟中，貨幣有時被認為是比較高級的信貸形式，因為最終交由國家擔保。就本身來說，流動性是比貨幣更鬆散、更易變的概念，因為它涵蓋可能被指稱為「貨幣性」（moneyness）的這層意義。這是一種質化屬性，非常類似信貸這個詞彙的字根：**信用**或**信任**（源於拉丁語），它隨著商業活動擴大經濟週期，並且賦予流動性更大的靈活性。就純粹的會計術語來看，流動性衡量每一戶家庭、企業或投資者在任何時間點償還即將到期債務的能力[2]。美國總體經濟學家藍斯・泰勒（Lance Taylor）[3]提出一道管用的定義：「流動性常常被解

讀成一種個人或團體行動者與整體金融體系財務靈活性的衡量指標。它代表隨時可用於以資本形成或金融交易為目的的資源。」

　　一九五九年七月，雷克里夫委員會（Radcliffe Committee）*在英國發表影響深遠的《貨幣制度工作委員會》（*Working of the Monetary System*）報告，採取相近觀點。雷克里夫委員會看法的本質上是說：「……雖說我們不認為貨幣供應是一個無關緊要的數量，但我們看待它僅是經濟中更廣泛的流動性結構的一環……整體流動性部位才真的與支出決定相關……。」流動資產被用來指涉「……所有這類可以在任何時間、臨時通知而且是相對低廉的交易成本前提下，用來換成金錢的資產（或是換成其他的流動資產，正常來說會借道貨幣的中介作用）。」它總結：「……花錢購買商品與服務的決定即是決定整體需求水準的決定，會受到花錢的當事人的流動性所影響……。花錢不僅限於現有的資金數量，更與人們自認為無論是借道處置資本資產或是借款而獲得的資金數量息息相關。」

　　就實務而言，「流動性」一詞既可用以描述**融資的便易程度**，也就是償還預期債務的現金的易得程度），或說是所謂的**融資流動性**，以及**交易的便易程度**，也就是依據現價大規模買賣資產與大宗商品的能力，或說是**市場流動性**。我們視**融資流動性**為一套衡量資產負債表容量的標準，它代表民間部門借道儲蓄與信貸的途徑獲取融資，而且未來流動性的成長雙雙取決於傳統銀行放款，以及國際與以抵押品擔保的躉售市場（通常被稱為**影子銀行**）提供的信貸。融資流動性與市場流動性環環相扣[4]，特別是在以市場為基礎的信貸體系中。它們可以反向互動進而創造危險的向下流動性螺旋，這項事實便暗示，它們不該被單獨視為個體，也絕非獨立存在。不過我們對融資流動性更感興趣，就本質而言，我們拿它與相關的市場流動性衡量指標反覆核實

---

* 譯注：受命調查貨幣和信貸系統運作情況的委員會，由英國律師西羅·雷克里夫（Cyril Radcliffe）擔任主導者。

計算結果時，所得到的結果也更合情合理。從現在起，我們理當會交替採用流動性與融資流動性兩個詞彙。

市場流動性意指，在有限的價格影響下執行大規模交易的能力，也與低廉的交易成本、執行的即時性有關。金融市場的流動性是有效市場運作的核心，借道更妥善部署資本與風險，再加上更高成效散播並善用資訊，進而加速經濟資源高效率配置。低度流動性帶來摩擦和成本，因此有可能減損市場效率並破壞經濟成長。即使是承平時期，橫跨不同資產類別的市場流動性狀況存在顯著差異。流動性程度比較低的金融資產往往具備比較高的流動性風險溢價，投資者採用這些工具買賣時，通常也會面臨更高的交易成本、更大幅的買賣差價。諸如銀行與貿易商行這些專業分工的造市者扮演買賣行為的交易對手，提供至關重要的流動性、承擔風險的作用，這一環往往涉及在沒有立即抵銷交易的情況下買賣金融證券，進而資助並融資存貨。

全球流動性只是表述國際融資流動性的另一種說法，也就是橫跨全球經濟體加以匯總，同時也涵蓋跨境資本移動的意思。國際清算銀行（Bank for International Settlements, BIS）將我們的衡量標準置入文中脈絡，因此產生與眾不同的全球流動性預估價值[5]。它們聚焦我們定義的跨境部分。它們預估[6]的三十二兆五千億美元這個數值假使不納入銀行間債權，將會大減至十六兆美元。它們排除以在地貨幣計價的六十八兆五千億美元國內信貸總額，但納入國內銀行以外國貨幣放款的五兆美元。將這些不同元素匯總後，國際清算銀行與我們的全球流動性數值一百二十八兆二千億美元最接近的數據就是八十五兆美元，整整還短少三成以上。其他數據資料提供者也產出替代的全球流動性衡量指標，但是它們的規模還要更小。其中兩種最受歡迎的版本是：（一）美國貨幣總和加上外國政府在聯準會持有的七兆四千億美元公債；以及（二）美國、歐元區、日本、英國和瑞士的貨幣基礎，加上中國的外匯存底，再加上外國政府在聯準會持有約莫二十兆美元公債。

全球流動性的力量部分取決於資本資產價格和匯率的行情看好，接著便

順週期擴大動起來，或可說是非常近似國內融資流動性。全球流動性除了坐擁國家與跨境兩大領域，也掌握民間與政府兩大部門。論數量，就公眾所創造的流動性而言，民間部門流動性在規模上占據主導地位；若是論品質，財政部與央行更形重要，特別是在經濟飽受壓力的時期。誠然，傳統的一般銀行也在金融體系占據一處獨特地位，因為它們的信貸可以創造存款。這是源於它們的零售存款受到國家政府擔保，於是製造出一種銀行永遠自籌資金，還可以神奇地憑空生出資金的錯覺，唯獨受到央行的法定準備金要求所限。然而，現實截然相反。一旦這些存款用於交換，真正被花掉的物件其實是各家銀行的信貸，就好比摩根大通（JPMorgan）信貸、花旗銀行（Citibank）信貸、巴克萊（Barclays）信貸和匯豐（HSBC）信貸。國家政府扮演支持這些銀行資產負債表的角色至關重要。存款擔保借道最後放款機構的官方放款單位鼓勵再存款並獲取緊急注資，進而提供即時現金。國家在背後撐腰確保名義上花旗銀行的美元永遠可以採取平價兌換摩根大通的美元、巴克萊的英鎊永遠可以一比一兌換匯豐的英鎊。要是少了這股支持力道，這些銀行的信貸反倒有可能受累於外界認定它們自身的信貸品質低下因而打折交易。因此，一旦政府撐腰的邊際被好比來自企業與工業現金池持有的大額存款超過，也就是說超過美國的二十五萬美元存款擔保限額，或者像是影子銀行、營運不受在地國家管轄的外國銀行這些不在監管之列的銀行要求緊急注資，融資問題便有可能乘勢崛起。到了這些關頭，信用風險就可能逐步升級，正如二〇〇七年至二〇〇八年全球金融危機所示。近來政府決策者制定的全新監管辦法即是鎖定改善銀行的資本與營運限制，以便緩減這些信用風險。

貨幣演化：商品貨幣 vs. 信用貨幣

我們可以進一步深究貨幣的演化以期理解流動性背後的動態。回顧歷史，貨幣看似大致以兩種型態呈現：諸如黃金、白銀這些**商品貨幣**；以及紙鈔與貸款這些**信用貨幣**。反過來說，這兩種極相似的貨幣都能發揮兩種用

途：當作**價值標準**與**流通手段**。價值功能的標準已達至高無上的程度，進而決定流通，也就是說，貨幣具備價值故得以流通，而不是源於它流通故具備價值。因此，穩定的貨幣可用於更長時間的投資；貶值的貨幣更快來來去去，升值的貨幣則被囤積。經驗顯示，商品貨幣供應往往逆週期而行，就定義來看這種趨勢有礙貿易；信用貨幣一般來說反倒是順週期；它們也具備彈性不一的特徵，取決於金融經濟的成長、發展和創新。在一套以商品為基礎的金融體系中，價格水準下滑，也就是**貨幣價格**上漲，導致被視為產出的貨幣供應量增加，好比黃金產出就會加速。這種結果不是在告訴我們，黃金是否因為價格走低而被囤積，但重要的是新一波供給應該會自動生成，因為此際開採黃金變得更有利可圖。也因此，在一套以商品為基礎的金融體系中，「流動性」取決於貴重金屬的產出。既然商品貨幣供應隨著貨幣價格上漲而擴大，這種特性可說是自行平衡。相較之下，在現代這套以債務為基礎的金融體系中，流動性的供應亟需全新信貸的發行與承接。這一步往往取決於當前的定價背景，因為在通貨緊縮、價格下跌期間，亦即**貨幣價格**上漲，借款方更不願意申貸，而放款方也更不樂於放貸，因為一旦債務的真實價格上揚，違約風險就升高。在此，全新流動性供應運作不像置身以商品為基礎的金融體系那樣，反而會順週期擴大而行，這是因為借款人在通縮時期面臨全新信貸的成本高漲，在通膨時期反倒變得便宜。因此，信用貨幣供應會隨著貨幣價格上升而收縮，也就是價格通縮，不過一旦貨幣價格下跌就會反向擴張，也就是價格通膨。美元價值變動即是體現這些在跨境借貸市場的效應，這是因為美元匯率走強或走弱往往對貨幣收縮或擴張具備相同影響力，正如我們稍後將在第八章看見。這類積極回饋會放大最初的貨幣衝擊，並有助解釋為何貨幣通膨與通縮都會導致金融危機，尤以後者為甚。附圖二‧四已經警告我們，全球流動性往往證明脆弱不堪一擊。自給自足與逆向動態影響有能耐啟動這類反應，往往在金融危機期間一覽無遺。重要的是，經驗顯示，危機期間流動性是不可取代之物（但實際上它正迅速從人間蒸發），也無法

適當用以衡量利率水準。

　　儘管全球流動性至關重要，但近年來最吸睛、最廣獲討論的貨幣工具依舊是政策利率。在現代經濟中，通常是指以市場為基礎的隔夜利率，好比美國聯邦資金（US Fed Funds）。一般普遍認為這種利率借道投資者和信貸提供者的預期衝擊市場，並進一步影響長期收益、消費者與資本支出、跨境資本流動與匯率。詳情請參閱聯準會前主席班‧柏南奇（Ben Bernanke）於二〇〇八年發表的報告。然而，我們在本書中主張，一旦經濟背景的特徵是這股再融資大筆債務餘額的需求，而非用於融資全新的資金專案，流動性這種資產負債表容量便會變得至關重要，利率這種資本成本則退居其次。事實上，二〇〇七年至二〇〇八年全球金融危機與隨後而來的政策回應都證明，利率不是貨幣傳導的主要管道。這段時期明確顯示，就設定短期利率這項舉措本身而言，堪不充分的貨幣政策工具，所謂的利率「前瞻指引」[7]、量化寬鬆與量化緊縮政策，以及銀行監管資本／資產比率的變動更重要。央行與金融監管機構採用後面這些工具減緩或刺激銀行資產與負債擴張，便足以影響資金與信貸的總和成長率。紙鈔與硬幣，連同銀行存款、借貸與證券都是存在於現實生活中的資產，它們的成長率都會受到這些政策決定影響。換句話說，資金無處不在，但一定會落腳某處。必然結果是，注意力將重新聚焦替代性貨幣的管道，好比這些直接的信貸供應與整體資本市場融資條件的量化影響。政府決策者打亂資產負債表的數量，特別是那些金融中介機構的資產負債表，因為它們投資並直接對民間部門供應信貸，就可以影響承擔風險行動、財富和抵押品的價值，並進一步影響國內生產毛額。詳情請參閱國際清算銀行貨幣與經濟部門主管克勞帝歐‧波里歐（Claudio Borio）、摩根大通中國首席經濟學家朱海斌於二〇〇八年合撰的報告。

決策者是否後知後覺？

　　毫不奇怪，全球流動性已經成為近年來國際政策辯論、投資者關注的焦點。在許多國際清算銀行研究員的著作中，破壞全球流動性的行動經常被引述為一道潛在威脅。舉例來說，請參閱二〇一一年國際清算銀行報告：「全球流動性已經成為近年來國際政策辯論的關鍵焦點。此一現象反映出一種觀點，亦即全球流動性與它的驅動力是國際金融穩定的主要重點……在資本高度移動的世界中，全球流動性無法像幾十年前一樣容易動手解決。它同時掌握民間與政府兩大部門……這兩道概念同時捕捉一道共同元素，也就是融資便易性。」歐洲央行更明確：二〇一一年十二月撰寫它的《金融穩定評論》（*Financial Stability Review*）時就已示警：「全球流動性，無論是豐沛或短缺時期，都對金融穩定產生一連串影響。全球流動性激增或許與資產價格強勁上漲、信貸成長急遽攀高，以及在極端情況下投資者過度冒險有關；全球流動性短缺則可能導致金融市場運作中斷，而且在極端情況下壓抑投資者的風險偏好，導致市場失靈。稍後補充說明，「……金融危機爆發前，全球流動性的水準是好幾個經濟區域的資產價格、消費者物價動態的重要決定因素……同時……全球流動性的衡量標準是資產價格榮衰表現最出色的領先指標之一。」詳情請參閱歐洲央行二〇一二年報告。二〇一二年，聯準會理事會似乎同意上述說法：「……金融危機引發流動性不足，隨後又因為流動性不足長期駐留……關於流動性的擔憂迅速化為償付能力的擔憂……金融體系偏離傳統銀行業的演化過程，朝向一套抵押貸款關係的繁複網路主導的體系，終究只會發揮提高流動性首要地位的作用。」尤有甚者，數量所扮演的角色，好比二〇一八年法國央行（Banque de France）明確承認流量：「……借道（貨幣政策）量化寬鬆的多數管道可能發揮作用……完全是獨立於伴隨著名目利率而來的水準。」

　　置入上下文脈絡來看，現代工業經濟通常是由資本支出週期所主導。經濟成長端視資本積累，它又必須借道融資而得。資本主義的關鍵特徵在於，投資是由流動性而非僅僅借道存款提供資金。資金得花上幾年才籌措到手，而且資金有必要在一套專案運作的生命週期中多次**再融資**。考慮到大量未償付的全球債務需要不斷再融資，這是今日世界再真切不過的現實。我們知道，再融資過程是一道缺點經常一湧而出的來源：「……商業浪潮的遠因……看似存在於各種占比不同的資本中，有些用於永久與長遠的投資，有些則是用於即將自我再生的臨時投資。**8**」資產與負債之間的錯配可能在專案醞釀期到完成日之間的不同時間點發生，導致現金支出不足以應付現金收據，無論長期償付能力如何，都會威脅暫時的流動性不足。穩定和不穩定的融資制度都有一些可預測的時期，或是正如美國經濟學家海曼·明斯基（Hyman Minsky）的建言。換句話說，現代商業週期正日益受到廣泛的資本結構變動所主宰，而非單單受制於經濟成長的基本步調變動。現代資本主義具備繁複、高聳的資本結構，已經變得更像是一套**再融資**體系，而非**全新的融資**體系。

　　正如我們在第六章中所主張，問題在於，二十年來全球金融體系已經從零售銀行打底的信貸供應轉向薹售市場打底的供應，在此，流動性來源是附買回而非銀行存款，而且融資總和，亦即再融資與債務展期，主導淨信貸提供，也就是全新的融資。附買回需要一道穩固的抵押品基礎。傳統而言，這是由政府債券，也就是國債，這種「安全」資產所提供。然而，在全球債務水準日益高漲，需要更龐大的資產負債表容量，以便展期這些天量債務部位的背景下，幾個往往受到國際貨幣基金組織眷顧的西方國家政府普遍推行緊縮政策，進一步限制這類安全資產的新一輪供應。必然後果是，比較劣質的民間部門證券會當作抵押品的替代來源。不過一座偏於輕薄脆弱的民間部門債務抵押品池讓流動性順著經濟週期擴大，有可能會變得不堪一擊。解套方案需要借道政府發行債券，而且／或是央行提供流動性，以便挹注一大筆安

全資產。此情此景尚未發生。事實上，近來我們深受背道而馳的發展所苦。信貸機制已經被打破，而且諷刺的是，儘管決策者對全球流動性的重要性表示敬意，卻看似不知道該如何解決問題；甚至在某些情況下還把局面搞得更不堪。

「新一輪」全球流動性衝擊

有鑑於一九六〇年代實體經濟混亂錯置主要是化為工資和勞動成本衝擊的形式發生，一九七〇年代則是原油與大宗商品價格，現在我們面臨一個完全不一樣的制度，其中特徵便是金融衝擊反覆發生。這種國際金融不穩定經常是由全球流動性難以捉摸的波動所驅使。回顧一九九〇年，諸如貝瑞・萊利（Barry Riley）這些市場從業人員在《金融時報》（*Financial Times*）投書，活靈活現地捕捉這種心情：「流動性這座大池裡的資金多數是靠舉借而來，用以支撐股價，隨時待命因應任何挫折。唯獨一旦信貸市場遭受破壞……就是購買力被削弱。投資基本面現在扮演的角色無足輕重……。」一九八八年，美國傳奇投資大亨史丹利・卓肯米勒（Stanley Druckenmiller）在財經週刊《霸榮》（*Barron's*）的專訪中明確總結：「……我們關注的主要問題就是流動性……綜觀本世紀的火熱牛市，最理想的環境就是聯準會試圖推進行動的超沉悶、緩慢的經濟。」

從我們的經驗出發，全球流動性有兩股主要的獨立驅動力，分別是美國聯準會與越來越強大的中國人行，後者是中國貨幣當局的主要機構，但諷刺的是，至今仍受到中國共產黨嚴格掌控。根據資產負債表區分，中國人行的規模已經超過美國聯準會的五分之一強。誠然，它的龐大規模也有助中國人行穩定美元打底的國際體系，因為正如我們在第九章所示，近來中國已經變成美元主要用戶。承前，兩大經濟體的民間流動性不再以銀行為基礎占大宗，以抵押品擔保的比重反而越來越高，而且它顯著取決於冒風險的態度以

及時而模糊的「安全」資產觀點。如今被稱為**影子銀行**的非傳統銀行以融資提供商,而非單單全新信貸商之姿崛起,已經危及現存的貨幣掌控之道。換句話說,融資鏈長度的成長幅度已經超越數量的成長幅度。這些影子銀行吸取新近急速成長的企業與工業現金池,反過來說,現金池存在主要歸功於近二十五年來地緣政治發展、人口結構與金融法規鬆綁。

飛快來去的全球流動性迅速開發並傳播全新的產業技術,導致經濟學教科書與經濟的實際運行越來越脫節。對供應商與消費者之間的市場均衡來說,至關重要的理論假設[9]可能不存在,而供需之間的獨立性對經濟穩定度與建立支持自由市場資本主義的學術個案而言不可或缺,卻是越來越受到質疑。尤為甚者,諸如權衡通膨與失業關聯的菲利浦曲線(Phillips Curve)等傳統政策工具看似不再奏效。一九八九年柏林圍牆崩塌後,廣布的科技創新加上許多經濟體關注「追趕」成長的重要性,推動生產端日益高漲的報酬,並有助支援不計其數「免費」以網路為基礎的產品。這些外力扭轉西方經濟體傾向服務業,但同時也加劇舉債、擴大貿易逆差、改變收入分配並改變儲蓄模式。它們可能有助於解釋為何資本市場轉移自身特性,從主要的籌資機制變成更傾向再融資、資本再分配機制,兩者皆由全球流動性的快速流動所主導。

我們的核心論點是,隨著崛起自新興市場與傳統銀行圈之外的全新玩家打從根本上改變遊戲規則,三十年來金融體系已經激變。金融創新是流動性供應具備更大彈性背後的重要元素。在早期銀行主導的金融世界中,M2貨幣供應量被定義成票據、硬幣和銀行存款的總和[10],扮演一道衡量槓桿貸款機構資產負債表規模還算合用的標準,但至今這種做法忽略基於市場的債務日益重要的事實,好比有擔保的附買回與商業本票以及大額企業存款。世界瞬息萬變。業界已經從無擔保資金轉向有擔保資金;全球流動性的貨幣面值已經轉向美元,而且絕大多數都是在美國本土境外完成交易。全球美元融資的基準利率原本採用歐洲美元市場這套以銀行為基礎的倫敦銀行同業拆借利

率（London Interbank Offered Rate，簡稱LIBOR），現今轉變為以抵押品擔保的美國附買回利率；信貸供應也從全球銀行的資產負債表轉移到資產管理商、經紀自營商的資產負債表。再者，也有一股轉向替代貨幣的風潮，諸如比特幣（Bitcoin）、瑞波幣（XRP）、以太幣（Ethereum）與其他加密貨幣等；同時亦有替代政策，好比最近提出「人民的量化寬鬆」（People's QE[11]）方案，在在彰顯我們日益不信任全球銀行和國家央行足以維持金融償付能力、促進未來經濟成長的能耐。

遺憾的是，決策者與許多專家都未能與時俱進跟上這些轉變。我們可以從現代經濟的三大關鍵特徵更全面理解這些挑戰：（一）產業資本的高生產力；（二）金融彈性一再高漲與（三）投資週期的持續不穩定性，再加上第四道特徵即是（四）中國和新興市場經濟體力求「追趕」。這四大特徵都在當代金融市場中發出自己的聲量。讓人擔憂的是，不穩定正變得更規律、更具包容性而且更深化。這些危機都是系統性而非獨特性，根源都深植於西方資本主義持續進步成熟之地，相對來說，中國或其他新興市場的金融發展都未臻完善，特別是從**籌集資本**轉向以**資本分配**為主的金融體系。這種發展象徵善於創造的銀行家與強取豪奪的投資客，而非經濟學家約瑟夫・熊彼德（Joseph Schumpeter）所強調富有創新精神的產業創業家，而且也受到一再加強的監管以及隨後全面放鬆監管之間的週期性波動所影響。

學界怎麼看？

一向以來，傳統經濟學與金融學若非完全漠視這些流動性元素，就是勉強接受它們並視為討人厭的摩擦來源。直到最近才改觀。舉例來說，標準的新凱因斯主義經濟學派教科書，像是二〇〇三年美國經濟學家麥可・伍佛（Michael Woodford）出版的著作《利率與價格》（*Interest and Prices*）、二〇〇八年西班牙經濟學家裘帝・卡列（Jordi Galí）出版的著作《貨幣政策、

通膨與商業週期》（*Monetary Policy, Inflation, and the Business Cycle*）都主張，短時間內的產出是由需求所決定，貨幣政策刺激總消費與投資。在狹隘的經濟學理論世界中，利差和堪稱金融市場本質的風險貼水所扮演的角色都遭到漠視。頗為雷同的個體自私、異常、獨立又突如其來地採取行動，不曾犯下任何顯而易見的錯誤。他們都能早一步說出獨特的預言，而且還都長生不死，看似對未來的每一種可能結果都瞭若指掌！換句話說，這類「假設」消除經濟學應該感興趣的所有現象，好比數量配給、高度不確定性、非自願失業、缺乏彈性或「僵固」的價格和資產負債表。（說起來在這個世界，何必要持有資產或是被要求管理資產與負債的存續期限？）

　　傳統文獻對流動性避之唯恐不及的一道合理原因是，既難以衡量也難以定義。不過正因這項任務深具挑戰性，沒有理由連試都不試。經濟學本身經常犯下將容易衡量的重要元素推升至高大上地位的錯誤，而且這種謬誤可以套用一則醉漢搞丟鑰匙，繞著街燈尋找的故事生動描述：不是因為他在這裡搞丟鑰匙，而是因為這裡的光線比較亮！經濟學的真相往往隱藏在看不見的陰影裡。一道讓人信服的真實例子是經濟學家崇拜對外貿易與經常帳差額。值此經濟福利肯定更多是取決於出口與進口的總和而非兩者差異之際（因為總體貿易規模決定勞動力分工），有何必要高度聚焦貿易失衡？尤有甚者，許多專家就只是武斷主張，資本流動是被動調節，以便平衡相應的貿易順差和逆差。就定義而言，國際收支得「平衡」（線索盡在名詞中），但實際上不只是經常帳規模被迫得被動適應資本移動而調節，這些淨流動本身隱藏一張更豐富、更廣泛的總資本流動網絡，涉及不同資產的買賣及大規模的借貸，反過來又影響外國人與境內居民。

　　這套不充分的理論架構特准經濟學鮮少關注資產負債表分析。不過，深究國際資產負債表涵蓋的細節就會發現，大部分跨境資本移動屬於投機性投資組合流動與銀行融資流動，而非外人直接投資。而且，雖說資本看似從高儲蓄新興市場經濟體流向某些境內需求成長相對緩慢的已開發經濟體，現實

情況正如我們將在第八章解釋一般截然相反。總資產負債表分析顯示，大規模銀行與組合流動朝向這些高風險新興市場，稍多一些的金額回流坐落在紐約、倫敦與法蘭克福等大型貨幣中心裡面更深層次的資本市場，而且經常會尋找「安全」資產。換句話說，尋求風險的資本進場、厭惡風險的資本離場。尤有甚者，前者就本質而言往往比後者為時更久。現代經濟學也畫錯總融資層面的重點，因為它視每一筆信貸都是一筆債務（即借款方）、每一筆債務都是一筆信貸：所以資產與負債必須匹配，而且就定義而言，系統始終平衡歸零。因此，它絕不承認這些流量的特徵，也不承認這些總數額有多大：無論系統中負載多少信貸或債務，淨數額永遠相同。但是知道這項事實就類似於攀爬全世界最長的階梯，同時保證絕對不會掉下來！

　　一旦流動性確實現身學術著作中，往往用以傳達以下三種含義之一：

- **市場深度**[12]：描述個人投資部位的「流動性」，並預示短時間內在不影響證券「價格」的前提下大舉賣出或買進的便易程度。
- **加強版貨幣**：這是一個更精煉傳神的術語，用以形容經濟中整體貨幣存量或是貨幣的某些特徵，像是廣義信用或等同強力貨幣（好比一九五九年英國雷克里夫報告）。
- **風險**：一個用以衡量金融領域資產負債表穩健程度的指標，或是「……立即清償債務的能力。必然結果是，如果銀行未能及時清償債務，流動性便不足。」詳情請參閱二〇〇九年三月歐洲央行一〇二四號工作報告。巴塞爾委員會（Basel Committee）的流動性定義相差無幾，進一步補充銀行也必須「……趕在到期之前重行結算或清償部位。」

　　這些個別的流動性定義衍生一些關於充分性的挫敗感，最近催生出許多各種組合配對的混合體。舉例來說，二〇〇九年，德國經濟學家馬可斯‧

K・布納梅爾（Markus. K. Brunnermeier）與丹麥金融經濟學家雷西・海耶・佩德森（Lasse Heje Pedersen）合撰報告，在他們的**市場流動性**概念中體現「市場深度」，將其定義成證券的交易價格與基本價值之間的差異；他們也結合我們所稱流動性的「風險」定義與「加強版貨幣」概念，以描述他們的**融資流動性**概念。一旦經銷商銀行的淨資本減少、短期借款可行度降低、保證金比率提高，進而擾亂現金流，融資流動性風險就會冒出來。布納梅爾與佩德森允許這兩道概念產生負面影響，因而引起所謂**流動性下降惡性循環**（downward liquidity spirals）。舉例來說，更劇烈的變現資產價格波動徒增市場風險，導致更高的保證金比率、更緊俏的籌資流動性，然後回過頭來破壞市場深度並進一步削弱市場流動性。相似的混合衡量指標包括以經驗為依據的風險數據，諸如最近才公布的英格蘭銀行（Bank of England）**金融市場流動性指數**、美國金融研究處（US Office of Financial Research, OFR）**金融壓力指數**[13]。這些都結合流動性的「市場深度」衡量標準，諸如英國政府公債（gilts）附買回市場的買／賣差價、倫敦銀行同業拆借利率／隔夜指數交換（Overnight Index Swap, OIS）利差，以及「風險」指標，好比商業銀行融資的數據、美國芝加哥選擇權交易所（Chicago Board Options Exchange, CBOE）的波動率指數（Volatility Index，一般稱VIX指數）計算標普五百的隱含波動性，這可是股民最關注的美國股市指數。

　　二〇〇七年至二〇〇八年全球金融危機爆發後，金融部門飽受衝擊對實體經濟來說茲事體大，這種想法廣獲顯著關注一點也不奇怪。越來越多的大量學術研究支持這道關聯說，還有許多以經驗為基礎的證據顯示，金融週期與它們特定的信貸及資產價格組成部分正是預知金融危機的領先指標。好比二〇〇九年波里歐與同事馬提亞斯・德曼（Mathias Drehmann）合撰的報告、二〇一二年德國經濟學家莫赫茲・舒拉海克（Moritz Schularick）與美國經濟學家艾倫・M・泰勒（Alan M. Taylor）合撰的報告，以及二〇一四年歐洲央行經濟學家卡森・戴肯（Carsten Detken）協同其他專家合撰的報告。

正如二〇一八年美國經濟學家奧斯卡‧裘達（Òscar Jordà）協同其他專家合撰的報告、二〇一四年國際貨幣基金組織經濟學家托比亞‧亞里安（Tobias Adrian）協同其他專家合撰的報告都指出，金融危機通常帶來深切、長期的衰退。許多研究結論也暗示，信貸榮景削弱中期工業產出，好比二〇一七年美國經濟學家艾提夫‧米安（Atif Mian）協同其他專家合撰的報告、二〇一七年國際清算銀行經濟學家馬可‧隆巴迪（Marco Lombardi）協同其他專家合撰的報告，以及二〇一六年波里歐與同事安娜‧薩拜（Anna Zabai）合撰的報告。多數這些研究聚焦殖利率曲線，也就是長期和短期國債殖利率之間的利差。正如我們已在其他報告中證明（詳情請參見二〇一七年在下發表的文章），這些結論都很單薄，更有可能是涉及其他隱藏的變數。讓人耳目一新的是，二〇一九年波里歐協同其他專家合撰的全新報告顯示更強大的金融流動預測能力。他們比較一九八五年至二〇一七年間，美國與其他十六個已開發經濟體、九個新興市場經濟體的殖利率曲線及金融週期指標。

全球流動性是最佳的初期警示指標

　　二〇一〇年歐洲央行經濟學家迪特‧葛斯麥亞（Dieter Gerdesmeier）協同其他專家廣泛回顧文獻並總結：「……橫跨不同研究所得到的強力發現就是，過度信貸創造的衡量標準是經濟中金融失衡加劇非常理想的領先指標……。」對信貸來說，他們有關創造過剩資金的結果證明了更不具決定性。二〇一一年歐洲央行經濟學家露西雅‧艾蕾西（Lucia Alessi）與卡森‧戴肯將大量全球與國內變數（實體與金融）的表現當作（複合）資產價格上漲的初期警示指標並加以比較。他們發現，全球流動性衡量指標〔共以十八個經濟合作暨發展組織（Organization for Economic Cooperation and Development, OECD）國家總量為基礎〕是最佳的初期警示指標，全球的民間信貸缺口或全球M1貨幣缺口（定義為國內生產毛額的去趨勢化比率）尤甚。二〇〇二年波里歐與同事菲利浦‧洛威（Philip Lowe）在三十四個樣本

國家中採用一套雜訊—信號（noise-to-signal）*手法，顯示國內信貸缺口是比國內資產價格缺口、國內投資缺口（所有缺口都被定義成國內生產毛額的去趨勢化比率）或國內實質信貸成長更出色的初期警示指標。二〇一一年德曼協同其他專家套用三十六國的數據顯示，就預測銀行業危機而言，國內信貸缺口相較於其他包括基於國內生產毛額、M2、房產價格與股票價格等十四種衡量值指標，都更能實現最低雜訊—信號比。

二〇一三年，荷蘭經濟學家貝亞塔・畢魯特（Beata Bierut）表示，將全球流動性當作資產價格噴發的初期警示指標時，表現優於國內指標。這項研究證實二〇一一年全球金融制度委員會（Committee for Global Financial Stability, CGFS）†的結論，祭出數量指標更適用於捕捉步步墊高的潛在風險。它留意一項證據，巴塞爾資本協定 III（Basel III）、槓桿與流動性規則可能削弱以傳統銀行為基礎的中介功能，反而有利非銀行機構。這意味著在未來，流動性的量化舉措範疇有可能延伸到涵蓋非銀行機構，以便支持它們的初期警示特性。二〇〇七年，亞里安與國際清算銀行經濟顧問申賢承（Shin Hyun Song）是第一批闡述內嵌於現代金融結構中的順週期放大機制的研究團隊之一；二〇一九年，義大利經濟學家席薇雅・米蘭達—艾奎皮諾（Silvia Miranda-Agrippino）與芮伊的並行研究發現一道單一的全球元素，足以解釋全球風險資產價格變化二五％的原因。二〇一八年，裘達協同其他專家完成的研究也證實這種共同性。他們在一項回顧一百五十多年、跨十七個已開發經濟體的金融週期研究中發現，信貸、房價和股票市場的連動作用在過去三十年間締造歷史新高點。兩組研究都強調全球流動性週期的概念。一九九九年，美國金融學者克拉斯・貝克斯（Klaas Baks）、查爾斯・克雷默（Charles Kramer）發現，全球流動性與利率負相關、與股票報酬正相關。二〇一〇年，國際貨幣基金組織檢視全球流動性擴張、資產價格與新興經濟體

---

* 譯注：用於比較所需訊號以及背景雜訊的強度。當比率越高，模式的一致性與可信度就越高。

† 譯注：作者誤植，正解是 The Committee on the Global Financial System。

資本流入之間的關聯，研究結果發現，高升的全球流動性與三十四個「吸納流動性」的經濟體中上漲的股票報酬、下跌的實質利率相關。二〇一五年，美國金融學者瓦倫蒂娜·布魯諾（Valentina Bruno）與申賢承合撰的報告顯示，強勢美元與全球比較緊縮的信貸狀況有關，並強調美國貨幣政策在驅動全球風險貼水方面扮演關鍵角色。二〇一三年，芮伊也指出，即使是在諸如加拿大、日本、歐元區和英國等匯率彈性十足的經濟體中，美國貨幣政策照樣影響財政狀況。這道結論嚴重質疑浮動匯率是否真能為新興市場提供有效的護欄[14]，以抵禦全球資本日益成長的勢力。

流動性的傳導管道成學術圈熱議話題

精確來說，究竟是哪些構成元素組成這些流動性的傳導管道，至今仍是學術圈熱議的話題。一旦擴張性貨幣政策納入資本市場摩擦與資產負債表，就應該引領借款方與投資方的淨資產增加。這道特徵有助解釋後續的放款與總和需求擴張，或是所謂貨幣政策的**信貸管道**〔請參閱一九九五年柏南奇與美國經濟學者馬克·格勒（Mark Gertler）合撰的報告〕；其他研究人員反倒是強調貨幣政策**承擔風險的管道**（請參閱二〇〇八年波里歐與朱海斌合撰的報告；二〇一五年布魯諾與申賢承合撰的報告；二〇一九年經濟學家努諾·龔布拉（Nuno Coimbra）與芮伊合撰的報告），金融中介在其中扮演關鍵角色，而且全系統貨幣擴張放寬槓桿限制並鼓勵放款方承擔額外的信用風險。這兩種管道經常互補、強化，這一點看起來還算合理。確實，二〇一一年，艾蕾西與戴肯在合撰的報告中強調信貸的重要性與它在金融不穩定所扮演的角色：「……全球貨幣流動性衡量指標……在偵測繁榮和蕭條週期方面可以比實質變數提供更多有用資訊。」舒拉海克與泰勒在二〇一二年合撰的報告中說：「……關於危機，我們的分析結果很清楚：信貸至關重要，資金則否……綜觀史上的金融危機都可視為『信貸泡沫破裂』……（而且）過往的信貸成長化身為唯一一道未來金融不穩定最貼切的預測指標。」

最近，有些人主張，央行**量化寬鬆**政策借道流動性管道，徒增政府機關設定的證券賣方的機會，進而減少交易摩擦。證據源自幾項所謂的**事件研究**，好比聯準會第二套量化寬鬆計畫中，美國抗通膨債券（Treasury Inflation-Protected Securities, TIPS）殖利率與通膨交換率（inflation swap rates）之間的流動性溢價降低，便暗示著量化寬鬆改善**市場流動性**。**市場流動性**是衍生品，**融資流動性**則更屬於基本面。在此，境內或境外躉售貨幣市場已經成為供應融資流動性的核心。與此同步的是「安全」資產相關需求。安全短期債務供應需要抵押品當作後盾，我們已經留意到，這種抵押品可以是國債，也可以是民間發行的安全債券。二〇〇一年，美國與法國經濟學家本特・荷姆斯壯（Bengt Holmstrom）、吉恩・泰勒爾（Jean Tirole）[15]推出一套涵蓋流動性需求元素的資產定價模型，在其中，風險中性的企業主動支付那些一旦流動性稀少時便能提供收益的「安全」資產溢價。這種溢價持續存在是因為一般都假設可抵押的資產供不應求。二〇一二年，加里・戈頓（Gary Gorton）協同其他專家合撰的報告發現，總體資產中約莫三分之一堪稱「安全」，反過來看，其中大概有三分之一是政府證券。我們將在第六章闡述，民間部門的金融中介機構可以產出額外的安全資產，而且借道這種管道影響資產價格。二〇一二年經濟學家何知古（He Zhigu，音譯）與艾文・克許奈莫帝（Arvind Krishnamurthy）、二〇一四年亞里安與其他專家、二〇一四年布納梅爾與美國經濟學家尤里・薩尼科夫（Yuliy Sannikov），以及二〇一七年美國經濟學家艾倫・莫雷拉（Alan Moreira）、艾列西・薩沃夫（Alexi Savov），以及其他的研究報告全都強調這道供應面管道。在這個新世界裡，我們將於第十一章示警，對流動性供應來說，經濟圈中抵押品的品質組合變得至關重要，未償還國債的存量過低導致民間生產的抵押品增加與信貸榮景，很可能徒增金融脆弱性。在以前零售為基礎的市場中，這一點鮮少受關注，因為活期存款這種安全債務的主要形式是由國家擔保。然而，自此以後，民間部門「安全」資產的構成形態發生變化，一九五〇年代至今，

銀行存款已經從八〇％降至三〇％。我們置身不同時空。

關鍵：資金流動分析

　　許多這些學術做法合併「風險」和「加強版貨幣」的定義；有些也經常採用資金流動分析，以探索融資流動性影響全體系統流動性之道。我們十分屬意資金流動做法。這套方法是一九五二年經濟學家莫里斯・柯普蘭（Morris Copeland）[16]率先創立並首度在美國發展，因為自一九五一年以來美國聯準會系統都會定期發布資金流量表。一九七〇年代與一九八〇年代，亨利・考夫曼讓資金流動分析這種理解信貸創造過程、透過信貸週期改變利率報酬曲線的方式大行其道。另一份當代的重要國際貢獻來自一九八五年美國經濟學家雷蒙・葛史密斯（Raymond Goldsmith）出版的著作《比較國家資產負債表：針對一六八八年至一九七八年的二十國研究》（*Comparative National Balance Sheets: A Study of Twenty Countries*）。資金流量表是至關重要的工具，因為在標準的國民所得會計中所得與支出打平，但金融資產與負債以及它們和經常帳、資本帳的交易關係全都不納入計算。這一點可能有助解釋為何金融市場沒有被整合併入傳統的經濟分析，不過理論上這麼做是在貶低金融的重要性。相較之下，資金流量會計串接起所得與支出流量，計入與它們對應的資產和負債存量變化。它們有效確保，在任何欄目出現的所有資金都會被計入某一項欄目，進而保證存量和流量、不同經濟區塊，以及國家和國際經濟之間的一致性。流量的存量結果被納入資金流量算法，就好比滿足政府預算限制、承認政府債務有如脫韁野馬一般失控的後果等。根據考夫曼[17]，資金流量數據捕捉到經濟中各區塊的金融交易和財務水位，而且：「……提供觀點，就像複式簿記（Double Entry Bookkeeping）*，涵蓋有助避免

---

* 譯注：會計記錄時，同時記錄交易之授受行為，在形式上有借必有貸、有貸必有借，而且雙方金額必定相等的記錄方法。

邏輯錯誤的內建功能……供應的資金總量必須等同於需求總量。因為除非有人借款，才會有人放款，否則借貸不會發生……利率的功能就是配置放款方提供的資金給那些想要借款的對象。」

近來，德國央行以大動作認可資金流量會計，並描述它如何用以編纂德國國民金融帳戶：「金融帳戶是國民帳戶的一部分，也是一套涵蓋整體經濟的總體經濟統計會計系統……金融帳戶通常是由央行編纂，因為它們才能擷取初始統計資料，進而加入聚焦實體經濟的國民帳戶所構成的完整格局。國民帳戶背後有統計辦公室納入並行的金融領域交易與實體交易所支撐。結果顯示，經濟體中什麼人以哪一種形式提供或提領多大金額，還有哪些金融中介機構在經濟的金融流動中居間穿梭。這提供一道概念，既說明經濟的金融流動的基礎架構（即國內金融投資與外部借款管道），也說明金融行為，特別是家庭與企業端……尤其是，這些結果用以分析投資和企業與家庭的金融行為，反之又能提供貨幣政策傳導過程的相關資訊。舉例來說，這些分析結果聚焦研究金融結構的轉變，以及國內銀行放款與其他融資來源之間的關係（好比資本市場與外國放款機構）……〔語出二〇一三年德意志銀行（Deutsche Bundesbank）〕。」

一九六〇年，美國史丹佛大學經濟學教授約翰‧G‧格利（John G. Gurley）、愛德華‧S‧蕭（Edward S. Shaw）共同出版《金融理論中的貨幣》（*Money in a Theory of Finance*），是引領我們通盤領會流動性影響的重要著作。書中主張，有一套連續性集合體奠定金融資產與機構的「流動性」基礎。這個說法類似凱因斯用來的描述貨幣屬性的術語「流動性偏好」（liquidity preference）。格利與蕭認為，非銀行金融機構的資產與銀行的資產差異不大。簡言之，特定的非銀行金融機構（或是我們現在指稱的影子銀行）也可以創造流動性。

事實證明，資金流動分析有助解開金融市場日益錯綜複雜的糾結本質。金融危機經常導因於資金流動性嘎然「喊停」，導致重大專案與資產無法再

融資。反之，傳統經濟幾乎只是專門聚焦資金使用，不管資金來源的波動。因此，政府支出、零售銷售與貨幣供應等經濟類別各自代表不同的資金用途。因為資金流動數據突顯區塊之間不平衡與資產負債表錯配，它便成為評估金融穩定性更重要的工具。它提供洞見，讓考夫曼在一九八六年預見一場來勢洶洶的金融亂局，主要是源於機構資金的成長。因此，一九八〇年代中期他就能夠及早發出警語：「通訊與金融技術的巨幅進步已經在美國信貸市場和境外市場之間建立起密切連結。這些機構之間的區別如此模糊不清，以至於根本無法將蛋頭人（Humpty-Dumpty）*拼湊恢復原形。我們必須實施放鬆管制的最佳部分與最適用的監管保障措施。總的說來，這樣便有必要在創造債務的過程中加入一些摩擦力，而非潤滑劑。」

更多資本概念？

　　將這些關於「流動性」的概念置於更全面廣泛背景中的做法自有價值。最近，投資評論家約翰‧亞瑟斯（John Authers）[18]反思一九九二年金融史學家彼得‧伯恩斯坦（Peter Bernstein）調查學術界金融成就的開創性鉅著《投資革命》（*Capital Ideas*）。雖說全書比較大幅聚焦證券而非債券與貨幣，但扮演一套很出色的衡量標準。只不過，雖然兼具應有的謙遜與事後諸葛的好處，似乎遺漏四大關鍵概念：

（一）包括國家貨幣鑄幣稅、央行政策重要性在內的資本市場與儲蓄的
　　　制度理論都未被納入；反之，其中特別以美國經濟學家弗蘭科‧
　　　莫迪利亞尼（Franco Modigliani）、默頓‧米勒（Merton H. Miller）

---

* 譯注：英語兒歌的主角，可用來形容某人的地位或職位不穩固、某件事物一旦損壞就無法修復或是身材矮胖的人。此處應為第二種用法。

　　　　抱持「融資結構應該不重要」的觀點充斥全書。

（二）在資產配置決策中，通膨／通縮威脅似乎並未扮演明確角色。

（三）利率期限結構在資產與負債定價所扮演的角色完全遭到漠視。

（四）風險錯誤被視為等同於資產價格波動。

　　可以說，四大重點的每一點都包含**債務管理**、**存續期限**與我們極度重視的**全球流動性**這幾道共同主題。在此，創始先驅是彼得・伯恩斯坦書中提及的馬帝・萊波維茲，不過他至少值得大書一章。我們有必要補充亨利・考夫曼針對資金流動分析的開創性貢獻，加上他針對未來金融穩定性發出先見之明的警語。實踐經驗也強烈暗示，**地緣政治**經常在金融領域扮演關鍵角色，這一點不出意料之外，畢竟資產是以自己國家的貨幣計價，決策者擁有法律管轄權與某種程度掌控權。

　　一旦債務無法適當避險，風險便至關重要，這一點反過來應該激勵出一股對「安全」資產的更強烈需求。當時我們向彼得提出波動性失靈當作風險的衡量標準，他不由分說就認為這是最實際的定義，而且至今許多從業人員都同意。不過，隨後幾十年更多規模不一的風險殘酷肆虐，其中多數是在債務沒有適當匹配的關頭出現。之後有幾本書質疑採用波動性當作風險衡量標準的做法，其中最眾所周知的代表當屬統計學家納西姆・塔雷伯（Nassim Taleb）的著作《黑天鵝效應》（*Black Swan*）、金融理論先驅本華・曼德博（Benoit Mandelbrot）的著作《市場的不當行為：金融動盪的碎形觀點》（*The Misbehavior of Markets: A Fractal View of Financial Turbulence*），並強調使用高斯〔Gaussian；由理論化學家約翰・波普（John Pople）所創〕「常態」概率分布〔或稱鐘形曲線（bell curve）〕針對風險事件建立模型所隱含的荒謬性[19]。

　　此外，現代投資組合理論（Modern Portfolio Theory, MPT）與效率市場假說（Efficient Market Hypothesis, EMH）聚焦個別股票，而非投資群眾與央

行等貨幣組織的行為。不過,雖說個人瘋狂實屬罕見,別的不說,德國哲學家尼采(Friedrich Wilhelm Nietzsche)則是教誨我們,它成為群體的常態。人們置身群體中會失心瘋,群體之所以形成是因為不確定和無法量化的風險成為金融市場的主導特徵,迫使我們退回經驗法則與共識思維。有錢群體格外不穩定,他們很貼切地解釋,雲霄飛車往返奔馳在金融市場的貪婪與恐懼兩方極端之間。因此,我們的主張與教科書背道而馳,也就是投資基本上攸關風險、報酬與流動性。

　　讓人氣餒的是,每一種因素的相對重要性隨著時間拉長漸漸改變。二戰之前與戰爭落幕那幾年,市場集中報酬這道面向,投資者主要關注成長、價值和股票紅利。到了一九八〇年代,風險管理開始大行其道,往往與追求更深刻理解風險為何物的思潮並駕齊驅?又過幾年,特別是隨著管制放鬆、人口結構變化、通膨回穩,加上儲蓄市場的其他結構性變革,包括伴隨二〇〇七年至二〇〇八年全球金融危機而來的央行大規模資產購買計畫(large-scale asset purchases, LSAP),亦即耳熟能詳的**量化寬鬆**政策,重點已經轉向流動性了。

注釋

1. OTC全名為over the counter.
2. 非指整體,它定義**償債能力**。
3. 二〇〇八年四月,紐約新社會科學院(New School for Social Research)教授藍斯‧泰勒所著〈流動性說明〉(Notes on Liquidity)。
4. 請參見Brunnermeier and Pedersen(2009).
5. 請參見https://www.bis.org/statistics/gli.htm.
6. 國際清算銀行估計,截至二〇一九年三月底。
7. 前瞻指引是指為政策利率制定可能的未來路徑,好比聯準會著名的「利率點陣圖」(dot plot)所示。
8. 出自英國經濟學家威廉‧史坦利‧耶方斯(William Stanley Jevons)一八八四年的著作《貨幣與金融調查》(*Investigations in Currency and Finance*)。

9. 套一句術語，這些通常被視為潛在消費者偏好與技術產出可能性的「凸性」（convexity）[*]，也就是說，它們需要持續和遞減的規模報酬。

10. 活期或支票存款、零售定期存款和貨幣市場基金。

11. 這套政策開綠燈將流動性直接送到大眾手中。它與現代貨幣理論（Modern Monetary Theory, MMT）有關，後者明確要求央行屈從財政部，以便為大眾基礎建設、減稅與甚至全民基本收入（Universal Basic Income）提供資金。

12. 「黑流動性」（dark liquidity）這句相關術語意指，隱藏的訂單流量越來越多借道電腦對電腦的方式在場外進行交易。

13. 請參見https://www.financialresearch.gov/financial-stress-index/.

14. 加拿大諾貝爾經濟學獎得主羅伯特‧孟岱爾（Robert Mundell）提出著名的三難困境，意即自由資本流動、貨幣政策獨立性和穩定匯率三項政策中，僅可能實現其中兩項。

15. 二〇〇一年，本特‧荷姆斯壯與吉恩‧泰勒爾合撰〈基於流動性的資產定價模型〉（LAPM: A Liquidity-Based Asset Pricing Model）。

16. 一九五二年，莫里斯‧柯普蘭所撰〈美國資金流動研究〉（A Study in Moneyflows in the United States）。

17. 一九八六年，亨利‧考夫曼出版《利率：市場和新金融世界》（*Interest Rates: The Markets and the New Financial World*）。

18. 二〇一九年四月三日，《彭博》（*Bloomberg*）。

19. 二〇〇七年，本華‧曼德博與理查‧L‧哈德森（Richard L. Hudson）合撰《市場的不當行為：金融動盪的碎形觀點》；二〇〇八年，納西姆‧尼可拉斯‧塔雷伯（Nassim Nicholas Taleb）出版《黑天鵝效應》。

---

* 譯注：意指消費者會感覺，同時消費不同種產品比集中消費僅一種產品的效用更高。證明偏好具有多樣性。

第三章

內容提要：更龐大、更波動的世界

經濟地震

　　隨著投資圈變得越來越龐大，也就變得越來越不穩定。金融危機看似明顯地依照每八年至十年的頻率爆發一次。點燃這道爆炸性背景的原因是國家首都之間的霸權之爭，特別是美國與中國之間日益加劇的角力戰，而且伴隨著相當於現代突擊部隊的快閃金融流動。一旦傳統模式被打破，新世界就隨之萌現。一九八九年柏林圍牆崩塌，象徵龐大的地緣政治位移，不僅終結東歐共產主義，更釋放驅動全球流動性浪潮的全新經濟力量，進而有效扭轉世界金融體系的兩極。這股借道國際供應鏈[1]而生成的人造生產力「全球化」獲准觸及二十億至三十億名新崛起的「生產者」（而非廣告標語承諾的「消費者」），最初是由美國、德國與日本發起，但現在中國製造商與物流產業的主導權越來越大。東歐共產主義倒台僅十年後，世界經濟已捲入第二道衝擊波。二〇〇一年十二月十一日中國加入世貿組織，單單往後十年就有超過兩億名中國工人從農村轉入迅速擴張的東部沿海城市，這個數字約當整個歐盟區的勞動人口，這些城市則主導中國的出口經濟。誠然，過去中國也和西方貿易往來，准入世貿組織卻讓它目睹兩國跨境貿易的規模與深度巨幅膨脹。對中國來說，二〇〇一年也是象徵性的一年，因為它搶下二〇〇八年奧運會主辦權。那年八月，這場在北京以與天比高的自信心舉辦追求完美的儀

式攀上高潮，幕後功臣當屬一位當時名不見經傳的共產黨官員，他的名字是
習近平。自此他平步青雲一路坐上中華人民共和國主席大位。中國已經正式
受到世界經濟歡迎，但正如我們解釋，它走的道路最主要就是一則受到金融
發展不平衡阻礙，仍力圖經濟「超歐趕美」的故事。

　　資本報酬率借道資本移動與投資重組，終究在各個經濟體之間實現平
衡。實質利率長期變動將儲蓄與投資行為改變，加上諸如國債工具等安全資
產的安全性與流動性特質時有波動結合在一起。我們主張，工業獲利能力下
降、安全資產出現相關的結構性短缺，兩者正是全球利率長期下滑的關鍵幕
後因素。金融借道總流動性的流動與金融產業的整體資產負債表規模影響風
險貼水。有三張圖表突顯中國對西方資本主義清晰可見的影響力。附圖三・
一顯示美國、中國和德國工業資本的新投資報酬率長期下滑。邊際報酬率普

附圖3.1　1984-2019工業資本的實質邊際報酬率：美國、德國和中國（百分比）

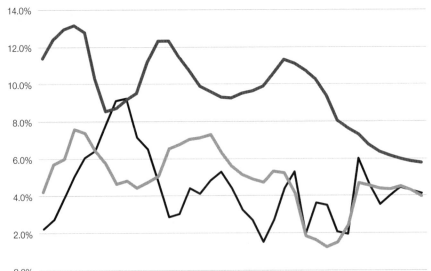

資料來源：跨境資本

遍下降顯而易見，但是下滑態勢比較早出現在美國和德國企業，中國資本則是在二〇〇〇年代初期獨享進一步的繁榮。因此，中國與美國的邊際獲利率差距原本在二〇〇〇年是二·三％，看起來威脅力道比較小，到了二〇〇九年激增至驚人的八·九％。隨著西方產業的新投資計畫吸引力減弱，於是轉型成積極削減現有資本的模式，以維持帳面利潤。將新投資挹注在高報酬的計畫、更完善管理既有的業務，就可以刺激獲利揚升。管理階層新生一股投入削減成本的熱情，在股票選擇權機制（share option schemes）激勵之下，紛紛強迫工廠關閉並引爆大量失業潮，卻因此提高美國資本的平均報酬率，正如附圖三·二所證實，平均報酬率狂飆顯而易見。一九八四年至二〇〇一年，中國還沒加入世貿組織，美國資本的實質報酬率平均為三·五％，二〇〇一年後的期間卻上升至四·一％。隨著中國競爭的影響壓低邊際報酬

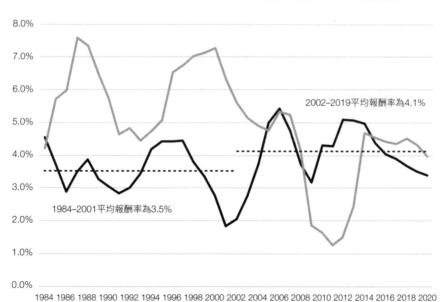

附圖3.2　1984-2019美國工業資本的邊際報酬率與平均報酬率

資料來源：跨境資本

率，另一方面國內成本重組進一步推升平均報酬率，邊際報酬率與平均報酬率之間的差距戲劇化地縮小。如附圖三‧三暗示，這股逐漸縮小的差異可以解釋，美國資本支出崩跌至如今幾乎無法彌補磨損的水準。必然結果是現金流量反彈，但企業若非囤積這筆現金，就是花在股票回購與購併，而非用來重新投資實體經濟。這類贏家包括坐擁超過二千億美元的蘋果（Apple）、約當持有一千二百五十億美元的微軟（Microsoft）與Google，以及手握五百億美元的臉書（Facebook）、亞馬遜（Amazon）和IBM。單單是這六家美國企業就掌握六千多億美元準備金，換算下來則是超過美國國內生產毛額的三％。若此，所有這些現金最終去向何處？

附圖3.3　1984-2019美國資本邊際報酬率與平均報酬率（百分比）及美國總固定投資支出（占國內生產毛額百分比）的差異

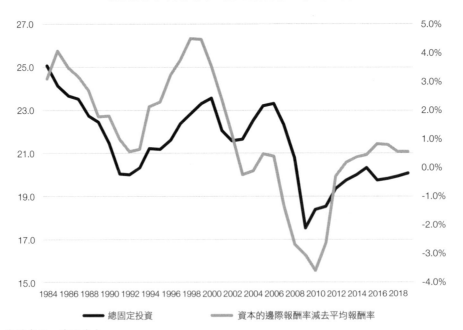

資料來源：跨境資本

金融加速器

　　工業經濟迅速失守，金融市場則大獲全勝。現金湧入躉售貨幣市場，貪婪的銀行家在此你爭我奪並重新包裝。由此產生的大規模現金流量重新配置迫使世界工業多數地區就地理與內部而言重新整頓：揚棄許多新資本計畫的投資報酬率，轉向「輕資產」的商業模式與巨額債務累積兩大方向，並且鼓勵美國採取近乎永久的寬鬆貨幣政策。金融市場受到我們後來描述為龐大、成長快速的**影子貨幣基礎**所推動，承擔相當可觀的經濟調整重擔。我們之所以解釋這道傳導過程是因為全新供應鏈限制成本變動，而且它們大部分都是以美元為基礎，因此也需要成員經濟體彼此提供穩定的交叉匯率。製造業與主要消費性品牌的全球化風潮有效制定出薪資與價格彈性的天花板上限。它也強固西方經濟體內部的結構性失業與日益嚴重的財富分配，終至迫使經濟成長越來越倚賴更大量債務支撐，以便維持消費者支出。這種支出不同於傳統的資本投資，大部分都零生產力，因而不易獲得回報。因此，這些膨脹的債務負擔有必要再融資。債務違約發生不必然是因為破產，更經常是因為流動性不足。正如我們持續強調，這股再融資壓力使得資產負債表規模與流動性流入遠比利率水準更重要。不過，一旦流動性擴張取決於不確定的安全資產供應時，融資突然喊停有可能會徒增系統性風險。再融資系統遠比以往更倚賴可能偏向單薄的安全資產供應，以便協助展期日益脆弱的債務。現代金融體系從**全新的融資體系**轉向**再融資**系統，這項事實創造出一種負面回饋，突顯信貸市場的內在危險。

　　在一個以全球供應鏈為特徵的世界經濟中，金融市場已經成為經濟調整機制不可或缺的必要部分，導致強度一再升高的全球流動性週期，以及傳統用以權衡國內通膨率與失業率的菲利浦曲線日漸失靈。想想這些全球流動性衝擊借道匯率變化而非利率變化對外傳導，正如附圖三．四的流程圖所解釋，連同民間部門流動性與跨境流動在很大程度上影響實質匯率，再加上央

附圖3.4　全球流動性傳導流程圖（示意圖）

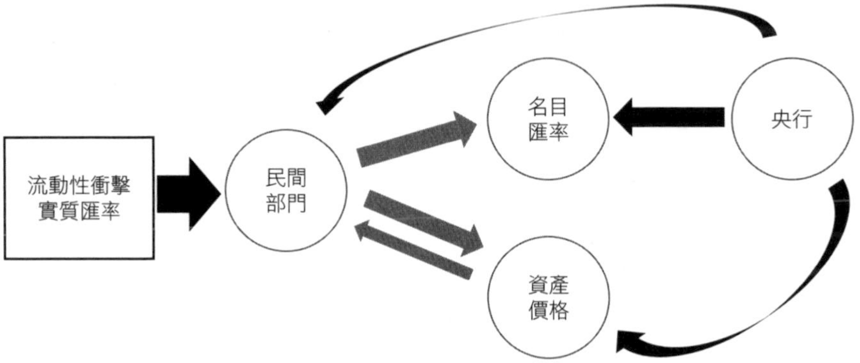

行流動性對名目匯率具有更重要的影響力。

　　寬鬆的美國貨幣政策借道跨境流動進入在地貨幣條件同樣寬鬆的地區，進一步對外擴散至許多新興市場經濟體，並允許在境外歐洲美元融資市場累積現金。中國與幾個其他新興市場經濟體的金融環境不成熟，放大這些跨境流動對全球流動性的國內影響，終致匯聚一氣影響國際。這些元素再加上人口老齡化與「新富」階級帶來的強勁儲蓄流動，助長一股主要以美元計價的「安全」資產的結構性過度需求，大規模的企業與工業現金池日益主導全球超額儲蓄回收，它們渴求安全、抵押品支撐的短期工具。這些都由腳程飛快的躉售貨幣市場提供，如今它們在提供重大融資方面經常超越我們傳統與整體而言過度受到監管的銀行。換句話說，機構附買回現在已經超越家庭銀行儲蓄帳戶，成為最受歡迎的金融工具。不過，近來政府實施緊縮政策、央行收緊銀根，優質抵押品這個足與附買回抗衡的重要對手因而物以稀為貴，不僅打亂全球流動性，也意味著貧血的資產負債表容量不足以為全球經濟高達二百五十兆美元的資產展期並再融資債務。再者，這種做法日益推升違約風險並提高系統性風險的機率，鼓勵囤積珍貴的「安全」資產，因此進一步惡化抵押品短缺窘境。參見附圖三‧五。

附圖3.5　1997-2019世界債務、全球流動性與融資能耐的衡量標準

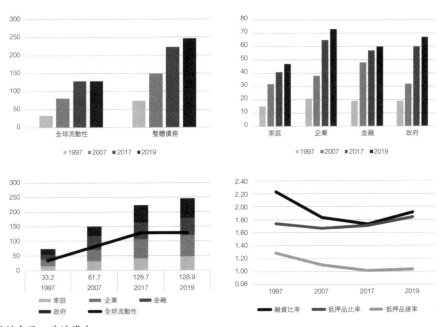

資料來源：跨境資本

錯誤的政策回應？

各國政府都不肯承認債務品質堪慮。它們的緊縮政策往往施用於平衡量化寬鬆與超低政策利率，如今已剝奪重要的「安全」資產市場。它們減少發行國債，迫使民間部門中介機構尋找新投資者，並發行更多低質債券當作劣等抵押品替代品，進而錯配負債，因此有必要更頻繁再融資。簡言之，試圖避免「排擠」民間部門舉措的緊縮政策就只是終結「排進」劣質的民間部門債務。如附圖三・五所示，這使得展期全球的巨額未償還債務存量變得更困難，而且潛藏危險。諷刺的是，關鍵挑戰不在於新投資失敗，而是我們無能再融資舊投資案。這部分事關金融而非經濟。量化寬鬆擴大央行的資產負債表，填補重要的融資缺口。如前所述，近三十年來大規模結構性變革已將全

球的金融市場從充當**全新籌資機制**轉變為扮演**資本分配與再融資系統**角色。我們或許也可以採用金融極性逆轉的說法來形容這一點，因為許多以前的放款方現在已經變成借款方，許多以前的借款方則是變成放款方。這個顛三倒四的金融世界必將變得更難以解讀。

再融資系統的核心是一套龐大、有彈性的資產負債表，有助促進債務展期。確實，這正是金融體系退場的根本之因！在此，**資本的能力**，即流動性，至關重要，而不是**資本的成本**，也就是利率。舉例來說，一旦到期的房屋貸款無法輕易再融資，許多人會選擇支付更高利率以便確保續延，而非正面對決驅逐面對收回。資產負債表容量取決於充足的現有安全資產充當抵押品，以便應付流動性的必要流動。利率鮮少被納入等式，因此我們嚴正質疑央行執迷鎖定利率之舉。況且更重要的是，一旦利率壓得極低，甚至變成負值，新流動性供應本身實際上會受到破壞，這一點看起來很合理。

因此，隨著二〇〇七年至二〇〇八年全球金融危機之後而來的是債務負擔加重、民間部門資產負債表容量顯著縮水，央行就更有必要擴大自己的資產負債表以便填補缺口。實施量化寬鬆政策導致流動性供應大幅增加，這一點引爆眾人憂慮。然而，它不應當被視為一套更通融方便的貨幣政策，而是一座金融穩定政策的必要堡壘：畢竟眾所周知的白芝浩（Bagehot）*處方是著眼危機管理對症下藥，歷經整個十九世紀金融崩潰千錘百鍊而成，指的是針對優質抵押品自由放款，但利率永遠都要定在高水位。必然結果是，利率水準相較於流動性數量、資產負債表規模就變得相對不重要。隨著國際金融體系現在更加順週期性、潛藏脆弱性，再加上貨幣權力更集中在美國聯準會與中國人行手中，金融也變得很像是十九世紀那個動不動就受到波動的前身。決策者似乎不理解這些變化。他們被迫退回非傳統政策道路，無可避免也將變成順應日益緊張的局勢回應，而非先發制人。

---

* 譯注：指19世紀英國經濟學家白芝浩（Walter Bagehot）。

我們主張的四大階段可以藉由附圖三‧六的示意流程圖往前回溯：

附圖3.6　全球流動性：顯示重大議題的示意圖
〔請留意，CICPs意指企業與工業現金池、SWF意指主權財富基金
（Sovereign Wealth Funds）；EM意指新興市場經濟體〕

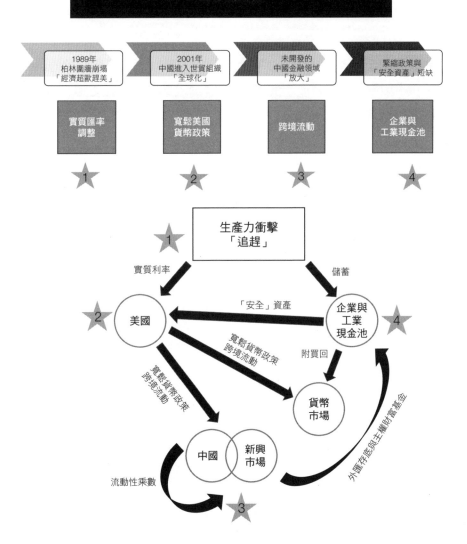

- **生產力追趕**：一九八九年柏林圍牆崩塌、二十億至三十億名生產者獲予經濟選擇權，引領經濟新興市場經濟體「超歐趕美」並更加大力道使用美元。
- **生產全球化**：中國二〇〇一年進入世貿組織，供應鏈藉由金融市場推動調整，並迫使美國採取寬鬆貨幣政策。
- **初期還不成熟的中國／新興市場金融產業**：美國鬆綁效應外溢新興市場與中國這些重度使用美元的國家，刺激企業與工業現金池的現金需求。
- **缺乏安全資產**：美國為了平衡寬鬆的貨幣政策，採取緊縮的財政政策，限制「安全資產」供應，使得全球金融體系今後更加順週期性並變得脆弱。

注釋

1. 也稱為全球價值鏈（Global Value Chains, GVCs）。

第四章

流動性模型

資金流動架構

　　根據資金流動架構提供的規則，我們可以寫出代數算式說明流動性。標準**預算限制**讓我們可以量化民間部門的融資決策。就技術角度而言，民間部門永遠都會取得平衡，因為它既可以吸收金融資產，也可以發行金融債務。換句話說，收入若不是花掉就是用來累積淨儲蓄工具。

$$收入＝支出＋金融資產淨收購額$$
$$Y_t = C_t + I_t + NAFA_t = C_t + I_t + \Delta FA_t - \Delta FL_t$$

　　在此，$NAFA_t$表示金融資產淨收購額；FA_t代表金融資產、FL_t代表金融負債；Y_t代表收入、C_t與I_t分別代表消費支出與投資支出；Δ是操作者在t這個時段應用的期間差。

　　根據定義，**金融資產淨收購額**（$NAFA_t$）等於**金融資產總收購額**（FA_t）減去**金融負債總收購額**（FL_t）。因此，我們可以將金融負債，好比借款與發行債務，移到左方，重新編寫預算限制。現在這個算式就變成：

$$收入＋金融負債總收購額$$
$$＝支出＋金融資產總收購額$$
$$Y_t + \Delta FL_t = C_t + I_t + \Delta FA_t$$

因為儲蓄被定義成收入減去消費，減去兩邊的消費支出（C_t）就會得到：

$$儲蓄＋金融負債總收購額$$
$$＝固定投資＋金融資產總收購額$$
$$S_t + \Delta FL_t = I_t + \Delta FA_t$$

我們可以定義流動性是儲蓄加上「流動的」金融負債總和。為方便起見，我們不計算「非流動」的負債，至少現在會得到以下算式：

$$流動性＝固定投資＋金融資產總收購額$$
$$L_t = S_t + \Delta FL_t = I_t + \Delta FA_t \tag{4.1}$$

資金流動預算限制現在已經根據資金的**來源**與**用途**被改寫了，在此，L_t代表「流動性」。這項等式顯示，流動性的流動可以不受制於儲蓄自由移動，而且它與貨幣不同。貨幣被定義成銀行存款，被放在算式右邊，歸類為金融資產。除此之外，因為流動性的信貸成分經常很龐大，抵押品占比也高，因此既可說是經由內部作用生成，也可說是高度順應週期。

反過來說，金融負債和金融資產的變化則可拆解成各自的子成分：

$$\Delta FL_t = \Delta MB_t + \Delta BSC_t$$
$$\Delta FA_t = A_t \cdot \Delta P_t + \Delta CH_t = I_{f,t} + \Delta CH_t$$

　　其中，MB_t代表央行貨幣，但也可以涵蓋我們所稱**影子貨幣基礎**；BSC_t代表銀行與影子銀行信貸；CH_t代表包括銀行存款在內的現金持有量；S_t代表家庭、企業與外國人的總儲蓄額；A_t意指現有證券或資產數量。

　　將實質（I_t）與金融投資（$I_{f,t}$）定義為：

$$I_t = P_t \cdot \Delta A_t$$

$$I_{f,t} = A_t \cdot \Delta P_t$$

　　我們現在可以將這道基本關係算式（四・一）重寫如下：

$$L_t = S_t + \Delta MB_t + \Delta BSC_t = \Delta (P_{f,t} \cdot A_t) \qquad (4.2)$$
$$+ \Delta CH_t = I_t + I_{f,t} + \Delta CH_t$$

　　算式（四・二）左方說明資金**來源**，右方則是**用途**。中間算式代表財富的整體變化。換句話說就是流動性增加，亦即信貸與儲蓄；金融財富增加，包括實質投資、金融投資與現金存款的變化。

　　反過來看，我們可以再進一步將這些來源細分成公共部門流動性，也就是央行貨幣基礎（$CBL = \Delta MB$）的變化；民間部門流動性，也就是儲蓄加上銀行與影子銀行提供的全新信貸（$PSL = S + \Delta BSC$）。這些劃分類似文獻中個別提及的**外部貨幣**和**內部貨幣**概念。稍後我們將會解釋為何它們很重要，在此僅當作簡要介紹。且讓我們首先假設，公共部門流動性與政策利率成反比，而民間部門流動性則與產業資本（R）的獲利能力成正比。前者說法暗示，決策者增加基礎貨幣供應，以便降低短期利率（r），與他們的政策利率目標一致。後者假設顯示，儲蓄隨著經濟活動與利潤池擴張，當獲利豐厚，信貸供應商更樂意承辦新的借貸案。接著是，受到平均可得報酬所激勵的外匯市場依循民間部門流動性減去央行流動性（$R + r$）的途徑：換

句話說，就是流動性組合（PSL－CBL）。此外，諸如期限利差與信用利差（R－r）等國內金融市場會受到風險貼水影響，也都會更受到央行與民間部門流動性（CBL＋PSL）整體流動的影響。簡言之，風險貼水取決於流動性的總和數量，但是匯率以及我們理當也會看到的信用利差則取決於流動性組合的品質。

另一套拆解手法

我們可以另外從貨幣標準數量算式這個角度重新構建流動性架構。我們經常指稱流動分析是「品質論」，單純只是因為貨幣流通速率總是變來變去，若不是因為法規、創新，就是因為貨幣價值改變。強力貨幣（High-powered money, MB）乘以流通速率（v），應該等於交易價值，也就是價格（P）乘以數量（T）：

$$MB_t \cdot v_t = P_t \cdot T_t$$

同期相比的變化：

$$\Delta (MB_t \cdot v_t) = \Delta (P_t \cdot T_t)$$

展開右方算式：

$$\Delta (P_t \cdot T_t) = \Delta GDP_t + A_t \cdot \Delta P_{f,t} + \Delta BD_t$$

其中國內生產毛額代表經濟活動；A代表資產存量；P_f代表資產價格，BD則代表銀行存款。由於我們可以定義Δ國內生產毛額＝I－S，其中I代表

資本支出，S代表儲蓄，這道算式可以重寫成：

$$\Delta\,(P_t \cdot T_t) = I_t - S_t + A_t \cdot \Delta P_{f,t} + \Delta BD_t$$

左方算式可以開展為：

$$\Delta\,(MB_t \cdot v_t) = v_t \cdot \Delta MB_t + MB_t \cdot \Delta v_t$$

重新排列這道算式便可歸納出我們的流動性定義（L）：

$$L_t = S_t + v_t \cdot \Delta MB_t + MB_t \cdot \Delta v_t$$
$$= I_t + A_t \cdot \Delta P_{f,t} + \Delta BD_t$$

　　我們也可以在左方（L）算式減去實質投資（I），衡量出「金融流動性」。這會量化進入金融資產經濟的資金流量。它涵蓋民間部門儲蓄（好比家庭儲蓄與企業獲利）在強力貨幣供應方面的變化與流通速度的變化。流通速度的變化有效衡量信貸的影響。速度並非恆常不變；反之，它在整道商業週期中顯著波動，而且由於金融的創新，通常也可以看到隨著時間拉長而出現的強力上行趨勢。這就是資產經濟，它傾向吸收並緩衝一大半這些流動性的波動。

第五章

實質匯率調整

貨幣的產業和金融循環

　　一九三〇年，約翰・梅納德・凱因斯出版巨著《貨幣論》（*A Treatise on Money*），傳統經濟學主要關注書中描述的貨幣產業循環。換句話說，即所謂**實體經濟**。雖說區分金融經濟[1]與實體經濟很重要，我們絕不能從此切割兩者。它們互擁一段錯雜的相互關係，各自領域發生的事件都會影響對方，但是金融正扮演主導性日益高漲的角色。一八〇二年，英國經濟學家亨利・桑頓（Henry Thornton）出版獨具先見之明的著作《紙幣信用》（*Paper Credit*）*，承認其間的緊密連結：「硬幣、紙幣信用、商業平衡與交換這些主題……彼此（都）環環相扣。」

　　標準的教科書模型假設，利率可以劃分為實體與通膨成分，也可以區分為短期與長期成分。在實體經濟中，實體利率理當是由儲蓄—投資缺口所決定，而通膨結果則是源於創造過多貨幣。假設儲蓄（S）大於投資支出（I），利率變動會矯正兩者之間的不平衡，在這種情況下，更低利率就會刺激更大筆資本支出。短期利率是由央行設定，反過來央行又可以祭出適當的

---

* 譯注：全名是 *An Enquiry Into The Nature And Effects Of The Paper Credit Of Great Britain*。

「前瞻指引」政策掌控長期利率。不過就我們的市場經驗所見，幾乎這種傳統典範的每一道面向看起來都是錯的。

正如我們所知，凱因斯的見解不同，他建議，改變收入而非利率才是恢復均衡之道，而且不一定要達到充分就業的水準。換句話說，過剩的儲蓄有礙收入，反過來又會壓低未來儲蓄，直到它們與既定的投資支出比率達成一致。因此，或許這麼說稍有憤世嫉俗意味，但是現代總體經濟可能被視為一場關於利率身為一種調整機制為何終致失敗的長期辯論。首先，風險貼水、期限貼水強烈影響名目利率，但後者反過來又受到未來預期、當前信念[2]，連同獲取流動性這道總流量或資產負債表的概念所支配。在金融市場中，利率與其他的金融資產價格一樣都是受到關於總資金而非淨資金所支配。正如我們在第四章所述，這是因為在現代資本主義經濟中，投資取決於**流動性**總池，而非單單儲蓄。換句話說，站在資金流向的角度看，淨儲蓄（也就是儲蓄減去資本支出）代表金融資產淨收購額，僅為整體資金的一小部分，也就是流動性。反過來，金融資產淨收購額包括金融資產持有量變化，以及金融債務增減之間的差額。顯然有許多手法可以達成任何既定的淨變化：大幅增加資產；大幅減少債務；某種混搭兩者的調節組合，或甚至大幅增加金融資產配上龐大的金融負債小幅成長。這些資產負債表的總額變化與淨儲蓄部位無關，並透露出實體經濟中發生什麼事的暗示。另外還有雷蒙‧葛史密斯在一九八五年形容它們是「金融深化」（financial deepening），以利解釋他的信念，即所謂**金融相互關係率**隨著時間拉長而上升。類似觀察適用於經常帳戶餘額，以及資本流入總額與資本流出總額的潛在變動。新興市場是典型享有淨儲蓄順差的經濟體，狹隘關注淨失衡會太容易就歸納出它們驅動全球流動性的結論，也就是**儲蓄過剩**的說法。然而，更廣泛的總流量概念顯示，主要已開發經濟體發行的安全資產與信貸的勢力大增，就像當年全球貨幣中心銀行趕在全球金融危機爆發之前狂熱地大舉放款，新興市場經濟體的投資者則是前仆後繼買進美國國債一樣。隨後則是每一種資產／債務組合可能對金

融資產價格帶來不同程度的影響。與此同時，全球化，而且特別是我們享受過廉價中國進口品的體驗，強化一道通膨在很大程度上是被成本而非貨幣因素驅動的觀點。必然後果是，根據定義，實質利率必然也會受到同樣的貨幣變動，以及風險貼水、期限貼水隱含的波動所影響。金融史往往顯示，短期政策利率是尾隨而非引領長期利率，反過來說，政策利率通常走在通膨之前[3]，尤有甚者，它們經常朝著相同方向前進。

可續性取決於未來獲取流動性的能力

與資金流量數據相比之下，更廣泛獲採用的國民所得帳（National Income Accounts, NIA）呈報總體經濟總量，好比國內生產毛額與消費者支出。這些都是追蹤資金如何被花用的支出衡量指標，但也都無法解釋花費如何融資而來，因此就無法揭露是否有可續性。正如我們在第二章所主張，資金流量統計逐一衡量每一個經濟區塊的金融資產淨收購額，提供一幅檢視融資活動的更全面格局。金融流量不像一旦花掉就歸零的支出流量，它會持續累積，而且終究反映在經濟區塊的資產負債表中升高的金融資產與債務存量上。這麼高的債務與槓桿比率最後有可能削減進一步的新資金流動。可續性取決於未來獲取流動性的能力，很大程度上反映出當今傳統銀行體系之外的金融中介作用。

因為投資支出是由流動性而非單由儲蓄所決定，這意味著我們需要納入信貸，也就是金融債務與金融資產，並且更廣義地從資金流動層面思考。我們得將貨幣的金融循環納入經濟模型中，並思量如何維持並恢復資金的整體來源與採用之間的平衡？尤有甚者，它告訴我們，利率與其他金融資產價格比較受到總流量支配，也就是整體金融產業的資產負債表，而非單由淨流量決定。雖說任何貨幣失衡都會借道**貨幣價格**波動自行發聲，但與傳統思維相反的是，利率並非如此。利率就像每一種其他「價格」，應該用以衡量金錢可以買到的物件：換句話說，就是它的交易條件或匯率。我們可以更周全地

將利率想成借入資金所支付的**溢價**,而且這些溢價可能隨著時間範圍、借款方的風險而異,這一點再度取決於資產負債表元素。

體認到流動性是儲蓄和信貸的總和,正向流動性衝擊後將有以下四種調整結果:

- 更多實質投資,包括有生產力與零生產力的計畫
- 金融資產價值上升
- 金融債務價值下降
- 國民儲蓄減少

對享有豐富投資機會,國內儲蓄卻相對不足的新興市場經濟體來說,第一種是最可行的調整做法。對成熟的西方經濟體來說,反倒是不太可行的道路,在這些情況下,更大量的流動性可能抬高資產價值。有可能終究會吹出一顆金融泡沫,之後便依序導致債務註銷,也就是更低的金融負債,接著是更低水位的儲蓄,有可能借道收入與就業水準下降而落入凱因斯所預見的下場。儘管如此,因為這些調整涉及金融市場,不只是它們有可能比傳統說法所示更錯雜,更有可能我們無法明確得知,任何調整究竟會恢復平衡或是一場快閃行動。舉例來說,一旦流動性超越資本支出(L〉I),民間部門就可以累積金融資產。換句話說,這可能意味著它們的金融資產價值變化超越金融債務價值變化。在一個抵押品成為支撐全新信貸供應的重要元素的世界,這種金融資產價值淨增加有可能反過來導致金融負債,也就是信貸,進一步擴張。易言之,這些金融失衡放大最初的衝擊力道,這將讓它可能得花費數年才能重新恢復平衡。

從另一方面來看,納入金融循環會使調整複雜化,主要是因為流動性具備兩大面向,品質與數量。在第二章,我們主張可以將品質面向想成「貨幣性」,它往往順週期行動而提高流動的有效數量。換句話說,隨著週期延

長，更多資產會被當作貨幣使用，流動的有效供應自然就會擴張。同理，反之亦然，因此放大最初的衝擊。這可能被視為改善風險偏好的結果（它允許更高槓桿），也可視為提升抵押價值所帶來的結果（它增加強力貨幣存量）。稍後我們會證明，強力貨幣是可以槓桿的資產，包括央行持有的傳統準備金、用來向貨幣市場借款的抵押品，以及從境外貨幣市場借來的可用額外現金。強力貨幣的有效存量包含傳統央行儲備貨幣，再加上我們所稱的**影子貨幣基礎**。反過來這又受到歐洲美元市場以及越來越多取代優質政府公債的民間部門劣質抵押品所支撐。這些真正「安全」資產供應近年來受到財政整頓政策限制，必然後果是，由於全球流動性屬於品質面向，它的總量正日益順週期，而且可能變得脆弱，衍生出一套持續擴張但同時也更波動的全球金融體系。

流動性的數量面向成為關鍵

深究這道想法，隨著額外的流動性被導入金融循環中，違約[4]風險下降、風險貼水收窄，與「安全」資產相關的期限貼水規模則隨著市場對它們的需求下降而升高。這會提振證券市場，因而改善大環境籌集資本、承擔風險的氛圍，銀行利潤率也會借道日益陡峭的利率報酬曲線而擴張，這將為銀行放款提供更大誘因。流動性的數量面向再次成為關鍵。就品質而言，在經濟繁榮或走揚時局中借來的資金，即透過**購買取得**的資金，與經濟蕭條或走衰時局中借來的錢，即透過法定貨幣或**結算手段**，大不相同：前者是用來擴充資金循環，後者是用來封閉循環。央行的貨幣與眾不同，因為它永遠適用兩種形式。民間部門流動性的規模波動，一部分是因為它的「貨幣性」發生變化，也就是充當結算手段的能力。在這些情況下，更多的央行貨幣可能會提高整體流動性。雖說這是國家法定貨幣，但不是國際法定貨幣，因此額外供應將有可能導致匯率貶值。

這有助解釋，為何民間部門與央行的流動性增加會導致國家風險貼水縮

緊（也因此理論上來說，處於對立面的「安全」資產溢價會放大），而民間部門與央行流動性的差異變化會導致匯率波動。因此，強大（弱小）民間部門流動性與弱小（強大）央行流動性都可以加強（減弱）國家貨幣。這道直覺源自產業資本報酬率與政策利率的思維。且容我們假設，民間部門現金流量與產業資本的潛在報酬率（好比 R）正相關，而央行流動性與政策利率（好比 r）負相關。接下來，報酬曲線斜率應該受到產業報酬率[5]與短期利率之間的利差所決定（亦即 R−r）。同理，匯率與產業及貨幣市場的平均報酬率規模有關（亦即 R+r）。這種匯率管道值得進一步研究。

匯率管道

匯率理當可以恢復外部平衡，因為一個經歷貨幣升值的經濟體應該預期飽嚐較低淨出口之苦。在我們的經驗中，鮮少如此簡單明確，特別是套用在新興市場經濟體的情況中。貨幣強勢升值的時段不會抑制經濟活動，反倒經常與同樣強勢的跨境資本流入、活躍的商業活動共存共榮。就實務而言，匯率借道實質與金融管道影響經濟體。淨出口管道內建於標準的開放經濟總體模型中[6]，但匯率波動與跨境資本流動也借道外部資產負債表的結構和規模影響經濟，或是借道所謂**預估價值管道調整**[7]（valuation channel of adjustment）。這些金融管道與標準的貿易管道並行合作，以達成外部平衡。二〇一九年，法國經濟學家皮耶—歐利維·古林查斯（Pierre-Olivier Gourinchas）協同其他專家發現，高達三分之一的調整單單來自預估價值效應，相較之下四一％來自貿易。

我們若想更通盤理解金融傳導，就得再次深究資金流動分析。不得其所的資金流動終究會借道所謂**實質匯率**影響實體經濟。實質匯率代表實質購買力，可以試想成它是由兩大經濟體的相對生產力表現所決定，因此，成長較快速的經濟體應該擁有比較強勢的實質匯率。諸如中國等新興工業化經

濟體受惠於自由貿易、資本流動與科技轉讓所賜,享有比美國更快的生長力成長率[8]。一九八一年至二〇一九年,美國享有每年平均為一·五％的實質生產力成長率,相較之下,日本為一·四％、韓國四·三％、中國七·三％[9]。二〇一〇年以來,全球各國的生產力成長率都下跌,美國的年均率一·〇％、日本〇·七％、韓國二·〇％、中國六·一％。附圖五·一是國際清算銀行統計的數據,突顯美國實質貿易加權匯率長期下跌。將趨勢線圖併入二〇一六年之前的數據可以看到,實質美元每十年貶值約十個指標點,換算下來約八％。我們加入註解以便描述三段時期(請參見第一章解釋),一旦市場更強烈需求美元就會終止下滑走勢,同時允許美國的貿易條件暫時

附圖5.1　1964-2019美元實質貿易加權匯率指數,10年趨勢與政策制度

資料來源:國際清算銀行與跨境資本

改善，有時竟然會比下降趨勢暴增二〇％。二〇一六年以來的最新數據加強一套論述，即這種相對於生產力表現的長期下滑現象已然告終。雖說這種結局有可能發生，但反向論述強調，中國依舊拉大它與美國之間絕對的生產力差距。

調整相對價格變動的名目匯率就可以計算出實質匯率，但是這些一籃子價格的確切組成成分不太簡單易懂。我們採用涵蓋貿易與非貿易的商品、服務價格、薪資和資產價格的廣泛定義。這些不同價格類型呈現的彈性天差地遠，在一個大型全球企業主宰的世界經濟中，看起來資產價格的彈性打敗天下無敵手，貿易的商品與服務價格則是吊車尾。這一點似乎還算合理。有支持性證據顯示，用以計價的貨幣價格傾向堅實穩定〔請參見二〇一八年經濟學家吉塔・戈碧娜特（Gita Gopinath）與傑洛米・C・史丹（Jeremy C. Stein）合撰的工作報告〕。這意味著選定的貨幣便決定進、出口價格對匯率變動的回應。必然後果是，美元越廣泛使用在貿易發票與貿易清算，就越會改變商業活動對美國匯率變化的敏感程度。全球價值鏈廣泛採用美元融資存貨，而且隨著這些供應鏈一再延展，它們的美元需求也不成比例地高漲。這便暗示，美元用以計價的角色將更強大，導致比較差的價格彈性，相應結果是，借道利潤率、供應與貿易總量進行的調整就越多。根據二〇一八年戈碧娜特等專家合撰的工作報告顯示，美元普遍升值一％便導致一年間世界貿易總量下跌〇・六％至〇・八％。一道推論是，這種國內銀行存款更深度美元化的現象迫使國家央行建立預防性美元儲備，以保護金融體系免受外部衝擊所傷。

流動性衝擊無論是來自外部資本淨流入或源自國內獲利的更快速生產力成長，最初都會影響民間部門的流動性，因而引發實質匯率變化。有利的流動性衝擊往往加大民間資本流動性移動，而且會反過來引發實質匯率升值。在這個階段，名目匯率變化與相對價格變化之間的具體劃分尚不清楚，但是決策者同步注入或多或少的流動性便可以影響這道分野。換句話說，如果實

質匯率調整最初是借道比較強勢的名目匯率傳送，央行挹注更大額現金就會減緩升值，有可能迫使更大幅度的商品價格與薪資調整。回到我們先前有關不同價格類型的相對反應性討論就有可能會看到，當其他價格停滯不前，這項政策行動最終會推促高漲的金融資產價格。

確實，這就是我們在新興市場投資的經驗。央行干涉打壓通常是兌美元的名目匯率的上行壓力，往往會催生出國內房產與證券市場的資產價格榮景。一九八〇年代末期的日本就是顯著範例。雖說前一段十年中日圓對美國貨幣顯著升值，幅度卻不夠大到足以消除日本龐大的生產力優勢。日本讓人驚艷的出口成功持續累積流動性，借道不受規管、大玩槓桿的**財術**（zaitech；日語轉譯，即財務工程學，指大企業從事大規模的金融投機活動），進一步推動金融商品並吹出一大顆資產泡沫，最終在一九八九年十二月破裂。日本的金融市場暴跌，從那時起證券價格未曾再回到先前讓人看得目瞪口呆的高度。

不同的經濟體聚焦不同的政策組合

我們相信，決策者置身當前的**全球化體制**中，可以因此有成效地在資產價格水準與名目匯率之間做出選擇。新興市場經濟體與日本、德國與中國這些聚焦出口的經濟體往往偏好兌美元的匯率穩定。相較之下，美國與英國這些由大型銀行業、完善的金融市場主導經濟的國家決策者反而鎖定保護或甚至提升國內資產抵押品的價值，必然後果是更樂意接受名目匯率走弱的現實。這一點或可解釋英國與美國有時候在陷入麻煩境地時都樂於犧牲自家匯率？或許也可提供一絲暗示，為何傳統的菲利浦曲線在失業率與商業市場通膨之間的交換權衡關係已經不再行得通？美國的名目貶值政策由來已久，一九三〇年代已經成功應用在將經濟拖出泥淖。在當年，主要針對大宗商品而非資產刻意貶值貨幣是可以理解的做法，因為當時農業對美國經濟的重要性遠遠高於今日。近一個世紀以來，現代這個信貸打底的經濟更強烈需要維持

抵押品的價值。一九三三年四月二十四日，兩場世界大戰期間的重要政策顧
問喬治・F・華倫（George F. Warren）致信羅斯福總統：

> 只有這麼一種萬中選一的方式可以提高我們大宗商品價格的水準，
> 那就是減少以美元計價的黃金總量。本週基本大宗商品價格起漲直接與
> 外匯交易中美元價格走跌成正比……[10]。

只是說，出口美元到世界其他地區的必要性不會自動迫使美國冒出貿易
或經常帳赤字[11]，它們反而比較可能是後果。這一點有助解釋，美國製造業
持續**去工業化**[12]單單只是因為商品流動比服務更容易適應國際衝擊。製造業
舉足輕重的程度顯示它是未來生產力成長的重要來源，這又意味著，縮水的
工業基礎有可能回過頭來進一步弱化美國的實質匯率。由此導致的實質匯率
下滑有可能反過來合理化美國監管機關採用近乎永久的寬鬆貨幣政策以便支
撐抵押品的作為，這樣它才能平衡緊縮的財政立場。這種多管齊下的政策組
合借道比較弱勢的名目匯率加以調整，同時也試圖確保國內金融市場穩定。
然而，在整起過程中，美國借道跨境流動大放送出口它的貨幣，這一步被放
大置於全球流動性更龐大的移動中。理論上，廣泛採用浮動匯率制度應該可
以防止這些國家流動性衝擊向外溢散，但正如二〇一五年芮伊的研究結果所
示，情況往往並非如此。

附圖五・二勾勒出這套金融調整機制。圖表左側的初始正向流動性衝擊
強化民間部門的流動性，雙雙施加名目匯率與資產價格上行壓力。移到圖
表右側，看看後續央行干涉的規模精確劃分匯率與資產價格變化。央行借道
改變資產負債表的規模進一步拉抬民間部門流動性，既可以直接借道放寬融
資條件，也可以間接借道提高抵押品價值的影響，激發信貸提供方願意釋出
更多資金的意願。圖表中包含一連串解釋流動性循環與資產泡沫的正面回饋
效應。

附圖5.2　實質匯率調整示意圖

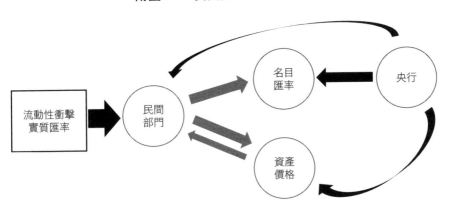

　　精確的傳導始自圖表左側，這時生產力提升、資本流入就會施加經濟的**實質匯率**上行壓力。圖表比較下方的路徑顯示，在目標名目匯率制度中，假設貿易商品的價格水準與國際同步，因此具有「黏性」，大部分經濟調整便來自服務產業價格移動，尤其是資產價格。因此，生產力成長強勁與淨資本流入的經濟體往往享有一路走升的資產價格，特別是當它們的名目匯率相對穩定之際。而且因為升值中的資本資產價格傾向於吸引更多投資者，這些移動可能被進一步的資本流入放大，進而刺激資產價格螺旋式上升。

　　重新就這項主題繪製美國對比中國的圖表便可確認一道重要的關聯核心。在這種合體的模式中，負面的生產力衝著美國而去，有可能是源於市場占有率轉向中國企業的緣故，施壓美國實質匯率下行壓力（有一道相等的上行壓力施壓在中國人民幣匯率之上）。聯準會有可能採取比較寬鬆的貨幣立場，以便確保大部分資產價格保持不動如山，使得貸款抵押品價值就得以維持原貌。美國國內銀行業遊說團體的力量可能有助解釋箇中原因？儘管如此，結果就是比較弱勢的美元。隨著美國名目匯率貶值，超額流動性外溢到境外資金和投資市場。此外，比較弱勢的美元本身又鼓勵更頻繁的跨境借貸，並刺激全球資產價格。兩種效應加總起來便傾向鼓勵更龐大的跨境資本

流動。

與此同時，中國當局可能將會貨幣化資本流入以及任何新的出超，以便抵禦美元兌人民幣名目匯率的下行壓力。由此導致的流動性流入就會支撐中國境內上揚的資產價格，並可能反過來外溢影響其他處境相似的新興市場經濟體，屆時它們就會迅速仿效並貨幣化這些外國流入。因此，出於這些反其道而行的政策目標，初始的美國貨幣政策寬鬆做法很快就會在全世界被放大。

接著就是理解全球流動性週期可以簡單地歸結為，解釋聯準會與中國人行這兩大主要央行的動機與行動，以及美元走勢促進跨境資本流動的個別效應。這兩大央行也間接對這些資本流動行使掌控權：首先，因為名目美元變動在很大程度上取決於聯合政策行動；再者，因為跨境資本流動的最終方向本身往往是由中國經濟的節奏所支配（請參見第九章），隔一段時間後，又會反過來被中國人行的貨幣政策所決定。中國人行無論何時借道這套機制採取行動，聯準會都能享有槓桿全球流動性狀況的龐大影響力。

採用數據測試模型：美元與新興市場貨幣

附圖五‧三呈報的數據取自跨境資本，代表美國央行與美國民間資本流動擴張的標準化指數衡量標準。指數成分涵蓋符合除法算式的流動性子成分，比如說區隔銀行與影子銀行信貸，另有一部分採用主要成分加權處理。第十三章會詳細闡述這些指標。雖說在貨幣分析中更常見的做法是單單視整體資金存量為一個漫無組織的整體，但這種區分讓我們合併一道品質面向，出於許多稍早所提及的原因，更多民間部門流動性是「有益的」，可以提升匯率的價值；反而央行供應的流動性是「有害的」，可能會削弱貨幣。附圖五‧三呈報這兩種指標，而附圖五‧四細究它們之間的差異（即民間部門減去央行流動性），打造一套所謂的外匯風險指數，用以比較美國貿易加權匯率，或稱為有效匯率。這套外匯風險指數的時程提前十二個月，美國有效匯

附圖5.3　2004-2019美國民間部門和聯準會流動性指數

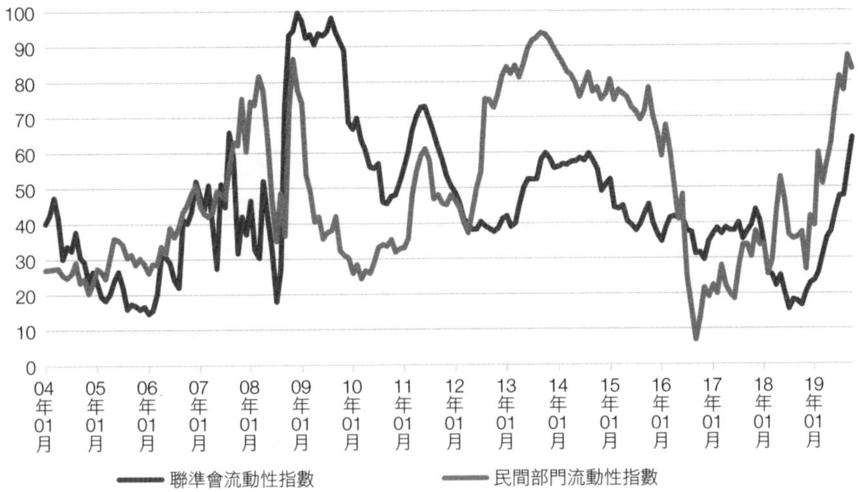

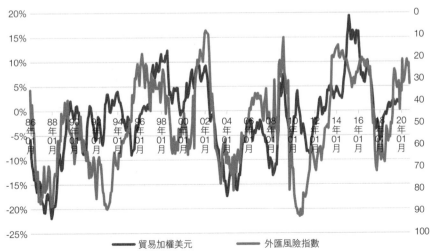

資料來源：跨境資本

附圖5.4　1986-2019（指數0-100）美國外匯風險指數（提前12個月）
與美國貿易加權匯率（3年趨勢的百分比偏差）

資料來源：跨境資本

率指數則採取與過去三年趨勢的百分比偏差呈現。

根據附圖五‧五與附表五‧一的分析所示，這套模型提供未來大約六至十二個月美國貨幣走勢的中肯預測，其中的特徵是高決定係數（Coefficient of determination，R^2值）[*]。外匯風險指數似乎也是貿易加權美元未來走勢的單向葛蘭哲因果關係（Granger causal）[†][13]。聯準會供應流動性過剩那些時期，好比二○○七年至二○○八年全球金融危機爆發後，與隨後的美元疲軟息息相關。反之，民間部門現金流量旺盛的時期，像是二○一○年代初期，當時美國的科技巨擘產出現金的能力強大，導致美元節節高漲。相似的結論適用其他國家貨幣，甚至包括新興市場在內。

附圖5.5　1986-2019美國外匯風險指數（提前12個月）與貿易加權美元散布圖

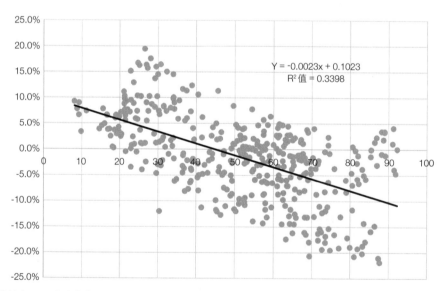

資料來源：跨境資本

---

[*] 譯注：一種衡量回歸模型表現的指標，取值0-1，學術研究認為，R^2值越接近1.0，模式越有解釋能力。

[†] 譯注：諾貝爾經濟學獎得主克萊夫‧葛蘭哲（Clive Granger）提出。

附表5.1　美國外匯風險（US FXRISK）與貿易加權美元（US TW$ %dev）之間成對的葛蘭哲因果關係測試

樣本：1985M1　2019M12			
落後期數：2			
虛無假設	觀測值	F統計 〔F取自發明者英國統計學家 羅納・費雪（Ronald Fisher）〕	機率
貿易加權美元落後葛蘭哲因果美國外匯風險	477	0.32421	0.7233
美國外匯風險落後葛蘭哲因果貿易加權美元		5.91246	0.0029

資料來源：跨境資本

　　附圖五・六顯示，以美元為基礎的摩根大通新興市場外匯指數（JPMorgan Emerging Market）歸納出相同分析。這張圖表對比新興市場與美國個別的外匯風險指數，兩大指數的讀數都比較高便是示警，在流動性組合的品質不斷惡化之下，未來貨幣可能走軟。二〇〇二年至二〇〇四年、二〇一二年至二〇一五年兩組序列之間的兩道差距各自代表新興市場貨幣強大與衰弱的時期即將到來。在第一段時期，新興市場外匯風險成分顯著改善，即在圖表中呈現下降走勢；但是美元外匯風險成分惡化，即在圖表中呈現上升走勢。在第二段時期，情況截然相反。二〇一二年至二〇一三年，美元外匯風險立足低水位，但是新興市場外匯風險開始惡化，事實證明，很大程度是由於國內不當的寬鬆貨幣政策所致。

　　附圖五・七呈報由此產生的匯率預測。這張圖對比新興市場減去美國外匯風險指數與摩根大通匯率一籃子指數。摩根大通指數再次被繪製為與過去三年趨勢的百分比偏差，新興市場減去美國外匯風險指數也再次提前十二個月。報告結果適切相符美元的對比結果。外匯風險數據強烈具有單向葛蘭哲因果，外匯風險數據與摩根大通外匯一籃子未來十二個月走勢之間的R^2值

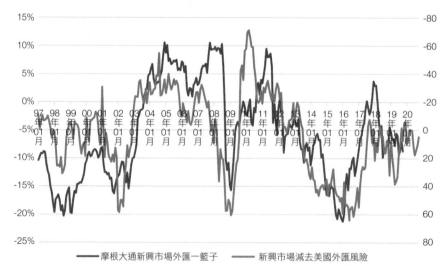

附圖5.6　1997-2019美國與新興市場外匯風險指數（指數0-100）

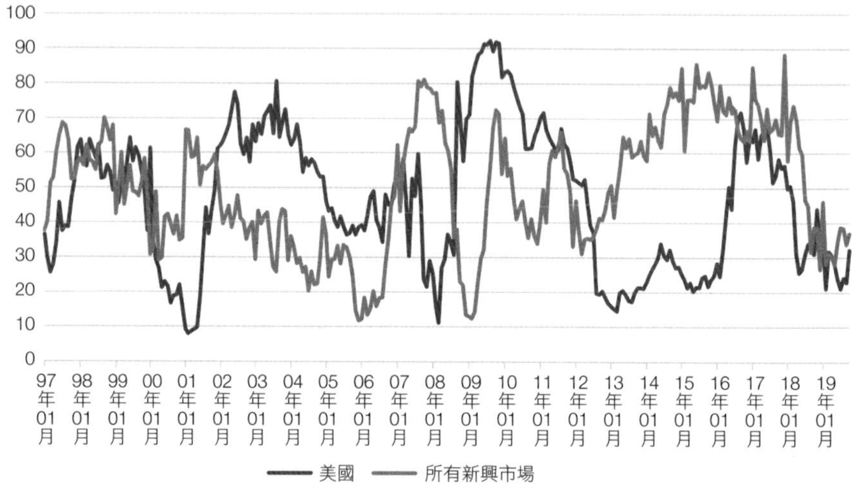

美國　　　所有新興市場

資料來源：跨境資本

附圖5.7　1997-2019（指數−50至＋50）新興市場減去美國外匯風險指數（提前12個月）與摩根大通新興市場外匯一籃子（與3年趨勢的百分比偏差）

摩根大通新興市場外匯一籃子　　　新興市場減去美國外匯風險

資料來源：跨境資本

相當高，而且具有統計上的顯著意義（請參見附圖五·八）。這些分析結果強化我們的信念，即外匯市場變動極重要取決於流動性組合的品質與資本流動（請參見附表五·二）。

附圖5.8　1997-2019新興市場減去美國外匯風險指數
（提前12個月）與摩根大通新興市場外匯一籃子散布圖

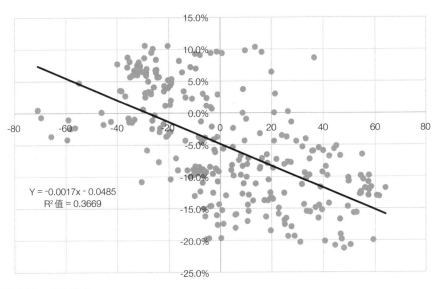

資料來源：跨境資本

附表5.2　新興市場減去美國外匯風險（EM FXRISK-US FXRISK）與摩根大通新興市場外匯一籃子（JPM FX% dev）之間成對的葛蘭哲因果關係測試

樣本：1997M1　2019M12			
落後期數：2			
虛無假設	觀測值	F統計	機率
摩根大通新興市場外匯一籃子落後葛蘭哲因果新興市場減去美國外匯風險	309	0.34600	0.7078
新興市場減去美國外匯風險落後葛蘭哲因果摩根大通新興市場外匯一籃子		4.77197	0.0091

資料來源：跨境資本

注釋

1. 有個相關術語是**資產經濟**的類似概念。

2. 經濟學中的不確定性除了包括不了解長期的未來，也包括不了解其他經濟主體在近期內可能如何行動。因此，我們開發出「經驗法則」。

3. 請參見二〇一〇年美國聖路易聯邦準備銀行總裁詹姆士・布拉德（James Bullard）發表論文〈危險的七種面貌〉（*The Seven Faces of the Peril*）。

4. 違約可能就得承認潛在的破產，但是它們通常是被流動性不足所觸發，也就是無法獲取足夠的資金。

5. 產業傾向於在與自身投資期間一致的較長滿期之內融資，好比十年。

6. 這就是所謂的孟代爾—弗萊明模型。

7. 請參見二〇一九年四月，皮耶—歐利維・古林查斯、賀蓮・芮伊與馬克辛・索賽（Maxime Sauzet）合撰的工作報告〈國際貨幣與金融系統〉（The International Monetary and Financial System）。

8. 當然，此話除非造假，否則理當屬實。因此，美國經濟復甦應該驅動實質美元匯率走高。

9. 資料來源是二〇一九年四月，國際貨幣基金組織、世界經濟展望數據庫（World Economic Outlook Database），不計中國。我們直接取中國數據估算生產力。

10. 引述自經濟學家伯納・F・史丹頓（Bernard F. Stanton）、喬治・F・華倫合撰《農場經濟學家》（*Farm Economist*），二〇〇七年康乃爾大學出版社（Cornell University Press）。

11. 或者，美國可以累積更多外國資產。

12. 二〇〇二年至二〇一七年，美國製造業占全球整體比率從二八％下降至僅逾一八％，中國則是在二〇一〇年接管全世界最大供應商寶座。

13. 葛蘭哲因果關係是一種廣泛用於特定類型因果關係的統計測試。

第六章

民間部門（融資）流動性

融資流動性

在第二章，我們採取兩種不同方式分類流動性：就買家獲取現金方面來說，我們稱為**融資流動性**，即現金流量的衡量標準；就賣家獲取現金來說，我們稱為**市場流動性**，即市場深度的衡量標準。就概念而言，傳統的資金流量方程式與資金**使用來源**相配，前述兩種屬性分別源於這個等式的左右兩端。雖說市場流動性經常與買—賣價差體現的「價格」和「規模」相關，融資流動性則可以根據全新流動性來源的數量和品質加以衡量，也就是說，獲取**支付手段**或是現金這種最終的「安全」資產。就實務上而言，我們採用手頭上的現金量，加上可以向銀行業與信貸市場舉借更多現金的能力來衡量這一點。

> ### 流動性：融資的衡量標準
>
> 流動性可以切分為民間與公共兩大部分。公共部門流動性端視央行與政府的短期債務所衡量，也就是流通的現金、銀行準備金、附賣回交易（reverse repo）與國庫券（Treasury bill）等。民間部門流動性包括等價的短期私有債務，好比銀行與影子銀行信貸、附買回與商業票據。

　　流動性具有質化與量化兩大面向,以及民間與公共部門兩大面向。流動性不像流通廣泛的M2之類的貨幣供應量指標,它通行全球,而非僅限國內。它適用於躉售金融市場,也適用於零售市場。它涵蓋整個民間部門,而非僅是傳統的實體銀行。它包括獲取信貸,也包括獲取儲蓄存款。還有,由於它衡量資金[1],也就是再融資既有部位,而非僅限於全新信貸,因此最適用的衡量指標其實是總流量,亦即民間與公共部門的整體資產負債表容量的變化,而非我們在經濟學領域更常見到的淨流量。傳統貨幣供應的唯一角色就是填補這種整體流動性格局的一環。

　　雖說M2貨幣存量,亦即零售銀行存款,代表流動性已行之有年,至今,更貼切、精確的定義應該涵蓋躉售貨幣市場,好比附買回(一種抵押借款形式)、商業本票與歐洲美元(主要是無抵押借款形式)。二〇〇九年,亞里安與申賢承[2]在論文〈貨幣、流動性與貨幣政策〉(Money, Liquidity and Monetary Policy)中強調:「貨幣存量是一道衡量存款銀行債務的指標,所以,在市場打底的金融體系問世之前或許行得通。然而,貨幣存量在美國這樣的金融體系中不太管用。更有用的或許是抵押借款的措施,好比每週一次的主要交易商附買回系列。」

　　我們的論點在於,「現代貨幣」真正始於傳統貨幣供應的定義告終那一天。換句話說,眾所周知的貨幣總計數[3],亦即M0、M1與M2都只是短期申索這座日益高聳的冰山一角,正如二〇〇七年至二〇〇八年全球金融危機所示,它們可能嚴重破壞市場。因此,傳統貨幣只是眾多金融資產之一,儘管傳統商業銀行依舊位居要角,卻也只是諸多金融中介機構類型之一。M2貨幣是美國最廣義的官方貨幣衡量標準,包含紙鈔與硬幣,也涵蓋已投保的家庭存款;它排除機構資金經理人、企業與外匯儲備經理人的未投保申索,外加境外的歐洲美元餘額。加總起來,這座浩瀚的資金池接近二十六兆美元,輕而易舉就讓構成M2貨幣供應的十五億美元相形見絀。

　　就支持這種融資層次結構方面,公共部門資金[4]非常重要,因為國家級

的央行資產負債表在自身的管轄範圍內廣泛被視為一種可以接受的支付方式，指的是法定貨幣，但有時候甚至超出管轄範圍之外。某些學者的主張蔚為流行，亦即央行與財政部本質上屬於同一種機構，而且財政部只消簡單改變自家短期與長期債務之間的融資組合就可以規避央行。這類思維漠視央行在設定信貸條件、掌控槓桿方面扮演的微妙角色，這一點我們將在第七章更直接深入探討。舉例來說，金融危機期間，央行的資金被視為優質資金，因為它代表一種**清償**債務的明確**手段**[5]。換句話說，流動性成分的品質組合至關重要。這一點解釋為何我們偏好從**資金品質理論**的角度思考，而非更受歡迎的**資金數量理論**。附屬於民間部門與諸如央行這種公共部門的重要性不斷變化，就品質面向而言，整體商業週期的流動性就是很好的實例。

安全資產：低信用風險、低存續期限風險

　　流動性的品質受到諸如硬幣、紙鈔與銀行活期存款、銀行信貸及其他金融工具之間不同貨幣的可替代性程度所支配。「準貨幣」（near monies）範圍涵蓋定期存款、各種貨幣市場工具，例如匯票、商業本票、附買回、國庫券、短期國庫券、人壽保單的現金退保價值、儲蓄貸款協會、儲蓄債券、建築融資協會存款、郵政儲蓄存款、貨幣市場基金儲蓄以及經濟體中金融業者發行的多數其他信貸工具。我們視以下情形在自家定義的流動性中納入這些更廣義的金融工具：（一）它們的價格相對穩定，以及（二）它們在必要時候容易轉換成法定貨幣。這意味著每一種資產的流動性取決於它以完整價值轉換**結算**的速度，而這又反過來取決於這種資產的存續期限[6]與信貸品質。因此嚴格來說，「流動性」不單單是具備一種品質面向，而是兩種。一種流動性資產同時具備低**信用風險**、低**存續期限風險**。就實務而言，這意味著它也等同於「安全」。舉例來說，美元紙鈔是零存續期限風險；同時它又是零信用風險，而且扮演法定貨幣角色，也就是境內住民皆可使用。英國政府發行的公債信用風險近乎零，但存續期限風險並非零，端視它的到期日。因為

資產存續期限本身不應總是被視為一道絕對的概念，但與債務存續期限相較之下，它的存續期限將因機構而異。因此，有鑑於傳統銀行持有大量零存續期限債務當作零售存款，它便承擔可觀的存續期限風險。然而，面臨負債的退休金，就說平均十年之後好了，應該要對比不曾違約的十年期債券，進而衡量自己的存續期限風險。由此可知，這一點足以解釋為何十年期公債是許多投資者眼中典型的安全資產。

　　附圖六‧一顯示我們集結所有信貸提供者的資產負債表，舉例來說，涵蓋傳統商業銀行、諸如躉售與投資銀行之類的**影子銀行**、金融機構與其他專門貸款商、貨幣市場的公債指定銀行（dealer bank）、抵押貸款銀行與央行，然後加以分類資產那一端的流動性。根據定義，資產負債表中的總「資

附圖6.1　金融體系資產負債表（示意圖）

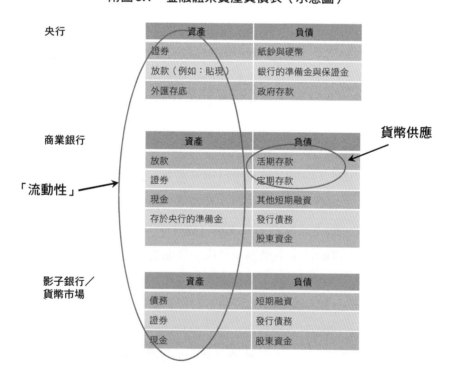

產」應該完全等同於負債，所以我們同樣可以選擇取負債那一端定義流動性。然而，我們想要在資金的**來源**與**用途**之間，讓隱含在資金流動帳戶中的順序區別保持一致，加上我們也相信，借款的決定更積極主動，因此偏好採用以資產為基礎的定義。

　　附表六·一是在傳統銀行以及排除附買回融資的五大主要類型影子銀行業之間提供美國流動性的詳細分類。整體的美國流動性接近二十六兆美元，大幅超越總計為二十兆美元的國內生產毛額及總計為十五兆美元的傳統M2貨幣供應量，而影子銀行業僅占比不到一半（請參見附圖六·二）。影子銀行業[7]最初是投資管理公司品浩（PIMCO）分析師發想的字眼，用以描述資產負債表之外或傳統銀行監管機關管轄範圍之外的銀行活動。附圖六·三顯示，近五十年間美國影子銀行業崛起與近期衰落的重要性。始自一九七〇年代提供流動性占整體不到四〇％，接下來二十年急速擴張，並在二〇〇〇年代初期達到顛峰，高占整體六〇％，然後又回落到占據美國民間部門流動性總額約莫一半的水位。

　　美國影子銀行業最大的構成要素是政府贊助企業，諸如聯邦國民抵押協會（Federal National Mortgage Association, FNMA），一般稱為房利美（Fannie Mae），以及聯邦住宅抵押貸款公司（Federal Home Loan Mortgage Corp, FHLMC），一般稱為房地美（Freddie Mac）。這些機構為小型銀行、儲蓄和貸款及提供住房融資貸款的抵押公司提供融資管道。房利美與房地美從放款方手中買下抵押貸款，自此若非視為投資持有，就是重新包裝成為房屋抵押貸款擔保證券（Mortgage-Backed Securities, MBS），這樣它們或可轉售其他人。放款方利用它們販售抵押貸款給政府贊助企業得到的現金投入進一步的抵押貸款放款業務。房屋抵押貸款擔保證券是證券化的例子，堪稱影子銀行業活動的另一種主要類型。更一般來說，其他貸款類型證券化往往是由主要的貨幣中心銀行自己承做，多半借道資產負債表之外的機構實體。金融公司傾向聚焦產品融資、租購與消費者信貸市場。涵蓋資產擔保工具的商

附表6.1　1999-2019（預估），美國銀行和影子銀行信貸

單位：10億美元

	整體	影子銀行	銀行信貸	證券化	金融公司	其他消費者信貸	政府贊助企業	美國商業本票
1999	10,313.8	5809.4	4504.4	1503.7	1085.3	394.2	2060.3	1362.8
2000	11,317.9	6452.2	4865.7	1573.1	1273.3	434.7	2275.9	1572.9
2001	12,340.0	7274.3	5065.6	1865.1	1379.8	453.2	2702.2	1437.4
2002	13,424.6	7967.7	5457.0	2055.9	1483.2	464.4	3134.8	1352.3
2003	14,392.8	8603.3	5789.5	2159.6	1610.5	453.0	3615.9	1284.2
2004	15,517.7	9143.4	6374.3	2281.4	1781.2	459.1	3813.0	1403.9
2005	16,787.7	9715.9	7071.8	2318.2	1898.1	494.9	4009.8	1662.2
2006	18,510.1	10,669.7	7840.4	2542.8	2031.7	488.6	4354.3	1983.1
2007	19,749.8	11,175.9	8574.0	2656.1	2069.4	492.4	4992.3	1780.6
2008	20,634.0	11,601.8	9032.2	2932.1	1919.0	504.6	5318.6	1658.7
2009	20,029.3	11,246.2	8783.2	2970.4	1622.4	590.5	5491.2	1148.7
2010	19,190.4	10,207.4	8983.0	2072.6	1518.2	721.5	5388.9	1036.7
2011	19,362.7	10,254.5	9108.2	2167.0	1468.8	855.2	5259.9	937.5
2012	19,947.4	10,321.0	9626.5	2269.3	1399.1	1004.9	5146.6	1009.8
2013	20,148.6	10,320.4	9828.2	2197.8	1413.9	1145.1	5079.4	1039.1
2014	21,026.7	10,486.5	10,540.1	2235.2	1442.2	1290.4	5034.2	1015.8
2015	22,108.3	10,765.1	11,343.2	2462.4	1310.8	1439.4	5041.0	1026.6
2016	23,214.6	11,136.5	12,078.1	2588.0	1274.4	1586.2	5155.7	991.5
2017	24,094.9	11,554.9	12,539.9	2727.7	1253.0	1725.6	5314.1	1045.8
2018	24,973.8	11,904.7	13,069.1	2791.0	1247.2	1872.4	5451.1	1077.8
2019（預估）	25,860.5	12,323.1	13,537.4	2988.6	1262.0	1932.1	5586.7	1110.9
2000–2019，%變化	128	91	178%	90	-1	344	145	-29
2000–1920 占比	100.0	47.7	52.3	11.6	4.9	7.5	21.6	4.3

資料來源：美國聯準會、跨境資本

附圖6.2　2019年美國銀行與影子銀行信貸（百分比）

■銀行信貸　　　　■證券化　　　　■金融公司
■政府贊助企業　　■其他消費者信貸　■美國商業本票

資料來源：美國聯準會、跨境資本

附圖6.3　1972-2019，美國影子銀行業（占民間部門流動性總額百分比）

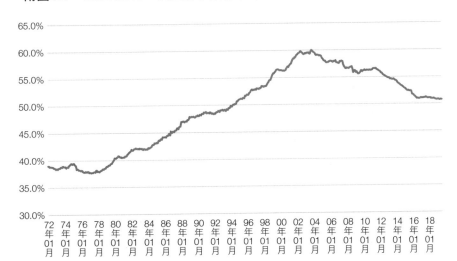

資料來源：跨境資本

業本票在二〇〇七年至二〇〇八年全球金融危機爆發前夕攀抵高峰，但是此後重要性衰退。

傳統銀行本身就大玩高槓桿（例如，通常是股權的十倍），而且因為它們主要是短借長放，因此也承擔龐大的到期風險。技術上來說，它是由資產的存續期限與債務的存續期限兩者之間的差異所衡量，對美國銀行來說平均期限約為四年。存續期限也扮演一種衡量利率敏感度的粗略指標，這樣一來，整個期限結構內利率每上升一百個基點，就會導致負債價值相對於資產價值上升四％（即四乘以一百個基點）。對採取十比一槓桿率的銀行來說，它們的權益報酬率將會因此崩跌約四〇％。簡言之，銀行應該高度敏於察覺利率。許多影子銀行由於更高的槓桿率與更大的期限轉換風險，甚至更容易受到利率影響。

全球金融危機過後，監管機關尋找更充分理解、監控影子銀行的做法。金融穩定委員會（The Financial Stability Board, FSB）[8]正式定義影子銀行業為「……涉及正規銀行體系之外（完全或部分）實體機構與活動的信貸中介。」我們採用它們的廣義分類加以預估，當今全球的影子銀行業超過二百十兆美元，或者超過全球國內生產毛額的二·五倍，同時我們採用狹義的定義納入那些被視為暴露於最脆弱的商業策略、高度風險的影子銀行機構，它們目前總計大約六十兆美元。這些估計值呈報在附圖六·四、六·五與附表六·二。金融穩定委員會總結，截至二〇一七年底，廣義影子銀行業占全球金融資產四八％。與我們自己計算出美國市場約為十三兆美元的數值相較之下，這個數字算是很高的預估值；不過金融穩定委員會的數值代表這些機構的整體資產規模，而非它們直接的影子銀行活動。它也是一道粗略的衡量標準，其中有些部分因為重疊暴露而重覆計算（對金融穩定監控作業而言很重要）。舉例來說，金融穩定委員會估計，全球金融資產存量約莫落在四百兆美元，但我們的計算方式純粹基於初級資產，同時排除共同基金等重覆包裝的工具，總值接近二百二十五兆美元。

附圖6.4　2006-2019，以廣義與狹義標準衡量的全球影子銀行業

單位：兆美元

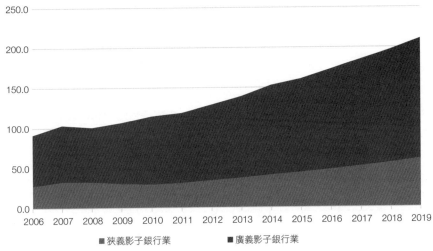

資料來源：跨境資本、金融穩定委員會

附圖6.5　2006-2019，依主要來源分類的廣義影子銀行業

單位：兆美元

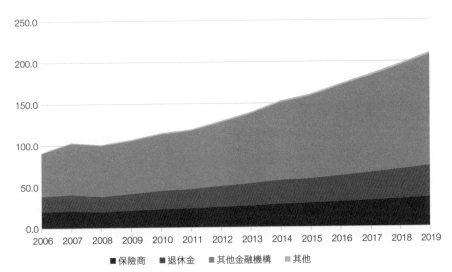

資料來源：跨境資本、金融穩定委員會

附表6.2   2006-2019，依主要來源分類的廣義影子銀行業

單位：兆美元

	兆美元	構成要素			
	總額	保險商	退休金	其他 金融機構	金融 附屬機構
2006	91.4	19.6	19.0	51.7	1.1
2007	103.3	20.5	20.0	61.6	1.2
2008	100.6	19.2	18.7	61.6	1.2
2009	106.5	20.8	20.4	63.8	1.5
2010	114.6	22.3	22.4	68.3	1.7
2011	118.7	23.1	23.4	70.6	1.7
2012	128.8	24.8	25.2	77.1	1.8
2013	139.1	26.0	27.0	84.3	1.8
2014	152.8	28.0	28.7	94.2	1.9
2015	160.7	28.9	29.5	100.3	1.9
2016	172.7	30.5	31.4	108.8	2.1
2017	185.0	32.0	33.6	117.0	2.3
2018	197.3	33.7	35.7	125.5	2.4
2019	210.7	35.6	38.0	134.7	2.5
2006-2019，%變化	130.6	81.6	100.0	160.5	125.0

資料來源：金融穩定委員會、跨境資本

　　金融穩定委員會的估計值涵蓋二十九處金融管轄區，包括保險公司與專屬保險商（三十六兆美元）、退休金（三十八兆美元）、投資基金（四十六兆美元[9]）、放款機構、經紀交易商（十兆美元）、貨幣市場共同基金（六兆美元）、避險基金（五兆美元）、結構性融資機構（五兆美元）、信託公司（五兆美元）、金融公司（五兆美元）、房產投資信託與基金（二兆五千億美元）與集中交易對手（一兆美元）。它們評價影子銀行業的暴險程度，分類它們的高風險（即狹義定義）活動為：一、流動性轉型風險；二、信用風

險；三、到期風險與四、槓桿。這些都呈報在附表六‧三。其中所示五大類別分別指涉：（一）「銀行」擠兌風險；（二）短期融資依存度；（三）提供短期融資的中介機構；（四）信用擔保對象和（五）面臨短期融資風險的證券化產品。二〇〇六年至今，這座總計達六十兆美元的高風險功能池成長一二〇％，規模約是二〇〇七年至二〇〇八年全球金融危機時期的兩倍。尤有甚者，全球金融危機爆發至今，在這個總額中，機構的資產面臨「銀行」擠

附表6.3　2006-2019依據主要風險類型分類高風險（狹義）影子銀行業

單位：兆美元

	兆美元	風險類型					
	總計	銀行擠兌風險	短期信貸依存度	短期信貸的中介機構	信用擔保對象	短期融資信貸證券化	其他
2006	27.6	11.5	3.1	6.9	0.1	5.5	0.6
2007	32.8	14.0	3.3	7.8	0.1	6.7	0.9
2008	32.6	14.2	3.6	6.2	0.1	6.8	1.7
2009	30.4	14.9	3.3	4.0	0.2	6.6	1.3
2010	29.5	15.9	3.4	3.5	0.2	5.2	1.2
2011	31.2	18.1	3.4	3.7	0.2	4.4	1.3
2012	34.3	21.7	2.9	3.8	0.2	4.3	1.3
2013	37.2	24.7	2.9	3.9	0.2	4.3	1.2
2014	40.9	27.7	3.1	4.3	0.2	4.4	1.3
2015	44.0	30.6	3.1	4.1	0.2	4.5	1.5
2016	47.5	33.6	3.3	4.0	0.2	4.5	1.9
2017	51.6	36.7	3.5	4.2	0.2	5.0	2.0
2018	55.8	40.5	3.6	4.2	0.2	5.2	2.1
2019	60.6	44.7	3.7	4.3	0.2	5.5	2.2
2006–2019，％變化	119.4	288.4	19.4	-37.7	100.0	0.0	266.7

資料來源：金融穩定委員會、跨境資本

兌的風險讓人憂心地增加超過三倍，主要是因為承擔更多的到期風險和更高的槓桿比率。

監管的影響

全球金融危機過後，兩大監管力量推動銀行最近對現金類資產需求若渴，一是流動性覆蓋比率（liquidity coverage ratio, LCR），以及所謂清理計畫（resolution plans）*，它是構成巴塞爾協定III改革的一環（請參見http://www.bis.org）：

流動性覆蓋比率：它為大型與積極跨國發展的銀行業打造一套標準化的最低每日流動性要求。它是一套公式打底的流動性指標，要求銀行的優質流動性資產（high quality liquid assets, HQLA）要高於本身預計三十天「壓力」期的淨現金流出。

這股潛在的淨現金流出估計，銀行的短期借款中有多少部位沒有可能展期，以及它可能因此損失多少短期存款。銀行每季都要公開揭露它計算流動性覆蓋比率的細節。

清理計畫：一般通稱為「生前遺囑」，試圖確保大型銀行遭逢重大財務困境時可以迅速、有序地解決直接債務。這套清理計畫有一部分是確保銀行在承受壓力期間仍保有足夠的短期流動性，足以支應股東與交易對象的需求。

銀行可以借道向監管機關回報內部流動性壓力的測試結果，以證明其保有充足的流動性。這些內部結果不會公開，但我們應該預期，財務方面越環環相扣，而且結構方面越錯綜複雜，銀行就持有越多的優質流動性資產。

---

* 譯注：全稱應為「復原與清理計畫」（Recovery and Resolution Plans, RRPs）。

中介鏈與躉售貨幣的成長

　　一般來說，信貸市場變得更國際化、更環環相扣，不僅借道錯綜複雜的中介鏈對外延伸，也借道市場打底的抵押品日益廣獲採用因而用以融資。當今，既有部位再融資輕而易舉就超越全新的融資活動。換句話說，全新信貸成長速度依舊飛快，但是「融資」或總信貸準備金的戲劇化崛起甚至跑得比它更快。根據國際貨幣基金組織，影子銀行這個產業代表大約總融資的三分之二，但它們占全新信貸準備金的比率依舊不到一五％。本質上，影子銀行業在做的事就是改造傳統銀行的資產與債務，然後在更延長、更錯雜的中介鏈中再融資它們，也就是甲借錢給乙，乙再轉借給丙，諸如此類。它們這麼做的同時也對機構投資者提供替代的價值保存品，也就是資產擔保證券（asset-backed securities, ABS），因為他們不想將所有的流動性資產當作（沒有保險）活期存款。因此，影子銀行很大程度上是在重新包裝並回收現有的儲蓄。它們延長中介鏈以便產出更多證券，這樣就能涉入大量躉售融資，無須製造大量的全新放款。因此，好比說，影子銀行借道對外販售貸款給諸如房利美、房地美這些政府贊助企業，或是對內販售給資產負債表之外的單位，進而放鬆銀行的資本適足要求，就能提升傳統銀行體系的彈性，因此得以促進信貸倍增。多數時候，投機性借款的渴望都可能存在經濟中，而且這一點看似與利率無關。凱因斯曾直指這就是「未借款邊緣」（unborrowed fringe）。誠然，影子銀行不可能隻手就能發動導致二〇〇七年至二〇〇八年全球金融危機的信貸榮景，畢竟它們本身終究也得倚賴銀行信貸。儘管如此，這種奠基於短期附買回的躉售融資模式的脆弱性已經推升系統性風險，因為它以抵押品擔保，容易受到市場定價所影響，而且又高度順週期。尤有甚者，它經常威脅對融資及傳統零售銀行的放款帳冊帶來負面回饋。

　　影子銀行業的成長也遠遠不只一道全新的經濟特徵。一九六〇年，格利與蕭就曾在著作中正確預見許多這類機會與它們的相關風險。他們寫下關

鍵觀察，在日益成長的經濟中，非銀行的金融機構激增會削弱傳統貨幣政策的有效性，而且威脅金融穩定性。根據他們的說法，整體金融架構攸關成長與穩定性，而且不僅限於銀行：一九八五年，葛史密斯也如是說。事實上，在特定情境下，可以調動多數商品、金融債券和應收帳款以便創造流動性。必然後果是，保持金融穩定性變得更加艱難，因為許多新成立的金融中介機構將試圖從自家手中流動性比較低的證券無中生有偶爾顯得可疑的流動性債券，以便製造流動性。這一點突顯流動性品質所扮演的重要角色。再來就是流動性經常發揮關鍵晴雨表的功用，而非僅是充當未來商業大街通膨率的預測指標，因為它反映出對再融資債務而言至關重要的總體資產負債表容量。這種脆弱的彈性，加上經常肆無忌憚的金融創新，足以解釋為何金融史總是教我們，支付系統經常要求某種程度的流動性擋泥板，而且沒有民間實體機構有能耐提供，往往唯獨大國才扛得起來。舉例來說，一九三〇年代大蕭條期間，貨幣經濟學家弗里德里希‧海耶克（Frederick Hayek）觀察：「……依舊存在其他形式的交換媒介，它們偶爾或永久地為貨幣服務……任何這些貨幣代替物數量的增減都將產生和適度增減貨幣數量絕對相同的效果……我們或可區別這些持續流通的信貸與其他未曾充當貨幣代替物的信貸形式，因為它們提供一種手段，讓某人購買商品的同時卻無須削弱其他人消費貨幣的能力……這種信貸形式的特出之處在於，它們不受任何中央掌控，有如雨後春筍般湧現；一旦它們就此存在，若欲避免信貸崩壞，就必須可能轉換成貨幣的其他形式。」〔請參見一九三三年海耶克出版的《價格與生產》（*Prices and Production*）〕。

企業與工業現金池改變金融體系

推動這種彈性的具體情境隨著時間拉長而異，但是，姑且不論法規鬆綁，足以解釋近年來影子銀行崛起的緣由就是與躉售貨幣當作替代資金來源相關的快速成長現象，領頭羊當屬企業與工業現金池。綜觀全世界，這些現

金池總額或可超過三十兆美元。它們的出現構成一部分我們經常描述成西方金融體系「極性」轉變的現象，在此，大規模的結構變化迫使許多以前的放款方，亦即銀行，變成向躉售市場借款的對象；以前的借款方，亦即企業，反倒變成放款方。這些企業與工業現金池是由不開放投資的企業庫藏基金、外匯存底經理人持有的流動資產、主權財富基金（Sovereign Wealth Funds, SWFs）與機構資金經理人持有的現金，以及衍生品市場的現金抵押品業務構成。傳統上，傳統商業銀行充當家庭存款戶與企業借款方的中介資金，但是近二十年來這些流動已經反其道而行。一大關鍵原因是第三章提及，新興市場生產商競爭日益加劇，已經逐步摧毀西方新資本的邊際獲利能力，因此進一步質疑未來投資開銷的可行性。但與此同時，它也加速從既有的產業營運中汲取更多現金流的動力，因此進一步充盈企業的財庫。繼一九九七年至一九九八年亞洲危機之後的不確定性鼓勵許多新興市場經濟體累積龐大的外匯存底餘額以便自我保險，進而防止匯率波動。結果是，企業與工業現金池就這樣一路壯大超越銀行體系。它們通常坐擁龐大存款，總額超越政府零售存款擔保的門檻，加上最近銀行本身也進一步受到新出爐的資本與流動性法規限制，亦即銀行監管機關強制執行的所謂**流動性覆蓋比率**。因此，一心急著想從滿滿的口袋中掏錢投資的企業與工業現金池便渴求更多替代的短期流動性投資工具，於是轉向國庫券、資產擔保商業本票（asset-backed commercial paper, ABCP）、附買回與其他類似的抵押工具。二〇〇七年至二〇〇八年全球金融危機過後沒多久，根據二〇〇九年經濟學家珍・戴麗斯塔（Jane D'Arista）在簡報〈重建金融監管架構〉（Rebuilding the Framework for Financial Regulation）這麼寫：「……隨著最大型的機構將資產貨幣化，亦即當作抵押品以便舉借更多資金買入更多資產，它們日益倚賴短期融資策略，也將系統的波動性推升到一個全球流動性大爆發的地步。源自槓桿比率日益走高的流動性加劇系統順週期的固有特性，在繁榮時期擴大信貸，也會隨著經濟日益衰退走向迅速緊縮。」

主權財富基金

主權財富基金是一種國有投資基金，為謀求國家利益跨越全球投資實體與金融資產。它們的資金通常來自大宗商品收入，好比原油或持有巨額外匯存底。最新預估價值顯示，主權財富基金直接掌控八兆一千億美元資產，但如果納入退金準備金、發展基金（七兆美元）與外匯存底基金（八兆美元），總額便超越二十兆美元。全球的主權財富基金龍頭是挪威政府退休金（Norwegian Government Pension Fund；一兆一千億美元），其次是中國投資有限責任公司（China Investment Corporation, CIC；九千四百十億美元）、阿布達比投資局（Abu Dhabi Investment Authority, ADIA；六千九百七十億美元）、科威特投資局（Kuwait Investment Authority, KIA；五千九百二十億美元）以及香港金融管理局（Hong Kong Monetary Authority；五千零九十億美元）持有的投資基金。

近幾十年來，這些企業與工業現金池崛起，嘉惠躉售貨幣市場變得舉足輕重。事實上，我們認為躉售貨幣市場是全球流動性背後的「引擎系統」。雖說二〇〇七年至二〇〇八年全球金融危機以來這些市場擴張已經變得比較緩和，附圖六・六突顯它們之前在美國擴張到幾近十兆美元的誇張走勢，以及美國聯準會在這些市場中扮演的強力角色。這些躉售市場日益補強零售銀行存款，現在注資崛起的美國與國際的信貸及流動性比重越來越高。二〇〇四年至二〇〇八年間，單單美國經紀商／交易商的金融債務就成長超過一倍達五兆美元。根據紐約聯邦準備銀行（Federal Reserve Bank of New York[10]）：「……我們從最近的金融危機看到，三方附買回市場過度倚賴盤中信貸的大規模擴張，這是由每日解約（daily unwind）與附買回交易續期的時間點所驅動。預估顯示，截至二〇〇七年，附買回市場已經成長至十兆

附圖6.6　1980-2018，依據工具區分的美國貨幣市場

（單位：兆美元；季度）

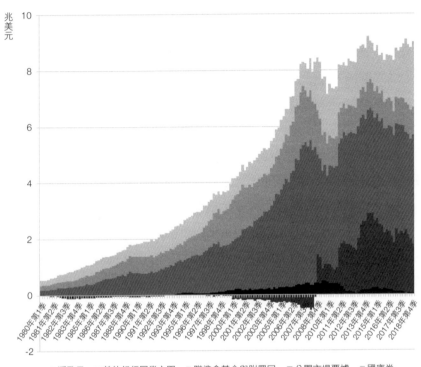

■ 淨歐元　■ 其他銀行同業之間　■ 聯準會基金與附買回　■ 公開市場票據　■ 國庫券

資料來源：跨境資本

美元，這數字的等級相當於美國商業銀行產業的總體資產，而且任何特定經紀人／交易商的盤中信貸有可能飆升至接近一千億美元。還有……由於附買回的『折扣比率』（haircuts）很低，風險因此被低估。所謂折扣比率指的是，存款人要求抵押品價值須高於存款價值。」

抵押品與附買回崛起

近二十五年來，躉售貨幣市場、影子銀行與傳統商業銀行之間的牽連已經變得日益錯雜。事實上，在許多情況中，影子銀行是傳統銀行本身所擁有的子公司，有時候則是資產負債表之外的機構。一部分來說，這是因為金融創新與法規鬆綁模糊好比銀行、保險商與避險基金之間的區別，另一部分來說則是因為資金流動的結構性變革鼓勵前述的企業與工業現金池的興起。附圖六‧七中的示意圖確定美國貨幣市場的名目流入與流出。企業與工業現金池需要安全的短期流動性資產，在傳統商業銀行與國有銀行（亦即央行的附賣回交易與國庫券）缺席的情況下，現在就由非銀行業的民間部門出面提供，很大一部分是採取附買回和資產擔保商業本票的形式。這些現金池對安全的流動性工具需求若渴，經常與影子銀行簽訂出售與附買回協議。信貸體系越來越常借道這些附買回市場運作（請參見下方文框說明），而央行往往也積極參與。

附圖6.7　躉售貨幣市場（示意圖）

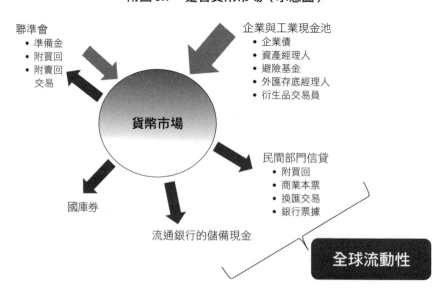

聯準會
- 準備金
- 附買回
- 附賣回
  交易

企業與工業現金池
- 企業債
- 資產經理人
- 避險基金
- 外匯存底經理人
- 衍生品交易員

貨幣市場

民間部門信貸
- 附買回
- 商業本票
- 換匯交易
- 銀行票據

國庫券

流通銀行的儲備現金

全球流動性

附買回：定義

附買回（銷售和附買回協議）是一種金融交易，其中一方出售資產給另一方，並承諾在未來某個預先指定的日期再買回。附買回類似抵押貸款，但是在破產法處理期間傾向於有利現金投資者：在破產的情況下，附買回投資者通常可以出售他們的抵押品，而非像抵押貸款那樣受制於自動中止（automatic stay）。附賣回僅是附買回的反向操作，相當於停止流動性。

附買回協議或簡稱「附買回」是一種短期的借錢手段，本質上是一種抵押銀行同業拆借的形式，二〇〇八年之前規模壯大，還把無抵押銀行同業貸款市場給比下去了，而且事實上還把後者內嵌進來，因為現在玩家都偏好安全的放款，即使銀行之間亦然。因為附買回市場不限於傳統銀行之間，因此成為央行主要的貨幣政策管道。然而，附買回又不像聯邦資金市場，它是高槓桿操作，結果使得決策者的任務更加艱難，必得更頻繁干預，一旦銀行囤積預防性現金時，經常需要「龐大」流動性挹注才能撐住市場。附買回市場在各種類型的金融機構之間交易資金，好比銀行、經紀商—交易商、保險商、退休金、避險基金與共同基金，再加上重量級企業與政府機構。傳統銀行可能不再是最主要的放款來源，但依舊中介這些交易中的絕大部分。附買回、利差交易（carry trade）與貨幣交換的應用日益增加，突顯金融產業資產負債表容量的重要性。附買回機制綑綁一批諸如政府債券、外匯與高等級企業債等「安全」資產當作抵押品，並拿它們當作借錢的擔保品。放款方根據市場狀況以及借款方提供的資產類型將會「依比率打折」抵押品的價值，以便提供自身安全邊際。實際上，美國國債和德國國債素以頭等或「原汁原味」抵押品之姿主導市場。附買回中的借款方提供抵押品，好比優質等級的債券，並承諾之後將拿出比這項資產支付價格更高的金額買回（亦即附買

回）。借貸期可以是隔夜、七天、十四天、九十天甚或有時更長。這項抵押品往往會再次借出〔即可轉擔保（rehypothecated）〕，進而在傳統的部分準備（fractional-reserve）的銀行業務之外產出信貸供應。至今，這個國際附買回市場超級龐大，代表約莫八至十兆美元的抵押品，其中非銀行放款方持有的資產往往多於傳統銀行。美國附買回市場活動如附圖六・八所示，可以看到全球金融危機前夕急速擴張，總交易量（亦即購買加銷售）攀上超過七兆美元的高峰，二〇〇八年測到的淨流量為一兆六千億美元。自此兩者雙雙回落，目前運作中的淨流量約為五千億美元。

　　抵押貸款保護放款方免受借款方違約拖累。企業與工業現金池的主導地位已經導致使用抵押品與可轉擔保協議相關發展顯著成長，這使得它進一步被廣泛應用在其他交易[11]。重覆使用質押抵押品讓信貸以某種類似教科書所說創造貨幣流程的方式應運而生，其中涉及存款—貸款乘數並交付央行準

附圖6.8　1998-2019，美國附買回市場：淨交易額與總交易額（以週計算）

單位：兆美元

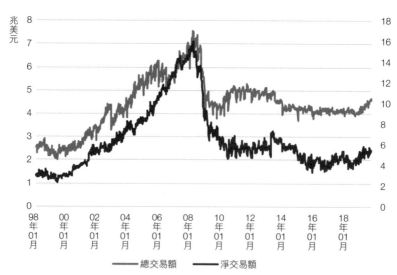

資料來源：紐約聯邦準備銀行

備金管理。抵押品代表強力貨幣成分；抵押品的折扣比率與銀行的準備金比率相互呼應，而抵押品鏈帶的長度，亦即抵押品被重覆質押的次數，則與傳統貨幣乘數相當。在教科書模式中，政府監管，亦即法定準備金（statutory reserve requirement）、最終放款機構以及保險存款都是關鍵要素；相較之下，在現代的信貸系統中，信任（亦即交易對手的風險）及放款方的風險偏好顯然扮演更重要的角色。抵押品乘數也是源自內生、由市場決定而且對投資者的風險偏好頗為敏感，正如好比美國芝加哥選擇權交易所波動率指數（CBoE VIX index）或所謂**風險價格**所反映的結果。

透過可轉擔保做法以便更密集使用抵押品意味著，同樣的債券可以被附買回操作好幾回。二〇一九年，國際貨幣基金組織金融抵押品專家曼莫漢・辛格（Manmohan Singh）、洛西・高爾（Rohit Goel）在合撰的工作報告〈質押抵押品市場對短期市場利率的傳導作用〉（Pledged Collateral Market's Role in Transmission to Short-Term Market Rates）中預估，所謂**抵押品乘數**在二〇〇七年時高達三倍，儘管隨著後來發生的全球金融危機向下修正，近年來又反彈至兩倍左右。相關數據呈報在附表六・四。可轉擔保做法延展既有的抵押品，讓資金流動變得更有彈性。然而，這種持續再質押的抵押品自有限制，因為**折扣比率**會逐步削減標的資產提高信貸的潛力。這些抵押品的「折扣比率」反過來決定最大槓桿倍數，折扣比率二％就能允許槓桿放大至五十倍。它們與適用於傳統貸款業務的放款條款平行，受到波動和升息的不利影響，而且就實務而言上衝下跌更劇烈。尤有甚者，因為有好幾種媒介都倚賴相同的抵押品當作備援以防出包，可轉擔保做法也冒著過度槓桿的風險，若再考慮到中介機構的資產負債表與生俱來的互鎖特性，它會強化系統性風險。在關鍵時期，這道風險可能會鼓勵預防性囤積抵押品和現金的行為，因此一旦**可轉換性**消失，就會導致流動性可能更大規模崩壞。危機期間這種局面勢不可免。舉例來說，二〇〇七年四月至八月全球金融危機爆發前夕，美國國庫券的抵押品折扣比率從〇・二五％跳升至三％，資產擔保證券

附表6.4　2007、2010-2017，質押抵押品與抵押品乘數

單位：兆美元、倍數

年	來源				抵押品乘數〔速率C/（A+B）〕
	避險基金（A）	證券放款（B）	總數（A+B）	質押抵押品（C）	
2007	1.7	1.7	3.4	10.0	3.0
2010	1.3	1.1	2.4	6.0	2.5
2011	1.4	1.05	2.5	6.3	2.5
2012	1.8	1.0	2.8	6.1	2.2
2013	1.85	1.0	2.85	6.0	2.1
2014	1.9	1.1	3.0	6.1	2.0
2015	2.0	1.1	3.1	5.8	1.9
2016	2.1	1.2	3.3	6.1	1.8
2017	2.2	1.5	3.7	7.5	2.0

資料來源：2019年辛格、高爾合撰的工作報告

的折扣比率則是從四％狂飆至近六〇％。必然後果是，槓桿潛力從二五：一驟跌至僅一‧七：一。此外，我們應該謹記，雖說持有抵押品在一定程度上有助降低信用風險，但是到期轉換風險，亦即資產存續期限與債務存續期限的差距，仍然存在，而且它高度倚賴債務展期或再融資部位的能力。

　　還有一點也隨之而來，躉售貨幣市場的規模越大，對抵押品的需求就越高漲。由此產生追逐抵押品的熱潮就會鼓勵發行高等級債券，這又反過來為資本結構創造更多空間，使得更多低等級的債券得以發行。因此，央行的量化寬鬆政策聚焦貨幣市場或可部分解釋，若不計二〇〇七年至二〇〇八年全球金融危機，自從美國企業未償債務存量已經平均穩定占據貨幣市場規模五〇％至六〇％以來，最近美國企業信貸市場規模為何有如吹氣球般膨脹。

流動性乘數

　　民間部門流動性的擴張可以被視為特定關鍵資產的乘數，它們經常被稱為「安全」資產，有時候則稱為強力貨幣。如附圖六‧九所示，在此資產負債表擴張需要依據一定比重提高這些安全資產的持有量。就實務而言，傳統貨幣基礎和可用的抵押品池之間有可能存在雙重、重疊的乘數關係，兩者合體則是雙雙對資產負債表擴張施以規管與審慎的風險限制。在教科書中常可見到，就傳統貨幣乘數模型本身而言，已不再是現代經濟中創造流動性的有效說法。首先，它只涵蓋傳統商業銀行，而且正如我們所說，它們正日益被諸如影子銀行的其他信貸提供機構給比下去。其次，它忽略抵押品的作用，正如我們所見，隨著信貸提供機構日益從躉售貨幣市場為自己取得資金，抵

附圖6.9　安全資產與資產負債表擴張（示意圖）

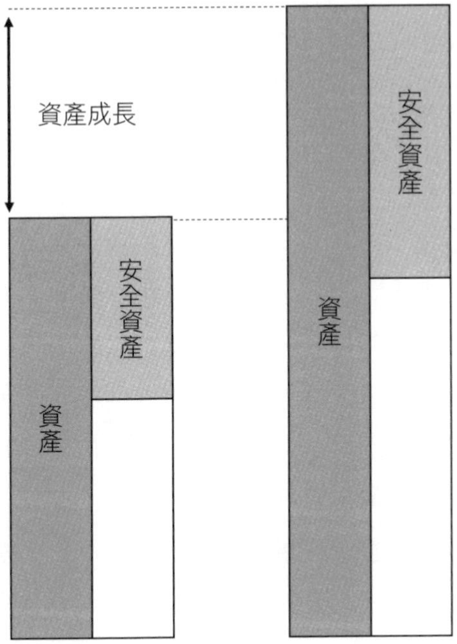

押品已經變成越來越重要。再者，就實務而言，銀行放款既不受存款不足所限，也不受央行準備金供應所限。不只是替代資金經常好整以暇在國內與境外的薹售貨幣市場唾手可得，銀行更是通常先放款然後才尋找必要資金。這使得傳統銀行與其他金融機構分道揚鑣，因為它們可以發行自己的債務，亦即活期存款，供應非銀行產業當作**支付手段**。必然後果是，至少理論上傳統銀行應該比其他金融中介機構面臨更低度的籌資限制，所以讓它們的放款更有彈性。傳統銀行體系只要達成資本與規管要求，或是借道影子銀行得以間接規避，應該都可以在處理新貸款業務的過程中創造新的**支付方式**，以便滿足額外的信貸需求。在傳統的教科書模型中，這些銀行都有央行當靠山，後者就是最終放款機構，也是國家籌組的存款保險機構。現實其實並非總是如此簡單易懂。在全球金融危機蠢蠢欲動階段，銀行過度槓桿是因為它們錯誤假設，銀行同業市場可以提供更大的流動性支撐，連同來自信用違約交換（Credit Default Swap, CDS）的額外保險。

　　所謂強力貨幣是由諸如聯準會的央行創造、掌控，名義上，貨幣基礎就是由它所構成。然而，近來金融創新、法規鬆綁與快速移動的跨境資本流動已經削弱官方影響力。新形式的強力貨幣看似刺激貨幣基礎的有效規模，進而允許信貸提供方不受央行牽制，自立擴充流動性；換句話說，在美國，聯準會的資產負債表規模不再是美元信貸體系的貨幣基礎。美元體系已經壯大到超越聯準會掌控的地步。至今，強力貨幣也涵蓋境外美元儲蓄池，好比歐洲美元市場，任何準備金不足的商業銀行都可以向它們借錢。除此之外，我們也看到，正式脫離聯準會掌控的影子銀行提供抵押品好在貨幣市場創造信貸。這些資產可以被附買回操作，以便吸引大型企業與工業現金池的資金，然後再轉向借給第三方的傳統銀行，進而獲取額外資金。誠然，全球金融危機過後，美國監管機關一直試圖奪回美國貨幣基礎的掌控權，除了接納非銀行信貸提供方，加上最近又改變美國稅制以利減少可用於境外歐洲美元市場的現金池。

全球流動性的層次結構如附圖六‧十所示。在倒三角形圖形中，位於頂端的民間部門流動性更加大舉擴張，奠基於往下收窄的強力貨幣基礎，包括央行的資產負債表，亦即傳統**貨幣基礎**，以及（一）境外躉售市場與（二）即時可用的民間部門抵押品池。這兩大額外的強力貨幣來源跳脫貨幣基礎的傳統定義，可以把它們想成**影子貨幣基礎**。

在傳統的金融模型中，傳統商業銀行採用槓桿操作的資產負債表以回收儲蓄。隨後貨幣基礎墊高則與更高的銀行貸款存量有關。額外的準備金讓銀行可以按照比重擴充它們的存款基礎，因此進而承辦更多貸款業務。正如我們所指出，如今躉售貨幣市場在這個領域扮演更吃重的角色，抵押品／貸款乘數取代過往的準備金／存款乘數。這條傳導管道一旦涉及央行與貨幣市場中交易銀行之間日益活絡的附買回活動，亦即購買與販售國庫券，因此讓它們提高槓桿比率，就有可能依舊需要更龐大的央行資產負債表，亦即傳統貨

附圖6.10　全球流動性的層次結構（示意圖）

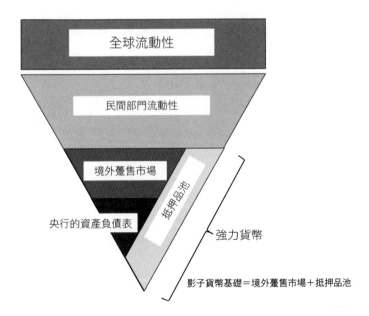

幣基礎。舉例來說，假設央行借道附買回操作挹注資金。這樣將會提高貨幣市場交易商的現金資源、減少一些保證金，因為它們會用來清償短期融資，卻保留債券的息票利率。這樣將會讓交易商在公開市場買入更多債券，而且有可能再度附買回。接著應該會轉向鼓勵金融市場其他領域跟進承擔更多風險，包括更龐大的貸款需求。隨著抵押品本身價值攀高，第二輪效應可能會進一步刺激貸款供應。有些專家擔憂，這套傳導機制有可能受到損害，因為就定義來說，央行的附買回活動會消滅民間部門珍貴的抵押品。然而經驗告訴我們，這種負面拖累看似反倒更會被隨後抵押品增值所抵銷。

　　附圖六·十一預估全球貨幣乘數，亦即總流動性對基礎貨幣的比率，以及相應的狹義與廣義抵押品乘數，亦即總流動性對安全資產的比率。安全資產分別被定義成「狹義」類別，意指已開發經濟體政府發行的債券存量，以及「廣義」類別，意指再加上已開發與新興市場中諸如銀行存款、貨幣市場基金等在內的所有流動資產[12]。數據顯示，貨幣乘數起漲，到一九九〇年代末期攀抵顛峰，接近十五倍；然後就在全球金融危機前夕再度達到稍低的高

附圖6.11　1981-2019，全球貨幣乘數與抵押品乘數（倍數）

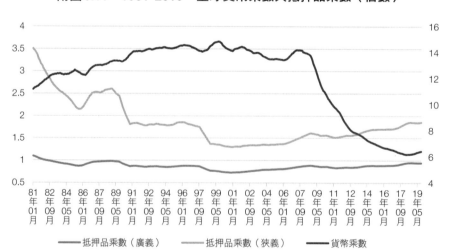

資料來源：跨境資本

峰；隨後是在危機爆發後崩盤，當時央行狂砸現金救市。二〇〇〇年以來，廣義與狹義抵押品乘數都顯現出更強大的穩定性，並突顯總體而言更平順的成長，各自向上墊高一倍、兩倍。換句話說，民間部門流動性以相同的步調隨著抵押品增值而上升。抵押品與千禧年前的央行貨幣相較之下可能算是不太重要的限制因素，但此後就益發顯著。在此呈報的狹義抵押品乘數規模大致與附表六‧四國際貨幣基金組織的估計值相當。如果更多抵押品對未來流動性成長很重要，那麼當今全世界許多政府採取普遍的財政緊縮政策就有可能間接耗盡金融市場珍貴的安全資產抵押品來源。

再融資風險？

　　總而言之，**流動性**應該被視為代表金融資產負債表規模的總籌資概念。我們選擇廣義定義流動性，納入「全球」或跨境影響，並深入延伸超越傳統零售銀行業的範疇，包括企業現金流，還有附買回和躉售貨幣市場。至今多數信貸採取源自躉售貨幣市場而非銀行的抵押品貸款形式；終究它們都是源自企業與工業現金池，而且主要都是應用在籌資，亦即再融資既有部位，而非為新投資舉債。在一個融資巨額未償債務展期而非大規模全新資本專案主導的世界，資產負債表容量（亦即流動性）遠比利率水準（亦即資金成本）重要。流動性具備民間部門與央行兩大面向，民間部門倚賴可以綑綁優質、長效證券當作抵押品，而央行則扮演緊急時期流動性救援投手的角色。持續**再融資**天價債務的需求意味著，一旦融資停止或減緩，危機就可能發生，而這又反過來可能是因為缺乏充足的優質抵押品，加上／或者央行喊停流動性支援所引起。一旦兩者合體，正如二〇〇七年至二〇〇八年所見，重大危機可能就此爆發。結論就是，縮減政府債券供應的量化緊縮與公共部門的撙節政策創造一種危險組合，將威脅嚴重、持續的金融市場波動。

　　這些風險在附圖六・十二得到證實，此處呈報美國銀行的超額準備金（亦即法定要求的盈餘）以及美國貨幣市場流量之間密切相關更新近的數據。這張圖突顯二〇一三年所謂的「縮減恐慌」（taper tantrum），當時聯準會放出撙節政策的暗示引爆市場拋售，以及二〇一九年九月附買回率飆升至一〇％，遠高於當時聯邦資金利率二・一四％。兩起事件都與貨幣市場流量短期跌破一兆美元的關鍵門檻，以及銀行的超額準備金因此跌至一兆五千億美元以下一致，這是全球金融危機以來巴塞爾協定III規範大幅提高的一道障礙。這些門檻有可能證明，美國貨幣監管機關未來不敢跨越的流動性危險底線嗎？

附圖6.12　2005-2019，美國貨幣市場淨流量與美國銀行的超額準備金

單位：兆美元

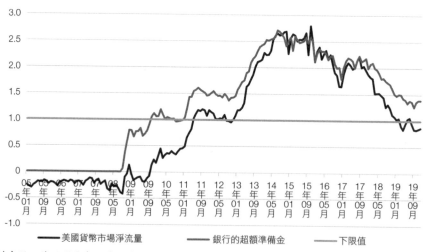

資料來源：美國聯準會、跨境資本

注釋

1. 我們經常採用通用說法**融資**，以描述**總信貸**供應。
2. 二〇〇九年一月，亞里安與申賢承發表紐約聯邦準備銀行幕僚報告（New York Fed Staff Papers）〈貨幣、流動性與貨幣政策〉。
3. 傳統的貨幣總量基於負債定義，通常採用縮寫M0（央行貨幣）、M1（紙幣、硬幣再加銀行活期存款）、M2（M1再加銀行定期存款和某些貨幣市場基金）等。
4. 國家層級的金融管理局可能涵蓋央行和其他官方機構。舉例來說，在日本就包括掌管郵政儲匯系統的信託基金局（Trust Fund Bureau）；在中國則有管控全國外匯底的國家外匯管理局（SAFE），甚至可以說連國有銀行都應該包括在內。
5. 相當於**支付手段**。
6. 存續期限是金融領域的專業概念，本質上是衡量平均現金支付（或是償付債務）的時機。
7. 一九七〇年代初，英國也出現類似的所謂「邊緣」銀行業榮景。
8. 金融穩定委員會協調全國金融監管機關的工作。請參見www. fsb.org，以及二〇一九年二月它們發表以〈非銀行金融中介機構〉（Non-Bank Financial Intermediation）為旨的最新《全球監測報告》（*Global Monitoring Report*）。
9. 二〇一七年底的預估價值。
10. 二〇一四年二月，紐約聯邦準備銀行。
11. 二〇一二年七月二日，曼莫漢・辛格與彼得・史代拉（Peter Stella）合撰〈（其他）去槓桿化：經濟學家必須了解的現代貨幣創造過程〉（The [Other] Deleveraging: What Economists Need to Know About the Modern Money-Creation Process），發表在政策經濟研究中心（Centre for Economic Policy Research, CEPR）旗下網路出版刊物Vox。
12. 當然，並非所有這些資產任何時候都當作抵押品使用；反之，它們是代表可能的抵押品。

第七章

央行：不要對抗聯準會、不要激怒
歐洲央行、不要惹毛中國人行

央行都在做些什麼？

英國維多利亞時代經濟學家沃爾特・白芝浩深受大起大落的金融市場衝擊，成為第一批正式勾劃央行積極角色的人士之一。一八七三年，他在經典著作《倫巴第街》（*Lombard Street*）*中示警：「金錢不會自我管理，倫巴第街肩負管理金錢的重大責任。」不過我們穿越一個半世紀後回顧此際可以看到，民間部門創新、解放國際資金流動，加上以中國為首的活躍新經濟體崛起，逐漸削弱央行傳統力。不出意料之外，貨幣經濟學中有兩大關鍵辯論圍繞著加密貨幣之類的替代貨幣，以及其他形式的政策刺激方案，亦即人民的量化寬鬆（People's QE）與現代貨幣理論打轉。儘管如此，央行繼續扮演關鍵但爭議四起的角色。十八世紀英國銀行家法蘭西斯・霸菱（Francis Baring[1]）視英格蘭銀行為：「……有能力讓貨幣與信貸機器的任何環節動起來的中心或支點……」美國前聯準會主席班・柏南奇卻用比較譏誚的說法暗示：「九八％的貨幣政策是出一張嘴，僅二％採取行動。」

---

* 譯注：可視為英國版華爾街。

本章刻意迴避聯準會、歐洲央行、日本銀行（Bank of Japan）和中國人行的貨幣政策中許多微妙、技術性的幽微差別，也明確避開近來關於它們**未經人民選舉卻坐擁大權**的哲學性問題，更不評判諸多身居高位，有時甚至名滿天下的知名央行專家，好比美國的保羅·沃克（Paul Volcker）、日本的三重野康（Yasushi Mieno）、美國的艾倫·葛林斯班（Alan Greenspan）與歐洲的馬力歐·德拉吉（Mario Draghi）。反之，我們試圖理解央行對金融體系的影響。實際上，我們主張央行仍然坐擁強大的實際權力，不過日益失去掌控。它們坐享特權地位，因為一味認定，只要金融體系借道它們的貨幣操作有效運作有其必要性，就會供應盡可能大量採取固定貨幣利率的流動性。大體而言，這些可用兩大運作[2]管道以蔽之：

- 利率和「前瞻指引」政策。
- 央行的資產負債表規模與組成變化。

儘管如此，央行業務的理論與實務之間仍可見大幅脫節。較低的預期利率被視為領頭加速經濟活動，有助滿足決策者執行價格穩定、高就業率的政令。然而，降低利率是否真能明確減緩貨幣狀況的質疑聲浪四起[3]。這些懷疑順應逆向的供需效應而生，諸如低利率或負利率可能拖累銀行獲利能力與附買回市場的運作，而且超低政策利率的第二輪效應可能降低通膨預期，並升高投資者對「安全」資產的預警需求。舉例來說，二〇一九年，兩位經濟學家布納梅與楊恩·柯比（Yann Koby）[4]引入**逆轉利率**（reversal rate）的概念，它定義出政策利率的有效下限，低於此限就會產生收縮效應。它借道銀行的淨值和資本適足性運作，因為它們面臨獲利力的雙向拉力，一邊是新業務的較低利差，另一邊則是債券部位較大的資本利得。有些人主張，量化寬鬆可以降低潛在的資本利得，進而提高逆轉利率的中期水準。但是比較有說服力的論點可能是有關金融穩定的門檻而非政策刺激。因此，一旦低於那道

門檻，系統性風險就有可能升級。

　　儘管央行提出其他要求，但實際上它們行使掌控利率的期限結構的權限很小，而且有時候它們決定流動性總量的權力也可能相對式微，特別是面臨龐大又經常波動的國際資本流動，或是一旦銀行拒絕放款（好比二〇一九年美國附買回市場局勢緊張），債務人也不願借款時。一九三二年十月二十四日，英國漫畫家大衛・洛伊（David Low）在報刊《倫敦標準晚報》（*London Evening Standard*）描繪一幅頗有先見之明的漫畫，突顯一九三〇年代對傳統央行政策的有心無力具有類似擔憂之情。畫中描繪倫敦銀行家徒勞地在一只內裝「套牢資本」的保險箱周圍跑來跑去，領頭羊是充滿希望向前看的英格蘭銀行總裁孟泰格・諾曼（Montague Norman）。英國國庫券的利率剛剛才從一九二九年的五・二六％崩跌至一九三二年的一・四九％，但央行的流動性根本文風不動。

抵押品扮演重要的角色

　　在現代的信用貨幣系統中，流動性如何生成值得深思，也得確實思考，更廣泛採用電子與數位貨幣後，未來這一點可能如何變化？當今央行擔保，接受規範的銀行准入它的貼現窗口，在美國，聯準會借道聯邦存款保險公司（Federal Deposit Insurance Corporation, FDIC）承保每一名銀行存款戶第一筆總值二十五萬美元（相當於歐元十萬元、八萬五千英鎊）的損失。此後，銀行客戶立足「優先承受損失」（first loss）的基礎上得到保障，最多便是等同銀行的股本。銀行可以在獲得資金的情況下槓桿自家的資產負債表，並在合用的情況下持有充裕的法定準備金和資本。舉例來說，國家擔保意味著，一筆存在花旗銀行的款項等同存在富國銀行（Wells Fargo）的款項，這份保證讓存款戶可以在銀行之間平價轉匯，當作清償債務手段。換句話說，存在花旗銀行的一美元餘額和存在富國銀行的價值相同，這使得名義上花旗銀行的錢就等同於富國銀行的錢，也與聯準會的錢毫無二致。轉匯金額得借道清算

機構，銀行間的支付都在此結算：一七七〇年代，第一批正規上線運作的系統之一是位於倫敦倫巴第街小酒館五鈴（Five Bells）一間房室。在電子化或電子貨幣系統中，一套由國家央行擁有、維護，並奠基於經過整合的國家分類帳本可能會搞出什麼花樣，堪稱一道值得推敲的問題，因為這種做法消滅傳統商業銀行製造支付手段的能力，並讓它們得以自動創造資金，進而打破傳統創造信貸的機制。假設央行操作國家的數位分類帳本，它的資產負債表規模將在納入傳統商業銀行的存款後立刻膨脹好幾倍，有可能引來低利率、零利率甚至負利率，當作一項極端的貨幣政策工具。然而，央行的資產負債表將不再代表強力貨幣，而且再也沒有所謂的傳統信貸乘數。反之，抵押品將會在降低信用風險方面扮演更強大的角色，未來傳統銀行將有可能發展成專責借款機構。它們可以借道嘗試祭出更高利率以便競購存款進而獲得資金。然而，這些「無擔保」存款將會承受更高的信用風險，因此會像傳統證券一樣淪於單位價格波動。傳統銀行無法再創造並流通支付手段，所以在這套類似直接轉帳的系統中，央行將必須採取某個經濟需求所決定的共識利率安排擴大供應電子貨幣。電子貨幣與數位貨幣之間的差異可以從外界信任中央分類帳的角度加以檢視。數位貨幣有可能是加密貨幣，概念上涵蓋無可爭議的「內在」價值，可以當作去中心化的不記名工具點對點傳送，無須結算與清算。它們立足這道基礎，看似與中心化的電子貨幣反其道而行，不過若就彈性與創造信貸全新方式的角度而言，它們面臨一模一樣的問題。

對所有的貨幣體系而言，回收資金的必要性以及彈性支付方式的需求都是持久的挑戰。歷史證明，決策者經常被迫採取行動，陷入危機時格外有創造力：

　　我們絞盡腦汁想要放款，而且使用諸多以往不曾採行的模式，我們接受股票當作擔保、我們購買國庫券、我們預付國庫券、我們不僅直接貼現，還為國庫券預付存款以便交易龐大的金額。簡言之，無所不

用其極與銀行的安全保持一致。我們並未在某些情境中過分友好；我
們目睹社會大眾置身可怕的狀態，竭盡全力提供援助。出自一八一九
年英格蘭銀行總裁傑洛麥亞·哈曼（Jeremiah Harman）的報告《銀行
恢復現金支付秘密委員會》（*Secret Committee of the Bank Resuming Cash
Payments*）。

　　這種情況看似與央行專家身為鎮定教科書的模型相去甚遠，因為這位頭
腦冷靜的工程師都會定期停下腳步，打磨這部閃閃發亮有如凱迪拉克車蓋的
政策機器。正統理論所隱含的觀點是，央行掌控短期政策利率的水準與預期
的未來道路，就可以逐步沿著殖利率曲線傳播它們的影響力。長期利率變動
影響資本支出，而且借道影響商業週期波動，情節便繼續上演，這也改變通
膨率。這條因果鏈中有幾道可疑的環節。首先，短期與長期利率經常因為高
度飄忽不定的債券期限貼水出現分歧[5]。其次，長期利率對資本支出週期的
影響十分不明確。第三，商業週期決定通膨率這道概念是基於日益不足採
信的菲利浦曲線模型。我們看待通膨與通縮正好和經濟學普遍的二分法相
反，比較像是實體經濟現象（好比中國低工資率的結果），而非貨幣或金融
特徵；同理，我們看待金融市場中的實質利率主要是借道波動的債券期限貼
水與信用風險貼水決定，而非單由實體經濟驅動。我們或許可以從最近十九
世紀末取得相似證據，顯示一方面資產價格與流動性之間脫鉤，另一方面
則是商業大街的通膨率。儘管南非的黃金產量飆升後「全球流動性」跟著大
躍進，科技進步與更完善的物流系統經常導致商業大街價格下跌〔美國平均
十年消費者物價指數（consumer price index, CPI）通膨率一貫低於四％，直
到一九一八年才生變〕，而且引領華爾街股價自一八九六年至一九一二年飆
漲兩倍半。因此，央行借道修補短期政策利率就能實現最高程度的政策精確
度，進而得以選擇企求的通膨率，這種說法當真是天方夜譚嗎？
　　但是為何央行主要聚焦通膨目標？雖說許多央行的源起背景是政府的銀

行家，在直到距今更近的年代被賦予掌控通膨的任務之前，多數通常都自行演化成穩定金融與貨幣的角色。我們稍早質疑，通膨始終是一種貨幣現象的流行說法，特別是因為低通膨幾乎肯定是受到二十年來廉價中國進口商品強烈影響。試圖打擊一道不可能的目標反而可能得付出金融更不穩定的代價。與此同時，許多專家質疑，央行的量化行動與財政部發行債務是否有任何不同之處？畢竟，舉例來說，在美國聯準會坐擁大約四兆美元的資產負債表，遠遠小於美國財政部的二十三兆美元債務存量，後者本身每年還以一兆五千億美元的速度擴張。政府這兩大部門都涉及貨幣政策，也都涉及財政政策，所以說真的，它們倆就像是連體嬰。兩者都供應「安全」資產，但聯準會更聚焦於銀行業和貨幣市場，而美國財政部則是負責和比較長期的資本市場打交道。

供應安全資產扮演關鍵功能，因為它們支援金融產業的資產負債表，並允許它們擴張。在一個天價債務必須再融資的世界，龐大的資產負債表容量遠遠更重要，超越當年那一套以利率與資本成本至關重要，因此有必要融資全新投資為特徵的制度。這種融資背景經常被無視，這正是籌資的重要性，讓央行的資產負債表規模與組成顯得舉足輕重。整體流動性的乘數變化源於**強力貨幣**增量，我們可以從這個角度衡量貨幣轉換的有效性。結果顯示在附圖七‧一，它以美元為單位，呈報全球流動性與全球央行貨幣的年度變動。儘管央行與全球流動性之間的關聯顯然不是一對一的型態，圖表依舊勾勒出緊密連結。二○○七年至二○○八年全球金融危機以來，這種現象變得更顯著。在此，央行貨幣搖擺不定，導致全球流動性更強烈波動，而且央行貨幣緩慢成長時期看似領跑在全球流動性的崩潰和絕對收縮之前。

籌資取決於許多面向。抵押品的有效可用性（亦即將放款方適用的折扣比率變數納入考量），加上在國際借道歐洲美元與交換市場尋找所有資金的能力都必須包括在內。導入全新的強力貨幣來源便有效擴大貨幣基礎，超越央行的資產負債表規模。這些全新來源或是我們所稱的**影子貨幣基礎**，通常

附圖7.1　2005-2019，全球央行流動性供給與全球流動性

（單位：兆美元、12個月期間變化）

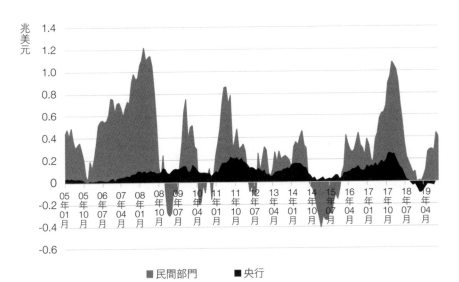

■民間部門　　■央行

資料來源：跨境資本

呈現不同特徵。以市場為基礎的躉售籌資方式傾向順週期，而且往往屬於短期型態，再不然就是和早期可靠的零售存款融資模式大不相同。尤有甚者，許多央行約束自身貨幣體系的能力經常遭受連累，因為自身規模相對弱小，又小鼻子、小眼睛地聚焦選定的國內機構，好比傳統商業銀行。這些資產負債表政策傳統上被描述成**公開市場操作**，現在更被加油添醋地指稱為**量化寬鬆**或是**大規模資產購買計畫**，以及反向說法就是**量化緊縮**。標準的教科書模型假設，銀行完全由零售存款提供資金；假設信貸是由這些存款所創，背後有準備金撐腰，而準備金短缺是依據央行制定的政策利率定價。就實務而言，流動性不可替代，尤其是危機期間，銀行更頻繁受到資金限制而非準備金限制。現在籌資有許多來源，變得唾手可得，但是更不可靠、更反覆無常的躉售來源正變得比零售來源日益重要。舉例來說，金融市場有一道重要的結構性變化是，許多工業公司變成注資銀行的躉售資金供應者，反而不是淨

借款方。結果是，雖說央行毫不含糊地制定政策利率，市場利率終將因為風險貼水存在潛藏的龐大波動而走向分歧。

　　幾家央行緊隨全球金融危機爆發採行的貨幣政策措施起初被視為**非常規做法**，現在十多年過去，早已變成司空見慣。許多人認為這種發展風險頗高。雖說我們接受非常規的貨幣政策手段為實體經濟帶來的衝擊可能受到報酬遞減影響，但必須與傳統利率政策相抗衡，正如前文所述，因為它們可能產出零收益甚至負收益，特別是一旦利率降至極低或甚至負水準。尤有甚者，就改善金融穩定性而言，金融領域對許多這些非常規政策的真實價值感受尤深。

央行運用非常規貨幣政策

　　非常規貨幣政策可以更廣義地被視為量化政策，央行利用它們的資產負債表影響資產價格與金融條件，而非僅是調整短期利率。大規模資產購買計畫或說量化寬鬆政策就是**非常規**貨幣政策的實例。這些資產負債表政策在概念上、實務上都與利率政策截然不同，特別是因為短期政策利率水準可以不受系統內的銀行準備金總量干擾獨立設定。主要傳導管道運作便是借道改變民間部門資產負債表的組成方式。假設標的資產不是完美替代品，那麼央行[6]借道改變組成內容與民間投資產品組合的風險概況，就說是購買風險資產好了，便可以降低殖利率並放寬籌資條件。這便暗示，傳統商業銀行的法定準備金其實不如外界認定那般意義重大；反之，央行買進或賣出的資產種類以及它導引的信貸才更重要。

　　就定義的角度而言，我們應該指出，央行不必然是每一個經濟體的金融管理局（Monetary Authority）。必然後果是，**強力貨幣**並非總是與各種不同的準備金和央行貨幣[7]同義。準備金本身是由流通中的貨幣加上受到規管的銀行儲放在央行的準備金所組成。這個總數主要涵蓋國家央行資產負債表的規模，但應該也要納入金融管理局旗下所有相關單位的資產負債表。總體資

產負債表與準備金之間的差異主要在於，持有諸如房產這類非金融資產，以及持有諸如公共部門存款這類非民間部門債務兩者歸屬不同。金融管理局是比央行更廣義的概念，涵蓋國家掌控貨幣體系的所有單位，可以納入不僅止於央行的單位。因此，政策決定可能涉及一連串官方機構，並且橫跨利率設定、市場中金融資產買進、賣出的總量與類型運作。財政部經常行使匯率掌控權，即使它的政策有可能是借道國家央行實施。舉例來說，在中國，納入**國家外匯管理局**似乎是合宜舉措；在日本，龐大的**信託基金局**掌管郵政儲匯系統，一九九〇年代初期一度是全球最龐大金融機構，通常也被納入金融管理局的定義中。更一般來說，每一個政府的融資政策也將影響自身的貨幣況狀，這部分是否涉及賣出多少債務、提供具體到期期限、當作抵押品使用等決定，而且是否應該刻意建立或釋出央行持有的國庫餘額？

展望未來，在決策者從二〇〇七年至二〇〇八年全球金融危機學到教訓的助益下，某方面來說，全球融資體系面臨更低的未來風險，因為：（一）銀行擁有更充裕的資本；（二）監管機關變得更提高警覺，而且遵循更嚴格的宏觀審慎分析結果；（三）互換額度的規模更龐大，也有更多國際貨幣基金組織的資金可用；（四）更短、更優質也更容易理解的中介鏈，連帶使得更極端形式的影子銀行全都人間蒸發；加上（五）公共部門如今正扮演更龐大、更主動的角色，表現形式為央行資產負債表的規模與組成改變，並供應適切的優質「安全」資產抵押品。不過最主要的不平等依舊存在，特別是重度倚賴美元，而且允許外國人獲取聯準會互換額度的決策十足政治化，二〇一〇年《陶德—法蘭克華爾街改革與消費者保護法》（*Dodd-Frank Wall Street Reform and Consumer Protection Act*）通過之後尤為如此。難道說，現在哪一號人物坐鎮白宮變得更重要嗎？有鑑於傳統商業銀行已經有效地受到規管，不再提供大量信貸，現在本質上是以準儲蓄與放貸組織（亦即住屋互助會或房貸銀行）之姿運作，未來的風險也將大不相同。反之，對資金與流動性流動週期及危機爆發頻率的關鍵決定因素來說，貨幣與資本市場已經變成至關

重要的管道。這些市場很大一部分超脫監管機關的掌控。貨幣與資本市場借道躉售融資系統相互連結。對躉售融資系統而言，優質抵押品供應雖然無疑很重要，近期的證據卻顯示，在龐大的央行資產負債表缺席的情境下，現代金融體系只能咬牙苦撐。附圖七‧一明顯點出這項事實。英格蘭銀行市場事務執行主管安德魯‧豪瑟（Andrew Hauser）最近發表演說[8]便證實：「……以歷史標準來看，龐大的資產負債表將繼續存在……。我們在提供系統流動性方面必須肩負更重大的責任……。」

三大關鍵迫使央行出手干預

確實，央行在放鬆管制金融體系方面具備超大影響力，在此，零售存款再也不是單一籌資來源，因為最重要的是再融資部位的能力，而且說到底央行是流動性的邊際供給者。我們若想更進一步理解這種傳導作用，就得看待西方金融體系本質上是一套**資本再融資與分配的機制**，被廣泛應用在展期既有部位，而非單單一套應用在獲取全新融資的**資本籌資機制**。當前全球債務的天價總額有必要再融資，加上衍生品工具普遍存在沉重壓力，都需要強健、可靠的機構具備龐大的資產負債表容量。這種再融資角色意味著**資本的能力**，亦即流動性總量，重要性遠遠超過**資本的成本**，亦即利率。利率與供應流動性之間鮮少是一對一的關係，這一點不足為奇：在全球金融危機後時代，這是一樁格外真切的事實。這也意味著籌資（總索求）遠遠不同並大於提供全新信貸（淨索求）。我們已經論證，這種躉售籌資型態非常順週期，達到一種我們尚且未能充分理解的程度。假設再融資的需求水準高漲而且穩定，那麼：（一）民間部門貨幣市場流動的內生週期性；（二）流動性的分配不公平；（三）在危機期間，流動性永遠**不可替代**的事實，反而這些關鍵時刻才是最至關重要，三者加起來便迫使央行頻繁介入。央行干涉貨幣市場，顯著影響金融體系借道**融資流動性**的總量，而且有時候是直接藉由**市場流動性**的深度發揮彈性。舉例來說，在法定準備金要求事關重大的時期，聯

準會量化寬鬆操作與美國貨幣市場之間的連結有可能被視為等同於央行和傳統商業銀行之間的歷史性連結。

　　儘管如此，這個領域依舊充滿爭議。二○○七年至二○○八年全球金融危機爆發之前，央行主要借道兩項工具執行貨幣政策。第一項主要是透過短期政策利率，亦即美國聯邦資金目標利率。第二種是借道官方溝通手法，或是一般通稱的「前瞻指引」影響外界對政策利率的未來期望。不過隨著這種政策利率趨近於零，它變得越來越無法提供刺激，甚至可說適得其反，因為它實際上阻礙信貸供應。必然後果是，一等到二○○八年十二月美國聯邦基金目標利率達到零值下限，美國決策者便緊隨全球金融危機之後在五年內展開三輪大規模資產購買計畫，也就是同名的第一輪、第二輪與第三輪量化寬鬆：

- 二○○八年十一月二十五日，聯邦公開市場委員會（Federal Open Market Committee, FOMC）宣布第一輪量化寬鬆：聯準會提議買入房利美加房地美總計一千億美元的債務，以及額外的五千億美元機構房屋抵押貸款擔保證券（Agency MBS）。這項計畫延展並擴大至二○○九年三月；二○一○年三月量化寬鬆結束之際，聯準會已經買入一兆二千五百億美元房屋抵押貸款擔保證券、一千七百五十億美元聯邦機構債務，以及三千億美元美國國債。

- 二○一○年八月，聯邦公開市場委員會發出啟動第二輪量化寬鬆的訊號，始自二○一○年十一月。第二輪量化寬鬆包含總共購買六千億美元長期美國國債。

- 二○一二年九月，聯邦公開市場委員會宣布第三輪量化寬鬆，涵蓋每月購入四百億美元機構房屋抵押貸款擔保證券，並從二○一三年一月起再加購四百五十億美元美國國債。

有些人主張，量化寬鬆提振刺激經濟無效，而且不僅未能穩定金融體系，實際上還創造全新風險。根據學術文獻，量化寬鬆政策可能借道許多潛在的傳導管道影響實體經濟，諸如：

（一）**殖利率**：量化寬鬆直接影響公債與房屋抵押貸款擔保證券的殖利率，儘管每一輪量化寬鬆的影響效果不一。二〇一一年、二〇一三年，克許奈莫帝與經濟學家安娜特‧薇欣─約葛森（Annette Vissing-Jorgensen）發現，第一輪與第三輪量化寬鬆減損房屋抵押貸款擔保證券與公債殖利率。他們表示，房屋抵押貸款擔保證券殖利率（在這兩輪中）更強烈受到影響，不過受到第三輪量化寬鬆的影響遠小於第一輪。此外，僅包括購入公債的第二輪量化寬鬆影響殖利率有限。

（二）**房屋抵押貸款再融資**：二〇一八年，哈佛教授馬可‧狄馬喬（Marco Di Maggio）協同其他專家舉證，聯準會在第一輪量化寬鬆期間購入房屋抵押貸款擔保證券，導致現有房屋抵押貸款掀起一波再融資熱潮，特別是那些有資格被聯準會購買的房屋抵押貸款類型。以較低利率再融資一筆既有的房屋抵押貸款可增加每一戶家庭的淨資產，減輕它的債務負擔，這會反過來讓家庭增加消費。因此，假設家庭保持正房屋淨值的前提下，量化寬鬆可以讓房屋抵押貸款再融資更具吸引力，進而刺激總合需求。

（三）**銀行放款**：二〇一七年，經濟學家奧利維耶‧M‧達莫尼（Olivier M. Darmouni）與亞歷山大‧羅尼揚斯基（Alexander Rodnyansky）研究量化寬鬆對銀行貸款業務的影響，他們發現，量化寬鬆之前擁有比較多房屋抵押貸款擔保證券的銀行，它們的貸款業務成長的速度比有限或根本不持有的銀行更快。因此，聯準會購入房屋抵押貸款擔保證券就可以刺激銀行提供額外的信貸。量化寬鬆就

像傳統的降息手段，可以鼓勵額外的銀行放款業務，這又會反過來產出更快的經濟活動。

反之，我們可以將這些與其他刺激舉措切分成兩大更廣泛的傳輸管道：（一）**信貸管道**和（二）**承擔風險管道**。兩者可能部分重疊。信貸管道意指改變整套系統流動性總量的所有行動，好比刻意為之的政策寬鬆行動，但是不獨限於量化寬鬆政策、跨境流入、匯率變動與附帶影響。在之前的第一章與第五章，我們強調匯率與跨境流動面向的重要性，我們也將在第八章進一步分析它們。承擔風險管道涵蓋投資組合效應，用以描述改變持有風險性資產與安全資產之間比率的行動。我們將在第十章更深入研究承擔風險管道。它有可能間接源自央行推行更多量化寬鬆；源自千變萬化的商業環境的看法；源自地緣政治衝擊，而且它們也涵蓋更低度市場波動性，以及抵押品價值升高帶來「感覺良好」的影響。

量化寬鬆政策提高債券殖利率？

事件研究文獻特別低估量化寬鬆推動資產存續期限低於目標及風險偏好方面的影響，因為它聚焦非常短暫的存續期限窗口內對資產價格的衝擊。必然後果是，冒險行為產生更龐大規模的長期變化，但是它僅會捕捉到被這些變化吞噬的瞬間影響。情況很可能就是如此，因為這些研究所引述的許多實例都證明為時短暫，而且情況往往就在幾個月後反轉。舉例來說，試想第一輪、第二輪與第三輪量化寬鬆對美國國債與企業債殖利率的衝擊。在每一種情況下，持續的量化寬鬆政策最終都推高期限貼水並收緊信用利差。附圖七‧二顯示，二〇〇七年至二〇一五年間，（經通膨和波動調整後）美國十年期公債期限貼水。陰影條狀部分代表量化寬鬆階段。流動性充裕時，違約率降低、系統性風險下降，看起來很合理，因此誘使投資者沿著風險曲線移出，從諸如政府公債等「安全」資產轉向證券、企業信貸與全新資本專案等

附圖7.2　2007-2015，美國10年期公債期限貼水（經通膨和波動調整後）

單位：%

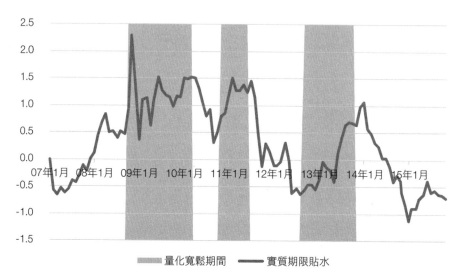

3輪量化寬鬆期間以陰影標示
資料來源：紐約聯邦準備銀行、跨境資本

風險較高的資產。這也鼓勵信貸提供者脫手公債，進而推高它們的殖利率，並受到利潤率更高的貸款業務吸引而轉向。公債殖利率升高很大程度歸因於更吸引人的期限貼水。同理，隨著流動性水準限縮，隨著投資者與信貸提供者你爭我奪安全性，這道過程也會逆轉，於是最終導致更微薄甚至是負數的期限貼水與更低的政府殖利率。也因此，量化寬鬆政策傾向提高而非降低債券殖利率，無論是就絕對期限（橫跨三道量化寬鬆階段總計平均增加一百三十四個基點）或是短期政策利率來看皆然。

　　然而，許多學術界和央行研究人員依舊對這些資產負債表效應的真實規模抱持懷疑態度。我們將在第十章回頭探討這道自相矛盾的論點，但舉例來說，共識意見仍然相信，二〇〇七年至二〇〇八年全球金融危機以來，整體美國量化寬鬆計畫可能減損債券殖利率約五十至一百個基點[9]，而非提高殖

利率。另一方面，同一批專家未能預見，隨後二〇一五年採行量化緊縮政策，二〇一七年又如法炮製，將引發市場利率與期限貼水依循流動性分析借道風險偏好變化所預測的方式崩盤。二〇一三年五月的「縮減恐慌」帶來燙手山芋的早期預兆，當時聯準會放緩量化寬鬆腳步，引發投資者恐慌。最近捲土重來的緊張局勢迫使聯準會重新確認量化寬鬆扮演關鍵的穩定角色，儘管聯準會的資產負債表已經預定「正常化」，仍堅稱政策將會維持彈性：（如果）「……我們正常化計畫的任何層面正以某種方式干擾我們實現法定目標，我們將毫不猶豫修改它，其中包括資產負債表……。」〔此話出自二〇一九年一月主席傑羅姆・鮑威爾（Jerome Powell）〕。而且，其他聯邦公開市場委員會同事為了強調這一點紛紛蕭規曹隨：「……我們將毫不猶豫（對）……做出改變，進行中的資產負債表正常化計畫……。」〔此話出自二〇一九年一月副主席理查・克萊里達（Richard Clarida）〕。「……所以說，我將不會排除更動資產負債表。」〔此話出自二〇一九年一月波士頓聯邦準備銀行總裁艾利克・羅森葛倫（Eric Rosengren）〕。因此，「……如果我們有必要，就會在本次資產負債表決算中進行調整……。」〔此話出自二〇一九年一月達拉斯聯邦準備銀行總裁羅伯特・卡普蘭（Robert Kaplan）〕。隨後二〇一九年發生的事件將會使他們信守承諾！

　　聯準會最新的資產負債表長怎樣？附表七・一呈報截至二〇一九年八月中聯準會的資產負債表。在近四兆美元的資產負債表中，美國貨幣基礎高占八六％。外國資產僅占一％，主因是美元身為國際結算工具。相應地，聯準會持有其他政府的官方準備金資產共三兆五千億美元，高占託管總資產的九一％，當作資產負債表之外的項目。美國貨幣擴張促進好比是新興市場經濟體的外匯存底，或許可以回溯至美國貨幣基礎的初始擴張，但也可回溯至它對這些新興市場的第二級地方性影響。假設許多這些經濟體都緊隨美元，自家外匯存底的隱含成長將不僅在國內貨幣化，也可能以身為聯準會官方持有的美元一再增加之姿現身[10]。再將美國貨幣基礎加入被託管的官方美元資產

附表7.1　聯準會資產負債表（截至2019年8月21日）

單位：百萬美元

資產		負債	
聯準會銀行信貸	3,725,869	貨幣基礎	3,269,085
直接持有的證券	3,591,937	流通的貨幣	1,751,265
美國政府公債	2,088,920	聯準會銀行的準備金餘額	1,517,820
票據	3001	附賣回協定	301,218
名目票據與債券	1,945,599	其他的聯準會銀行存款	198,466
經通膨指數調整後票據與債券	116,545	其中：美國財政部普通帳戶	131,447
通膨補償	23,775		
聯準會機構債務證券	2347	其他負債	44,377
房屋抵押貸款擔保證券	1,500,670		
信貸	358		
黃金與外匯存底	37,070		
其他資產	183,781		
總資產	3,813,146	總負債	3,813,146
備忘錄：託管證券			
可銷售的美國公債	3,030,813		
聯準會機構債務與房屋抵押貸款擔保證券	358,293		
其他證券	80,656		
出借給交易商的證券	21,407		
總額	3,469,762		

資料來源：聯準會銀行、美國財政部

池中，就構成我們所認定的**美元貨幣基礎**。那些經濟體若非使用美元就是緊隨在後，這道認知扮演它們的貨幣基礎的粗略衡量指標。有些人採用這個七兆五千億美元的混合體，當作全球流動性池總值一百三十兆美元的代理分身，但實情並非如此，距離真實情況差得遠了，但它依舊可能是一個出於其

他理由適用於監測的總合數字。

　　全球流動性由民間信貸貨幣主導，但因為它主要以美元計價，聯準會必須扮演國際間實質的**最終放款機構**[11]，即使它的法定權力僅限美國國內。聯準會本質上是扮演介於國家央行與國際銀行家的銀行之間的綜合體。二〇〇七年至二〇〇八年全球金融危機期間，這套最後的放款工具是借道一張聯準會與選定的數國央行之間的美元流動性網絡互換進而發揮作用，這些央行獲得美元注資自家境內銀行。二〇一八年，美國經濟學家亞當・圖澤完成的鑑識研究揭露，二〇〇七年十二月至二〇一〇年八月聯準會如何提供歐洲國家銀行約莫十兆一千億美元（或是依標準化做法換算成四兆四千五百億美元）。與此同時，外匯交換交易市場自此壯大至足以供應多數以美元為主的額外流動性。然而幾位專家依舊憂心忡忡，這套跨貨幣基礎交換的系統不僅違反理論上的拋補利率平價（Covered Interest Parity, CIP）＊，偏離拋補利率平價的趨勢還看似與美元匯率的強弱呈現正相關。摩擦或許可以解釋這種溢價現象，但是正如我們將在第八章指出，它的系統性變動暗示著它反映出美元的稀少性，出於若非資產負債表容量不足，也就是／或是對避險策略的更強烈需求。

　　結果是，這些外匯存底變動顯著影響貨幣基礎與總流動性成長。美元面額與主導地位意味著，外匯市場一有風吹草動，無論是儲備水位或平價變化，都會影響全球流動性。一九八一年以來，一道全球外匯存底和全球央行貨幣之間年成長率的簡單回歸分析顯示，R^2值[12]統計數字為三九・九％（相關係數則為〇・六三）。反之，將全球流動性回歸到全球外匯存底，便得到R^2值四九・三％。採用同樣方式計算中國以外的新興市場經濟體，得到數字分別為三八・四％和三九・四％。即使二〇〇五年起就縮小樣本長度，相似的結果也適用。然而，一旦同樣的分析單獨套用在中國，相關性近

＊ 譯注：這套假說預測，兩國短期利率的變動與匯率變動呈正向相關。

來呈現暴跌，顯示外匯存底不再是驅動中國流動性的單一要素。舉例來說，二〇〇五年至二〇一六年這段期間涵蓋大量外匯存底累積的年份，中國的外匯存底和貨幣基礎（總流動性）連結至 R^2 值四〇‧九％（二九‧七％），但此後二〇一七年至二〇一九年這個統計值便驟降至僅二‧二％（五‧四％）。這些結果不僅預示美國聯準會至關重要、美元在國際金融市場舉足輕重的意義，更象徵各界越來越有必要關注中國人行日益獨立的舉措。

全球央行貨幣

　　附圖七‧三、七‧四與附表七‧二闡明全球央行流動性總量的發展情況，以及這些主要國家決策者的詳細說明。整體而言，二〇〇〇年以來，我們看到央行的資金成長不只六倍，總計超過二十兆美元，其中約莫十四兆美

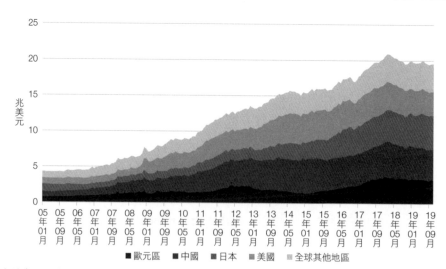

附圖7.3　2005-2019，全球央行貨幣，依地區與主要央行區分

單位：兆美元

資料來源：跨境資本

附圖7.4　2019年，全球央行貨幣，依地區與主要央行區分（年度百分比）

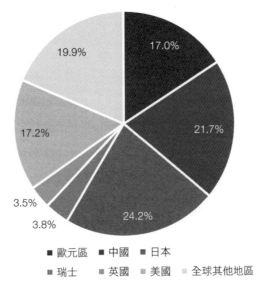

圖中數值：17.0%、21.7%、24.2%、3.8%、3.5%、17.2%、19.9%

■ 歐元區　■ 中國　■ 日本
■ 瑞士　　■ 英國　■ 美國　　■ 全球其他地區

資料來源：跨境資本

元來自二〇〇七年至二〇〇八年全球金融危機過後所謂的量化寬鬆。乍看之下，已開發與新興市場央行在這段期間設計的資產負債表成長率大致相似，然而進一步檢視會發現，瑞士國家銀行（Swiss National Bank；三〇〇二％）、英格蘭銀行（一四六〇％）與中國人行（九三二％）成長顯著；相較之下，美國聯準會資產負債表擴充看似中規中矩。雖說二〇〇〇年美國聯準會的資產負債表規模高居全球央行之冠，但此後規模日漸被日本銀行、中國人行超越。事實上，二〇一〇年至二〇一八年，中國人行確實穩坐全球最大央行寶座，不過它最近被日本央行打敗，主要是因為近期貨幣走勢對它不利。

　　附圖七‧五採用區塊地圖技術描繪央行權力基於資產負債表規模的分布概況。聯準會、中國人行、歐洲央行和日本銀行這四大央行占據主導地位；全球所有其他央行的總資產負債表規模合計大致與聯準會相當。雖說將央行

附表7.2　2000-2019預估，央行貨幣，依地區與主要央行區分

單位：兆美元

	全球	已開發國家	新興國家	歐洲央行	中國人行	日本銀行	瑞士國家銀行	英格蘭銀行	聯準會
2000	2.70	1.85	0.86	0.45	0.44	0.59	0.02	0.05	0.64
2001	2.74	1.82	0.92	0.38	0.48	0.60	0.03	0.05	0.69
2002	3.27	2.22	1.04	0.50	0.55	0.79	0.03	0.05	0.76
2003	3.94	2.69	1.25	0.69	0.64	1.00	0.04	0.07	0.81
2004	4.37	2.94	1.43	0.83	0.71	1.08	0.04	0.08	0.84
2005	4.41	2.81	1.59	0.82	0.80	0.96	0.04	0.07	0.87
2006	4.91	2.89	2.00	1.02	1.00	0.76	0.04	0.12	0.90
2007	6.15	3.46	2.67	1.23	1.38	0.81	0.05	0.14	0.91
2008	7.71	4.61	3.08	1.60	1.89	1.02	0.08	0.14	1.62
2009	8.86	5.36	3.48	1.51	2.11	1.04	0.09	0.32	2.16
2010	9.85	5.41	4.41	1.44	2.79	1.28	0.10	0.30	2.09
2011	12.23	7.02	5.19	1.73	3.55	1.53	0.25	0.34	2.67
2012	13.57	7.68	5.86	2.15	4.01	1.53	0.37	0.54	2.73
2013	15.02	8.62	6.37	1.65	4.43	1.84	0.43	0.60	3.75
2014	15.54	8.86	6.64	1.44	4.80	2.24	0.40	0.57	3.96
2015	15.86	9.76	6.06	2.00	4.29	2.88	0.48	0.56	3.85
2016	17.12	10.82	6.25	2.57	4.47	3.65	0.54	0.55	3.53
2017	20.22	13.04	7.12	3.66	4.88	4.21	0.63	0.73	3.85
2018	19.90	12.80	7.04	3.60	4.81	4.52	0.69	0.72	3.42
2019E	20.08	13.16	6.86	3.57	4.55	4.76	0.72	0.71	3.45
%變化	643%	613%	700%	694%	932%	706%	3002%	1460%	436%

E：代表截至2019年6月30日的預估值

資料來源：跨境資本

附圖7.5 哪幾國央行最龐大？統計至2019年底，以百分比（％）表示

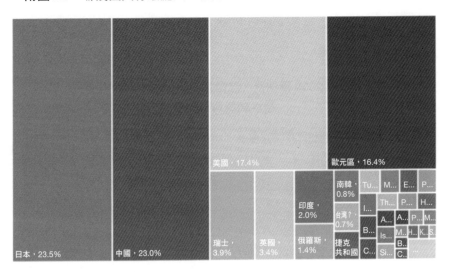

資料來源：跨境資本

貨幣化為國內生產毛額百分比的衡量手法蔚為流行[13]，我們認為這是毫無意義的統計數字，因為它的重要性取決於國家金融體系的成熟度、精密度和監管背景，遠勝其他一切。更有趣之處在於廣義流動性與貨幣基礎之間的關係。附表七‧三呈報這些對央行貨幣起作用的隱含**流動性乘數**規模。二〇〇〇年，全球央行每投入一美元資金就能創造超過十四美元的全球流動性，但是到了二〇一九年中，這個乘數下滑至僅美元的六‧五倍，這暗示著國際信貸體系的效率更大幅下降。稍早我們在第六章解釋，為何這段期間引入**影子貨幣基礎**概念後，美國流動性乘數顯著下降。**影子貨幣基礎**包括「安全」（或說是有槓桿能力）資產：舉例來說，享受低「折扣比率」與高再質押率的資產，好比優質公共與民間部門債務與境外現金池。換句話說，二〇〇〇年代初期，傳統美國貨幣基礎借道獲取諸如抵押品與境外美元存款等全新的強力貨幣來源進而放大。然而附表七‧三顯示，流動性乘數的這種崩潰普遍易見，而且不僅限於美國。這暗示著，其他與金融創新無關的要素也

可能發揮某種作用。除此之外，數據顯示，唯獨中國的流動性乘數坐享從持平到適度升高的走勢。換句話說，根據這套衡量標準，中國的貨幣系統表現出顯著穩定性。

附表7.3　2000-2019預估值，流動性乘數，依地區與主要央行區分
（乘以儲備貨幣存量）

	全球	已開發國家	新興國家	歐洲央行	中國人行	日本銀行	聯準會
2000	14.04	17.60	6.38	26.95	5.50	8.48	20.78
2001	13.89	17.89	6.07	30.89	5.57	7.17	21.98
2002	13.78	17.40	6.09	30.61	5.56	5.96	21.40
2003	13.15	16.54	5.90	27.12	5.48	5.17	19.08
2004	13.14	16.68	5.91	25.30	5.51	4.85	18.15
2005	13.58	17.80	6.18	25.89	5.82	4.83	18.32
2006	13.79	19.41	5.74	23.99	5.42	5.72	15.75
2007	13.28	19.23	5.61	25.46	5.12	6.11	11.41
2008	10.69	14.38	5.21	18.61	4.59	5.96	14.20
2009	10.10	13.04	5.61	21.56	5.10	5.70	10.81
2010	9.51	12.83	5.46	22.21	4.92	5.10	9.46
2011	8.18	10.25	5.40	18.34	4.73	4.76	8.05
2012	7.69	9.44	5.40	15.11	4.86	4.08	7.26
2013	7.15	8.32	5.58	18.49	5.24	3.44	7.16
2014	6.74	7.53	5.70	17.44	5.40	2.78	8.18
2015	6.69	6.87	6.42	12.34	6.42	2.36	9.10
2016	6.58	6.54	6.64	9.95	6.54	2.22	9.28
2017	6.36	6.10	6.85	8.47	7.09	2.10	7.77
2018	6.42	6.09	7.00	8.05	7.32	2.03	8.04
2019E	6.42	5.97	7.29	8.02	7.82	1.98	7.80

E：代表截至2019年6月30日的預估值

　　附圖七‧六和七‧七呈現的圖形代表中國流動性乘數（及那些流動性乘數身為主導部位的相關新興國家）的相對穩定度，對比那些歷經千禧年泡沫、二〇〇七年至二〇〇八年全球金融危機後乘數明顯崩潰的大型已開發經濟體，尤其是美國、歐元區與日本。

深入探究聯準會的行動

　　珍娜‧葉倫（Janet Yellen）擔任聯準會主席的這段任期值得留意，它讓所謂前瞻指引政策大行其道。二〇〇七年至二〇〇八年全球金融危機以來，這些相對新穎的工具實際上已經成為美國政策軍火庫的一部分，象徵未來利率的可能走向。在美國，它們被體現成所謂的「點圖」，其中聯邦公開市場委員會[14]成員直觀描繪他們預期的未來利率目標。許多央行決策者經常堅持

附圖7.6　1980-2019，全球、已開發與新興市場經濟體的流動性乘數（倍數）

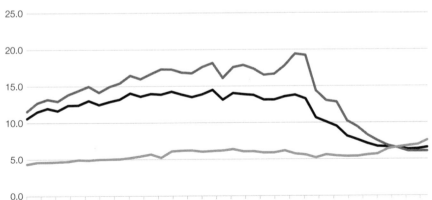

資料來源：跨境資本

附圖7.7　1980-2019，中國人行、歐洲央行、日本銀行與聯準會的流動性乘數
（倍數）

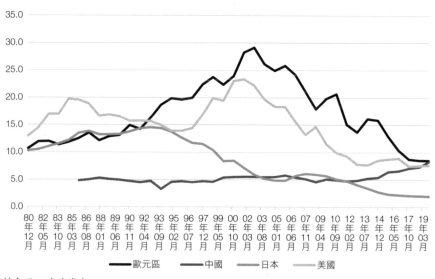

資料來源：跨境資本

利率是他們唯一關注的焦點，數量無關緊要，因為央行可以單單供應流動性
就能滿足任何存在的需求。然而，這種心態視而不見兩大重點。第一，在獲
取流動性成為最要緊大事的金融危機中，流動性鮮少可以被取代，因為它很
快就會被囤積。第二，決定這些流動性總量的央行資產負債表規模也很重
要，因為它代表央行與民間部門分攤風險的能力，或許是對市場發出信號，
透露聯準會可能更積極緊縮或放鬆整體貨幣政策的干預行動。因此，規模較
小的資產負債表就是一道隱含較高風險的政策決定。

　　當今市面上的經濟學教科書完善闡述設定利率的機制，在此我們不甚關
注。簡單來說，聯準會就像許多其他央行一樣，試圖劃定邊界以便在一段
廊道中維持它的政策利率。底線是聯準會的「借款」利率，假設可以依據受
到規管的銀行交付聯準會持有的存款所支付的溢價來設定。在美國，二〇〇

七年至二〇〇八年全球金融危機過後，下限就是超額準備金利率（IOER，即銀行超額準備金支付的利率）。名目上限是聯準會提供市場的「放款利率」，往往隨著央行附買回操作支付的利息與／或官方貼現率（official discount rate, ODR）而變動，也就是聯準會將針對某種特定抵押品放款的溢價。舉例來說，一般來說聯邦資金[15]與好比國庫券利率應該在這條廊道內交易，其他由市場驅動而且沒有優先獲准聯準會資產負債表權限的利率、中介機構支付的利率，都可能不進入這條廊道交易。然而，聯準會不像諸如歐洲央行等其他會操作利率的央行，它的天花板利率遠遠不是自動設定。美國利率廊道的上限是一道概念式或說寬鬆約束條件，取決於決策者的快速回應。許多銀行證明，在極端情況下不會主動向聯準會的貼現窗口借錢，以防它向市場發出更強大的負面訊號；而且在這種情況下，聯準會經常回應慢好幾拍，來不及阻止附買回利率和聯邦資金利率激升。因此，近期出現呼籲聯準會建立一套常設附買回工具的需求。

　　就實務而言，美國境內銀行目前持有的龐大準備金總量意味著，它們對流動性的需求有時候可能具備超強利率彈性，所以比較不會受到貼現率變動或是公開市場操作影響，一旦銀行接近自家有效的最低準備金水位，需求曲線就會變得極度缺乏彈性。即使在其他的操作系統中，這些利率目標系統並非總是簡單易懂，主要是因為下限與上限往往都會「溢漏」（leak）*。除此之外，正如經濟學家瑪希雅・史蒂格（Marcia Stigum）在一九八七年出版的著作《貨幣市場》（*Money Market*）中主張，傳統的經濟理論解釋聯準會牽引美國經濟之道無法讓人信服：「……從長期經驗來看，聯準會的技術官僚深知，聯準會掌控貨幣供應無法一如教科書中設想一般精準。」史蒂格和亨利・考夫曼在一九八六年出版的專刊說法都同樣相信信貸的重要性：「許多總體理論將貨幣供應與價格水準串聯起來，卻是取決於一些與現代金融體系

---

* 譯注：原是工程用語，意指在規定條件下，氣體漏洩的流量。

運作關聯極低的概念，但是……（尚）無可以相提並論的信貸總量總體經濟理論存在。」

央行資產負債表的構成元素

在我們的經驗中，央行資產負債表的構成元素顯著不同。資產負債表的資產端本質上包含三大主動元素：（一）黃金與外匯存底；（二）定向放款計畫以及（三）持有證券。反之，負債端包括其他四大關鍵項目：（一）流通中的現金；（二）銀行儲放在央行的準備金；（三）附賣回（在美國，這些也由外國央行持有），以及（四）國庫餘額。假設流通中的現金被動回應紙鈔與硬幣的零售需求，那麼任何其他六大類別的變動都將定義國家貨幣狀況的變動。

典型來說，所有已開發經濟體的金融體系比較成熟，外界多半不認為黃金與外匯存底持有量變動會影響貨幣狀況，因為據說它們的變動會被央行的積極操作**沖銷**（sterilized）。然而，沖銷是不精確的術語。就實務而言，往往會有外溢效應，我們之前便留意到全球外匯準備金與全球流動性兩者之間異常緊密的關聯。沖銷意指外匯存底價值的任何變化都不會影響國內貨幣供應的意圖，不過究竟這是指央行資產負債表中的貨幣、比較廣義的銀行體系中的貨幣，或者是還要更廣泛的薑售市場中的流動性，目前尚不清楚。沖銷甚至被用來描述安定利率波動的作為。每當我們論及央行貨幣，沖銷指的就是外匯存底變化，好比借道其他資產負債表類別的等價變化，像是持有證券、國庫餘額，有時候還會納入法定準備金需求，進而完全抵銷它們對貨幣基礎的影響。

持有證券代表諸如國債、紙鈔與票據和一些民間部門的票據等資產。這些總數變動被稱為公開市場操作。在多數經濟體中這些交易僅限於次級市場，連同登記訂購政府新發行的債券，或是所謂的**貨幣化**，通常都會出於審慎原因排除在外[16]。二〇〇七年至二〇〇八年全球金融危機之後，聯準會購

買證券已經被重新標記成**大規模資產購買計畫**，更普遍的說法則是**量化寬鬆**。全球金融危機之後聯準會頒布一些政策，定向放款政策允許決策者鎖定身陷麻煩的機構，借道諸如傳統的最終放款機構、主要交易商融通機制（Primary Dealer Credit Facility, PDCF）與其他類似的信貸計畫[17]。它們的成效有可能比較廣泛，好比一九七〇、一九八〇年代日本銀行的窗口指導政策鼓勵商業銀行獨厚某些產業承作貸款業務，比較近期則有中國政策性銀行的定向貸款。

聯準會聚焦國債附買回[18]市場，並採用這種方式掌控聯邦資金市場（即使它們自己不是直接參與者），也就是聯準會持有的準備金市場。附買回占據央行業務很大一部分，而且日益成長。在這種脈絡之下，附買回是指央行在好比七至十四天的特定期間內承作的抵押品貸款業務。這種交易涉及向好比資金交易商等民間部門機構購買合格的證券，像是十年期的美國中期公債。這家機構簽訂必須在期限結束時附買回證券的合約。反向操作就被稱為附賣回，發生在央行資產負債表的負債端，在此，央行在市場中賣出債券並同意在合約到期時買回。央行附買回操作提高流動性，但是附賣回（也被稱為「反向」）則降低流動性。

央行操作會因它們的期限範圍、整道週期的規模與範圍而異。舉例來說，英格蘭銀行主要關注短期三個月貿易票據，這項事實可從英國歷史悠久的對外貿易根源解釋起。因此，英格蘭銀行傳統上對貼現公司（如今已經解散）提供最後放款方[19]的便利作用，適足以維持票據的「適銷性」，而聯準會的國債附買回操作則是尋求維持長期證券的「適銷性」。雖說聯準會是一般擔保利率市場唯一的玩家，但依舊發揮龐大的影響力。然而，聯準會並非直接參與境外歐洲美元市場，這裡是全球短期美元市場流動率最高的場域，也是聯邦資金現成的替代來源。在更廣泛的附買回與歐洲美元市場兩者中，民間部門在很大程度上不受聯準會掌控，因此對貨幣與資本市場來說，算是一道潛在具備更強大流動性的來源。不過在危機期間流動性失去可替代性，

經常被囤積，而且無論央行多麼努力推動，融資流動性就是很難轉化成所需的市場流動性。

國庫存款是政府持有儲放在央行的周轉餘額，是政府部門支付的款項與稅收及發行證券收入之間的差額。準備金要求是那些被指定受到規管的商業銀行被迫儲放在央行持有的準備金總量。從歷史上看，它們是以特定存款的百分比率來衡量，有時候利率因不同的存款類型而異，而且尤其是二〇〇七年至二〇〇八年全球金融危機以來，銀行持有準備金往往高於這個最低門檻。在美國，可儲備債務包括淨交易帳戶、非家庭定期存款和歐洲貨幣債務。始自一九九〇年底，家庭定期存款和歐洲貨幣債務的準備金比率為零。英國、澳洲、加拿大與紐西蘭都是不再強制要求準備金的國家。儘管如此，二〇〇七年至二〇〇八年全球金融危機過後，許多西方銀行已持有大量超額準備金，主要是因為決策者對它們施加額外規管與流動性需求。

鬆綁金融市場的舉措已經逐漸導向日益重視銀行資本適足率（亦即巴塞爾協定I、II、III）與查核償付能力，而非準備金需求與流動性管理。二〇〇七年至二〇〇八年全球金融危機爆發前，這種做法鼓勵金融創新玩家有效將金融活動區分成三大不同功能，以試圖規避相關規範：（一）促進再融資、推動貿易的**流動性**，好比供應紙鈔和硬幣以及票據交換等功能；（二）**期限轉換**以便允許長期放款（亦即短期借款／長期放款）以及（三）**信用增強**（credit enhancement）以便刺激承擔風險。央行在自家資產負債表上持有的資產可以加以細分，以便反映它們支持這三大面向。以美國聯準會為例，有可能廣泛地讓每一種功能都個別與同名的第一、二、三輪量化寬鬆階段的願望保持一致，這樣有助更清楚理解聯準會的危機應變措施。美國聯準會在不同時期順沿所有三大管道操作，但一般來說英格蘭銀行是提供流動性取代期限轉換；歐洲央行更聚焦信用增強，日本銀行則關注期限轉換。附表七·四顯示聯準會截至二〇一四年底的資產負債表，差不多是第三輪量化寬鬆計畫結束之際，其中細分資產與債務的主要類別，進一步闡明這一點。這份資

產負債表可說是附表七・一比較簡略的版本，但這種解構做法或許更完善解釋聯準會的新式操作管道，正如二〇〇九年二月，聯準會前主席班・柏南奇曾在演說時約略描述[20]。舉例來說，大規模資產購買計畫不僅是顯著提升聯準會的資產負債表規模，更完全採用長期國債取代國債持有量，進而改變它的構成方式，同時也增持可觀的房屋抵押貸款擔保證券與機構債券。

　　附表七・四依據活動類型解構聯準會資產負債表，將那些有助儲備貨幣存量的資產標示為「提供流動性」；將那些從市場吸收存續期限[21]的資產，好比長期持有的國債等，標示為「期限轉換」；將那些降低民間部門未償還信用風險的資產標示為「信用增強」。後者的代表實例就是購買房屋抵押貸

附表7.4　截至2014年底，美國聯準會資產負債表，依據功能呈報並重新分配

10億美元	資產		負債
（a）呈報項目			
票據	0	現金	1342
債券和票據	2461	附賣回	346
房屋抵押貸款擔保證券與機構	1777	準備金	2575
其他	305	其他	280
總計	4543	總計	4543

10億美元	資產		負債	
（b）依據功能重新分配				
名目票據／躉售資金	4263	現金、附買回與準備金	4263	提供流動性（50.1%）
債券和票據	2461	名目票據／躉售資金	2461	期限轉換（28.9%）
房屋抵押貸款擔保證券與機構	1777	債券和票據	1777	信用增強（20.9%）
總計	8501	總計	8501	

資料來源：美國聯準會、跨境資本

款擔保證券並支持政府贊助企業發行的債券，也就是房利美（亦即聯邦國民抵押協會）、房地美（亦即聯邦住宅抵押貸款公司）、現金挹注美國國際集團（American International Group, AIG），以及各種相關交易。房屋抵押貸款擔保證券是將抵押貸款池證券化，並設計成具備高信用評等的工具。二〇〇八年，這一事實使得他們可以附買回，並有資格抵押其他證券，好比資產擔保商業本票，然後反過來得到銀行信貸額度的額外支持。二〇〇八年危機爆發前，這些證券往往被主要銀行的資產負債表之外的子公司所持有，這些機構可以規避資本要求卻也可以吸金無礙。這套金融體系切割信貸籌資與信用風險，打造一種全新層級的AAA等級證券，它們被視為一如美國國債般的「安全」，就算它們的現金流無法吸引政府擔保，而且適銷性從來也比不上美國國債，不過事實證明它們有高人氣，也滿足來自我們之前提及像是企業與工業現金池對「安全」資產日益崛起的全新需求。

在附表七·四這份重建的聯準會資產負債表中，前兩層借道導入名目「躉售」資金取得平衡。這張表中無可避免會出現一些重覆計算部分，不過從聯準會每週發布的H4報告可看到三向劃分結果，並當作總資產負債表隨時間變化的百分比呈現在附圖七·八中，就其本身來說，足可提供比總合的大規模資產購買計畫更詳細的聯準會政策特徵。這種劃分方式是辛格在二〇一三年啟動，他探討用於信用增強的抵押品的重要性，並依據品質將它區分成三大層級：「D」包括儲放在央行的銀行存款；「C1」代表可以輕易轉換成「D」，無須任何「折扣比率」的「優質」抵押品；「C2」則是描述那些置身特定市場情境下才屬於「優質」的抵押品。辛格主張，唯有特定的預先授權銀行才有能力在一夜之間將「C1」轉換為「D」。他將「終極」流動性定義成「D」加上「C1」。他的架構顯示，金融危機過後，有些央行（好比英格蘭銀行）如何在這些抵押品類型之間替換使用，聯準會反而提高這三種類型的絕對值，**提供流動性**（亦即「D」）；**期限轉換**（亦即「C1」）；**信用增強**（亦即「C2」）[22]。

附圖7.8　2007-2015，聯準會總資產負債表的百分比細分，依據計畫每週呈報

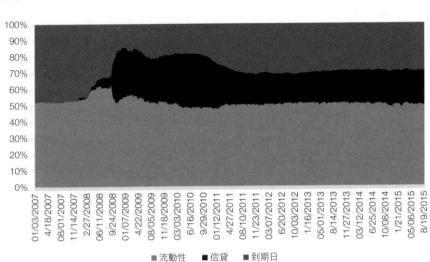

資料來源：美國聯準會、跨境資本

　　針對這些管道可能影響所謂安全資產（亦即現金與政府債券）與風險資產（亦即證券、企業債與大宗商品）之間的風險貼水，經濟理論提供了一些見解：

- **提供流動性管道**應該改善經濟中總體的再融資環境，讓信用利差有能力施展，買賣差價則收緊。我們假設，聯準會收到這些活動的名目三月期票據利率與支付隔夜利率。更多流動性應該會因此直接收緊隔夜交換／貨幣市場利差。它促進籌資並協助刺激商業活動，還可以主動降低違約率。流動性更差、風險更高的工具受益程度應該超過諸如國債等安全、流動的工具。國債有可能也隨著流動性提升而失去些許**安全性溢價**。

- **期限轉換管道**可以採用兩種方式操作。第一，根據理論，長期證券的價格對利率變化（即**存續期限風險**）比短期證券敏感，因此從市場中

移除這些高風險資產，整體風險就會消失。第二，假設有一批**習慣性偏好**的投資者，從市場移除特定到期日將會製造出稀少性並降低它們的期限貼水。我們假設，聯準會獲得長到期日報酬，並支付名目短期票據利率。更多透過到期日管道的活動應該會縮小這道殖利率利差或期限利差。

- 同理，**信用增強管道**主動從市場中移除高信用風險證券。這一步應該會降低整體風險。聯準會接受信貸報酬並支付無風險長到期日殖利率。持有比較龐大的信貸應該會收緊這些利差。一道與房貸連動的特定風險就是提前還款風險，對投資者來說，購入房屋抵押貸款擔保證券也可以降低這種風險。

雖說這三大管道全都很重要，聯準會本身也強調信貸管道：

> 我們的手法可以描述為「信貸寬鬆」（credit easing），一方面頗類似量化寬鬆：它涉及央行資產負債表擴張。然而，在純然量化寬鬆的體制中，政策的焦點是銀行準備金數量，指的是央行負債；央行資產負債表中資產端的貸款與證券的組成內容是附帶結果。事實上，雖說量化寬鬆期間日本銀行的政策取向相當多面，但政策的整體立場主要是根據它的銀行準備金目標所衡量。相較之下，聯準會的信貸寬鬆手法聚焦它持有的貸款與證券組合，也聚焦這套資產組成如何影響家庭與企業的信貸狀況（出於聯準會前任主席班·柏南奇在二〇〇九年一月的演說）。

附圖七・八證實，金融危機爆發之前，聯準會的活動約略平分為**提供流動性**（五二・三％）與**期限轉換**（四七・七％）[23]。金融危機爆發之後，聯準會大舉採用**信用增強**操作（二三・一％）[24]，主要是借道購入房屋抵押貸款擔保證券進行。在那些操作的高峰期，構成聯準會約莫三分之一的總資產

負債表，購入資產總計一兆八千億美元。這些資產負債表變動意味著，聯準會因應二〇〇七年至二〇〇八年全球金融危機的措施持續、多元。二〇〇八年九月之前，它呈報的資產負債表低於九千億美元，到了二〇一〇年成長至二兆二千億美元，到了二〇一一年成長至二兆七千億美元；並在二〇一四年初攀抵四兆三千億美元的高峰。政策刻意預先宣布計畫購買國債和房屋抵押貸款擔保證券，但不完全倚賴它們。購買不同資產的實際行動也很重要。我們套用前述細分聯準會資產負債表的方式，採納線性回歸估計的簡單部分調整模型，顯示實際交易對一年期到十年期美國國債（TP_t）平均實質期限貼水的影響，其結果帶有異質變異與自我相關一致估計式（Newey-West）*調整後的標準誤差：

$$\Delta_m TP_{t+m} = \beta_0 + \beta_1 LP_t + \beta_2 MT_t + \beta_3 CE_t + \beta_4 TP_t + \varepsilon_t$$

LP_t、MT_t 和 CE_t 分別指涉提供流動性、期限轉換與信用增強三大因素。β_i 是估計負荷量，m 代表週期差異，設定為十三週。擷取始自二〇〇七年初、終至二〇一五年八月的每週數據，樣本數共為四百三十八個，R^2 值是〇・三四七。結果顯示三件事[25]：

- **提供流動性**的負荷量在一％的水準上具有統計顯著性，帶正號。每一兆美元的額外流動性提升平均期限貼水五十六個基點。
- **信用增強**的負荷量在五％的水準上微不足道。
- **期限轉換**的負荷量在一％的水準上具有統計顯著性，但是帶負號。每投入一兆美元用於期限轉換，平均實質期限貼水就會下降一百四十二個基點。

---

* 譯注：全稱為 Heteroskedasticity Autocorrelation Consistent estimator，簡稱HAC。

根據我們的預估值，第一輪量化寬鬆借道**流動性管道**約莫增加一兆一千億美元；沒有借道**期限管道**，**信用管道**則約一兆五千億美元。依據預估的負荷量，美國期限貼水借道第一輪量化寬鬆應該有增加六十個基點。第二輪量化寬鬆借道**流動性管道**再額外增加七千億美元（約當增加四十個基點）；借道**期限管道**增加九千億美元（約當減少一百二十五個基點），實際上減少**信用管道**五千億美元。加總起來應該減少期限貼水約莫八十五個基點。很晚才實施的第三輪量化寬鬆[26]借道**流動性管道**約莫增加一兆五千億美元；借道**期限管道**增加一兆美元，借道**信用管道**則約七千億美元，暗暗地減少實質期限貼水約莫六十個基點。

依直覺來說，增加期限管道一般而言應該會降低期限貼水；相較之下，流動性與信用管道則可能間接提高期限貼水，以達一種降低整體經濟中違約風險的程度，同時會鼓勵資金轉出諸如國債等**安全資產**，進入高風險資產領域，也就是證券與企業債。這些都是重要問題，我們將在第十章再回頭探討。整體而言，與期限管道影響相較之下，後面這些影響似乎比較輕微。信用增強管道的意義無足輕重，這點或許可以解釋成，因為這種效應是間接作用而成，而且不太可能瞬間發生。尤有甚者，自二〇〇八年九月房利美與房地美都被財政部接管，實際上成為美國政府資產負債表的一環以來，聯準會就不是供應信貸給房貸市場的唯一來源。我們在進一步的測試中比較評級為B的企業債與Aaa級投資債的利差，以及聯準會**信用增強**管道的規模，結果產生直覺的負號與一％水準的統計顯著性，顯得挺合理。負荷量顯示，每一兆美元的信貸支持就會減少B-Aaa等級企業利差達四百一十五個基點。二〇〇八年，利差衝上一千六百七十個基點的高峰，基於信用管道的預估值影響，大規模資產購買計畫應該總共有減少這些信用利差約達七百個基點。考慮到二〇〇〇年代初期以來，利差平均落在四百至四百五十個基點，這種影響的規模稱不上不合理。

聯準會改變自身資產負債表的規模與組成內容所採取的行動與因應方

式，看似是風險貼水的重要驅動力。存續期限與流動性影響國債的期限貼水似乎相當顯著，信用管道則有可能影響企業債的風險貼水。附圖七‧九顯示美國聯準會製作的互動式地圖的網絡連結，說明美元資金流動。這套計畫追蹤涉及境內與境外美元融資市場的資金來源和用途，並昭示聯準會如何在不同層面與民間部門互動。

中國人行

　　中國人行當前的營運架構介於前鄧小平時期身為壟斷貸款機構的歷史地位與聯準會之輩的現代央行之間。量化政策與放款指引依舊重要，但中國人行正在逐步邁向一套讓它可以在某種廊道中鎖定貨幣市場利率的系統。這意味著金融鬆綁，也導致許多存款戶以前的固定利率被取消。儘管如此，重要的國有產業與國有銀行保有特權地位，依舊比其他機構受惠於可以早一步獲取廉價信貸。

　　中國人行主要的貨幣工具包括：（一）公開市場操作，（二）法定準備金，（三）中期放款工具和（四）政策性銀行的定向放款。二〇一四年之前，中國人行基本上都是被動操作，因為這家央行的資產負債表自動擴張以便反映中國日益膨脹的外匯存底，這是人民幣緊隨美元走勢的必然結果。二〇〇〇年以來，中國的外匯存底存量成長二十倍或是同期貨幣基礎成長十倍，很大程度與它加入世貿組織的軌跡一致。這段期間內，整體流動性存量與貨幣基礎之間的乘數維持五至六倍左右，意思是這一整套初級貨幣擴張提振中國信貸整體成長，堪比驚人的十二倍之多。然而，二〇一四年、二〇一五年習近平大力打貪期間外匯存底驟減[27]，導致貨幣操作發生重大轉變。附圖七‧十繪製中國外匯存底持有情況。這些數字在二〇一四年達到四兆美元左右的高峰，此後便節節下降，穩定落於三兆美元上下。最新的持平走向部分反映進入中國的淨流入放緩，但也暗示官方政策跳脫繼續增持美元國債的

附圖7.9　美元資金比對流向圖

這張互動式地圖顯示，在貨幣市場中借入與放出美元工具的過程中，不同機構通常如何交互合作，以及它們如何與聯準會的資產負債表交互作用。

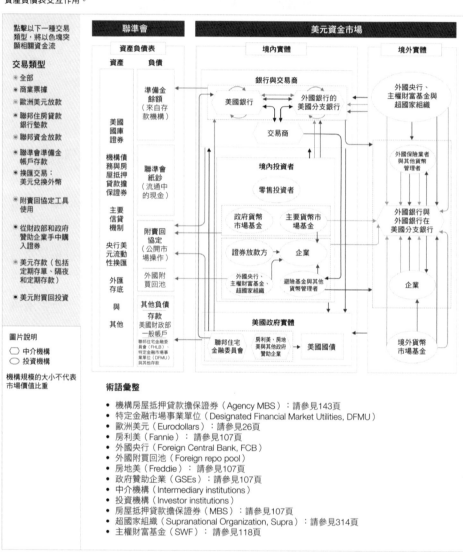

術語彙整

- 機構房屋抵押貸款擔保證券（Agency MBS）：請參見143頁
- 特定金融市場事業單位（Designated Financial Market Utilities, DFMU）
- 歐洲美元（Eurodollars）：請參見26頁
- 房利美（Fannie）：請參見107頁
- 外國央行（Foreign Central Bank, FCB）
- 外國附買回池（Foreign repo pool）
- 房地美（Freddie）：請參見107頁
- 政府贊助企業（GSEs）：請參見107頁
- 中介機構（Intermediary institutions）
- 投資機構（Investor institutions）
- 房屋抵押貸款擔保證券（MBS）：請參見107頁
- 超國家組織（Supranational Organization, Supra）：請參見314頁
- 主權財富基金（SWF）：請參見118頁

（經紐約聯邦準備銀行許可轉載。原始來源請造訪
https://www.newyorkfed.org/research/blog/2019_LSE_Markets_Interactive_afonso）

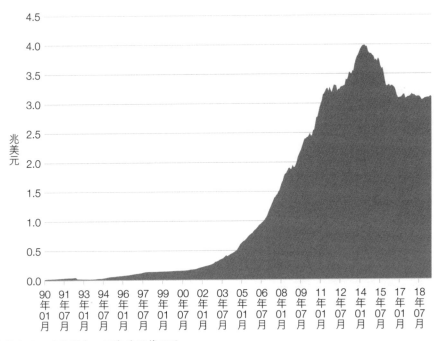

附圖7.10　1990-2019，中國外匯存底

單位：兆美元

資料來源：跨境資本、國家外匯管理局

路數。

　　一開始，外匯存底下降收緊境內的貨幣狀況，後來就被境內貨幣操作規模擴大所抵銷。準備金一向被用來遏制上升的外匯存底影響銀行流動性，現在也減少了，反倒特別是與主要交易商的附買回這種公開市場操作增加，因而改善貨幣市場流動性。二〇一四年，中期放款工具（medium-term lending facility, MTLF）被導入市場，讓中國人行可以提供到期日更長的資金，範圍介於三個月到十二個月，不過通常優於附買回利率。目前看來，在總值人民幣三十六兆元的資產負債表中，中期放款工具介於人民幣三兆五千億元至四兆元（約當五千億美元）之間。最近，中國有些政策性銀行借道國家外匯管

理局也擴大放款，包括**國家開發銀行**、**中國農業發展銀行**與**中國進出口銀行**等。它們可以參與直接專案融資，最近更獲證明是注資**一帶一路倡議計畫**的有效方式。根據德國智庫基爾研究院（Kiel Institute）[28]，中國人行已經吸納可觀的外部債券債權，而且可能承作絕大部分的中國對外放款業務，金額據估為五兆美元，其中多數並未披露在官方數據中。

　　附圖七‧十一繪製中國央行貨幣的數據資料，連同外匯存底與購買境內資產貢獻值的估計值。二〇一五年底開始，隨著刻意擴大購買境內資產，外匯存底貢獻下降顯而易見。也從那時起，中國人行急凍中國的貨幣條件以便抑制資本外流，並於二〇一八年底故技重施，以便在中國與美國的貿易緊張

附圖7.11　2012-2019，中國人行貨幣基礎，依國外與境內的組合成分細分（每月結算）

單位：人民幣兆元

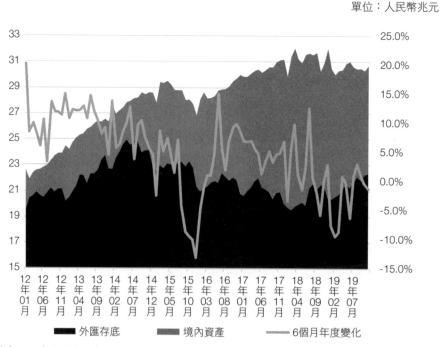

資料來源：跨境資本、中國人行

局勢不斷升級的情況下保護人民幣。附表七・五呈報截至二〇一九年中中國人行的資產負債表，突顯它的組成內容已然改變：二〇一三年底至二〇一九年中，資產負債表中的儲備貨幣依舊相當平穩落在八五％左右，外匯存底則從高占資產的八六％大降至六〇％；同一期間，直接貸款中國各家銀行的金額從僅占資產的四％高升至二八％。

歐洲央行

　　聯準會傳統上聚焦透過公開市場操作買、賣長期國債證券，但許多其他央行處理更多比較短期的票據。這種慣例是早期經濟結構的遺產，舉例來說，美國財政部與各行企業的資本投資需求競奪資金，但是在歐洲跨境貿易

附表7.5　中國貨幣監管機關的資產負債表（截至2019年6月底）

人民幣10億元			
海外資產	21,852	準備金	31,309
外匯	21,246	發行貨幣	7824
貨幣黃金	278	金融企業存款	22,182
其他海外資產	328	其他存款企業的存款	22,182
對政府的債權	1525	其他金融企業的存款	0
其中：中央政府	1525	非金融機構存款	1303
對其他存款企業的債權	10,186	排除在準備金之外的存款	424
對其他金融企業的債權	484	發行債券	74
對其他非金融產業的債權	0	國外負債	90
其他資產	2312	政府存款	3568
		自有資金	22
		其他負債	873
總資產	36,360	總負債	36,360

資料來源：跨境資本、中國人行

反倒更重要，政府的競爭對象是短期貿易與融資票據。舉例來說，我們留意，倫敦的三個月貿易票據如何成為十九世紀金融的關鍵。一九九八年六月一日，歐洲央行開始運作，才比一九九九年一月一日上路的歐元貨幣單位早幾個月而已。這是最初一九九二年參與其中的歐洲會員國同意成立經濟暨貨幣聯盟（Economic and Monetary Union, EMU）以來，進入第三階段之後的最高潮。雖說許多央行現在都順勢沿著期限結構運作，這種歷史劃分依舊是理解歐洲央行的管用之道，因為直到它被持續發展的貨幣危機催逼著大規模購入證券，否則更典型來說它的手段就是借道短期附買回市場操作政策。美國聯準會也採用一套借道附買回的抵押借款系統，不過它傳統上也比歐洲央行更直接動手購入金融資產。歐洲的銀行在充裕的短期限內有效地向歐洲央行借入短期現金，以便持續調整利率。當附買回到期，屆時參與的銀行就會再度競奪資金。競標期間提供的票據數量增、減都會改變歐元區經濟的流動性。歐元體系中一千五百家符合條件的銀行定期在歐洲央行拍賣中競奪期限流動性[29]，但是它們必須提供讓人滿意的抵押品才能借款。歐洲央行要求的抵押品通常是優質的公共與民間部門的債務工具，可能是某些成員國的國債，但是打從全球金融危機以來，現在可被接受的民間部門證券範圍也日益放寬。確定公債屬於**優良**等級的評選標準內含在加入歐盟貨幣體系的先決條件：舉例來說，債務總額與國內生產毛額相比不得太龐大，任一特定年度的財政赤字不得變得太龐大。不過，就實務而言，許多巧妙的會計手法都被用來掩蓋財政償付能力的真相，好比希臘據稱就是一例。

　　二〇〇九年底開始，幾個歐元區經濟體面臨窘境，既無力償還以歐元計價的政府債務，也無能進一步紓困陷入麻煩的國家銀行體系。我們在第五章談及歐元區的結構性問題，之後會在第十二章回頭再聊。不過問題的本質在於歐元機制，就好比固定匯率系統會讓富國更富、窮國更窮一樣。附帶一提，這些分歧看似並未影響美國與加拿大、澳洲與紐西蘭，或是挪威與瑞典這幾個貨幣對彼此浮動的經濟鄰國。但是在一套包括歐元區也採用的固定匯

率體系中，倘若沒有適當規模的財政轉移，資產將從低生產力經濟體轉移到高生產力經濟體，進而破壞在地銀行所需的寶貴抵押品。從一九九九年歐元體系出發，來自德國與其他更富裕的北方經濟體的投機性資本流入南歐經濟體，滿足在地消費者的胃口，卻未曾轉化成促進生產力的外人直接投資。矛盾的是，歐洲內部的外人直接投資直朝東歐而去，流入波蘭、捷克共和國與匈牙利等對歐元匯率依舊浮動的經濟體。歐元區銀行承擔著這些消費者債務的沉重壓力。

現在我們知道，二〇一〇年至二〇一二年**歐元區銀行業危機**爆發，是由希臘新當選的左翼政府開第一槍，它決定承擔全部債務並公開警告即將發生主權違約。這些恐懼向外溢散，把其他體質孱弱的借款成員國拖下水，特別是其他地中海經濟體與愛爾蘭。結果是，幾個歐元區國家的主權債券殖利率激升。歐元區的關鍵缺陷之一就是整套體系中的「安全」資產不是歐元，而是德國國債。因此，這些外圍主權債券殖利率上升越多，違約威脅的可能性就越高，於是這些主權債券與德國國債的利差也就繼續擴大。

二〇一〇年的金融恐慌因為歐洲貨幣監管機關無能金援它們的主權債務市場而惡化。第一，這是因為歐洲央行的法規結構不允許它購買主權債務所致（亦即歐盟運作條約第一百二十三條內容），進而阻止歐洲央行立即複製聯準會的量化寬鬆政策。第二，早在二〇〇五年，夠格當作歐洲央行公開市場操作抵押品的歐元區主權債券信用品質就樂觀地被設定在最低信貸評級的高位 BBB- 級，意思是，任何時候民間評等機構調降主權債券低於這個門檻的話，投資銀行可能就會突然變得流動性不足，因為它們將很快就失去准入歐洲央行再融資業務的重要管道。這又促使各界加快腳步湧向安全的德國國債，於是就在眾多銀行與它們的主權發行機構之間設下一道「厄運循環」（doom loop）。二〇一〇年，儘管希臘、葡萄牙、西班牙和義大利的危機正漸次展開，而且不斷擴大與德國國債的利差，歐洲央行面臨諸多法規限制，一開始就勉為其難地出手干預，以平息動盪的金融市場。

　　二〇一〇年五月初，歐洲央行為了解決這些難題，宣布允許在二級市場酌情購入歐元區主權證券的**證券市場方案**（Securities Market Programme, SMP），再加上歐洲金融穩定機制（European Financial Stabilization Mechanism, EFSM）將可扮演一支打擊危機以保衛歐元區免受未來主權債務危機衝擊的基金。雖說證券市場方案挹注金融市場額外的流動性，這些資金卻被歐洲央行資產負債表上其他部分沖銷，以至於當我們採取傳統貨幣供應量角度衡量證券市場方案時，它的作用被認定是中性。然而，到了二〇一〇年十一月，愛爾蘭顯而易見無力紓困境內搖搖欲墜的銀行，單單是盎格魯—愛爾蘭銀行集團（Anglo-Irish Banking Group）就需要高達三百億歐元紓困金。考慮到愛爾蘭債券殖利率交易額度相當接近陷入困境的希臘債券，愛爾蘭政府根本拿不出來，也無法輕易從金融市場湊齊這筆天價金額。愛爾蘭政府於是取巧採用爭議性手法，向已經國有化的盎格魯—愛爾蘭銀行發行三百十億歐元本票，這是一種借款憑證的形式；這家銀行又可以反過來拿這張本票當作愛爾蘭央行（Central Bank of Ireland, CBI）的抵押品，於是它就可以獲得緊急流動性援助（emergency liquidity assistance, ELA）。

　　二〇一一年十二月，新上任的歐洲央行總裁馬力歐・德拉吉心態比較開明，在任期間導入較長天期融通操作（longer term refinancing operations, LTRO）。歐元區政府證券、房屋抵押貸款擔保證券與其他信用評等夠高的商業本票都成為可接受的抵押品。這些利率為一％的三年期貸款在歐元區銀行廣泛應用，尤其是希臘、愛爾蘭、義大利和西班牙境內壓力沉重的銀行。二〇一二年二月，歐洲央行進行第二輪三年期拍賣，也就是所謂第二輪較長天期融通操作，以便提供約莫八百家歐元區銀行超過五千億歐元的低利貸款。關鍵轉折發生在二〇一二年七月，當時外界對歐元區主權違約又冒出新一波恐懼，促使德拉吉視而不見政壇上隨處可見的僵局，做出讓他現在聞名全球的知名諾言，即歐洲央行：「……準備好要付出一切努力保護歐元。只要相信我，這樣就夠了。」這道分水嶺聲明導致歐元區債券殖利率暴

跌，尤其是在壓力沉重的西班牙、義大利和法國。二○一二年八月，歐洲
央行宣布將**徹底展開公開市場操作**，龐大的規模適足以實現它確保「……
適度貨幣政策傳導與貨幣政策單一性」的目標。九月，直接貨幣交易計畫
（Outright Monetary Transactions, OMT）展開，取代原有的證券市場方案。
直接貨幣交易計畫不像臨時的證券市場方案，它沒有預先限制存續期限或規
模，但是它取決於每一個受益成員國是否遵守適度的調整計畫。雖說歐元區
主權債務的緊張情勢到了二○一四年逐漸緩解，但由於歐元區通膨率持續下
滑，現在歐洲央行反倒面臨全新的通縮挑戰。二○一四年九月的政策回應
催生出兩套購買債券計畫：（一）第三輪擔保債券購買計畫（Covered Bond
Purchase Programme 3, CBPP3）與（二）資產擔保證券計畫（Asset-Backed
Securities Purchase Programme, ABSPP）。這些措施隨後在隔年一月擴大成更
傳統的量化寬鬆計畫，涉及購入高達每月六百億歐元的主權債券。二○一四
年六月，一系列初始的定向長期融通操作（Targeted Longer-Term Refinancing
Operations, TLTRO）上路，接著第二輪在二○一六年三月實施，第三輪則是
在二○一九年三月。這些公開市場操作協助融資歐元區的信貸機構。它們祭
出吸睛的條件提供銀行長期融資，串聯它們的非金融企業與家庭，設計宗旨
便是鼓勵銀行放款。

　　這些歐洲央行操作漸進式的規模與深度現在都已經擴展到許多其他央行
認為既可取也可行的資產範圍之外，尤其超乎聯準會所設想。附圖七．十二
與七．十三總結順此而生的歐洲央行資產負債表擴張，突顯創造流動性的主
要來源。一九九九年，這份資產負債表總值八千零六十億歐元，到了二○一
八年底增至四兆七千億歐元。迄今為止，貢獻流動性的頭號功臣是歐元區購
買證券，從一九九九年約占歐洲央行資產負債表二％至三％激增至二○一八
年底的近六二％。截至二○一九年底，由於德拉吉承諾將重啟量化寬鬆，當
作歐洲央行總裁任期內的「最後」行動，歐洲央行的資產負債表再度擴充。
歐洲央行內部的辯論聚焦負利率政策的有效性；與此同時，它們的專家出於

附圖7.12 1999-2018，歐洲央行合併資產負債表的資產組成內容
（結算至每年底）

單位：兆歐元

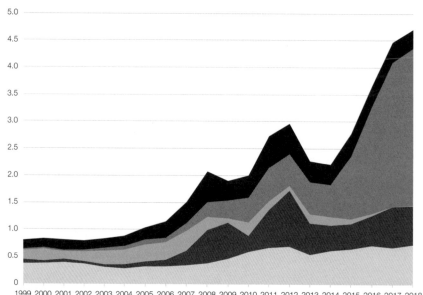

資料來源：跨境資本、歐洲央行

附圖7.13 2018年底，歐洲央行合併資產負債表的資產組成內容（結算至年底）

單位：百分比

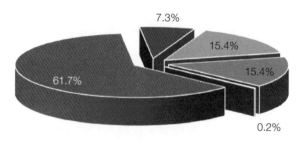

資料來源：跨境資本、歐洲央行

某種原因依舊相信，負利率不會減損歐元區銀行的獲利能力。考慮到民間銀行資產負債表尚且處於不穩定狀況，而且歐洲央行可能無法輕易推動另一套銀行紓困方案和集結國際貨幣基金未來的支持，更高的商業銀行獲利看似它的核心政策目標。歐洲銀行業困境至今持續，顯示有關歐元體系運作深層的結構性問題，這部分我們將在第十二章再回頭探討，還有就是銀行業太分散零碎，以至於整體歐洲「過度銀行化」的顯著事實。我們持續擔憂這些結構性議題以及負利率影響歐元區信貸供應的爭議，因此我們相信，歐洲還會續推更多量化寬鬆。

注釋

1. 出自法蘭西斯・霸菱一七九六出版的著作《觀察》（*Observations*）；英格蘭銀行前副總裁保羅・塔克（Paul Tucker）在普林斯頓大學出版社二〇一九年出版的著作《未經選舉賦予的權力》（*Unelected Power*）中引述。

2. 「操作」與「傳輸」管道有別。

3. 請參見二〇一九年八月十八日金融網站零避險（Zero Hedge）文章〈為何負利率將摧毀世界的十二道原因〉（12 Reasons Why Negative Rates Will Devastate the World）。

4. 二〇一九年一月，馬可斯・K・布納梅爾與楊恩・柯比合撰的〈逆轉利率〉（The Reversal Interest Rate），刊於普林斯頓討論文件（Princeton University Discussion Paper）。

5. 與相同投資期限內逐期滾動的短期利率的預期回報相比，這是投資者持有長期債券所需的額外收益。

6. 嚴格來說，財政部也可以借道類似的購入資產舉措影響市場。

7. 它也可以被稱為**外部貨幣**（outside money；亦即民間部門之外的貨幣）、**貨幣基礎**，有時也稱為**狹義貨幣**。

8. 二〇一九年七月，英格蘭銀行演說。

9. 請參見經濟學家約瑟夫・E・甘農所撰綜合調查〈量化寬鬆：一場被低估的成功〉（Quantitative Easing: An Underappreciated Success），刊於二〇一六年智庫《彼得森國際經濟研究所政策簡報》（*Peterson Institute for International Economics, PIIE Policy Brief*）。

10. 這個三兆五千億美元的錢筒約占全球外匯存底三分之一強，幾近美元儲備總額三分之二。

11. 這套官方放款工具是英國銀行家法蘭西斯・霸菱所開創。

12. R^2值是一種「適稱性」（goodness of fit）統計數字，介於〇與一之間，告訴我們所有變數共有的變化比重。它是相關係數的平方值。

13. 正式紀錄顯示，全球央行貨幣約占全球國內生產毛額二五％。

14. 即是Federal Open Market Committee的縮寫。

15. 聯邦資金利率是銀行與某些其他機構為了借入準備金所支付的隔夜利息。

16. 就日本銀行而言，它的法規嚴禁貨幣化，因為這是日本的帝國政府時代採用的機制，以便為一九三〇年代、一九四〇年代發動的戰爭提供融資。

17. 二〇〇七年至二〇〇八年間，四處可見代表「救援」的縮寫字，好比聯準會的定期競標融通機制（Term Auction Facility, TAF）、定期證券放款機制（Term Securities Lending Facility, TSLF）與問題資產紓困計畫（Troubled Asset Relief Programme, TARP）。

18. 附買回是一種買賣協議。

19. 最終放款機構。

20. 二〇〇九年二月十八日，在新聞記者俱樂部（National Press Club）演說〈聯準會鬆綁信貸的政策與它們對聯準會資產負債表的寓意〉（Federal Reserve Policies to Ease Credit and Their Implications for the Fed's Balance Sheet）。

21. 請想成**有效期限**。

22. 我們建議，或許會有第四種管道，涉及借道央行交換以提供外匯支持（即「C3」）。

23. 二〇〇七年至二〇〇八年的每週平均值。

24. 二〇〇九年至二〇一五年的每週平均值。

25. 誠然，期限轉換與信用增強變數高度相關，在回歸中有強烈的正向自相關證據與長期效應，但是根據結構變化測試，打散數據樣本分別置於子週期對負荷量則沒有造成顯著差異；尤有甚者，流動性和期限變數的標準誤差相對較低。

26. 始自二〇一二年九月十三日，終至二〇一四年十月二十九日。

27. 中國同步與國際貨幣基金組織談判，想讓人民幣成為儲備貨幣，也想入列一籃子特別提款權（Special Drawing Rights, SDR）。這一步需要消除特定的資本管制，因此會讓國際收支餘額容易受到突然流出影響。

28. 請參見二〇一九年六月，經濟學家賽巴斯汀‧洪恩（Sebastian Horn）、卡門‧萊茵哈特（Carmen Reinhart）與克里斯多福‧特貝許（Christoph Trebesch）合撰〈中國的海外放款〉（China's Overseas Lending），刊於基爾研究院二三一二號工作報告。

29. 通常在十四天到三個月之間到期。

第八章

跨境資本流動

美元霸權

　　國際投資規模龐大、順週期並波動劇烈。縱觀歷史，金融國際化常與貿易全球化並行，因為開放的經濟體有必要更廣泛分散自身的資產基礎，以避開諸如輸入性通膨等外部衝擊的風險。大量以美元計價、交易的貿易活動適足解釋為何各買賣國持有以美元計價的資產。此外，擁有大量以美元計價債務的企業應該以美元計價銷售，以便減輕自身收入與支出之間的幣別錯配（currency mismatch）。套一句水門案（Watergate）線人「深喉嚨」（Deep Throat）讓人難忘的引句，我們「跟著錢走」（follow the money）[1]就對了。新近的數據資料顯示，全球流動性崛起的步伐是由速度更快的跨境資本流動成長力道所定調，這些流動成長迅猛，打從一九九〇年代初期就以一種讓人喘不過氣來的超高速度擴張。二〇〇七年至二〇〇八年全球金融危機之後，金融橫遭諸多反全球化的強烈反彈所創，包括施壓於跨國銀行的更嚴密監管政策。乍看之下，若檢視外國資產占國內生產毛額的比重，跨國資本的重要性看似完好如初，然而更完善的分析證實，打從全球金融危機爆發後，不僅總流量暴跌，跨境資本移動的構成與方向也顯著改變。中國的重要性大舉提升；數位跨境支付搶占一席之地；諸如開曼群島（Cayman Islands）與海

峽群島（Channel Islands）這些打著境外、低稅名號的金融中心被迫限制活動；以往協助拓展最前瞻技術的更穩定、對經濟更重要的外人直接投資如今已在國際資本移動囊括更高比率。

　　根據附圖八・一的最新數據所示，美國的國際資產結算落在幾近國內生產毛額的一二五％，但其實這個比率一向更高。誠然，它們在千禧年網路泡沫到二○○七年至二○○八年全球金融危機爆發前這段期間曾經暴增。國際資產與負債經常循著相似的發展走勢亦步亦趨，不過美國對外國的負債甚至超越自身外國資產的成長速度，曾高占國內生產毛額逾一八○％。有些人深究資產負債表數據，甚至拿美國的跨國活動與一支龐大避險基金的營運狀況相提並論，說它「短缺」現金、滿手「長期」外國風險資產。這一點證實美國的獨特地位，因為美元掌握當今世界市場的主導性，讓它得以仗著美國

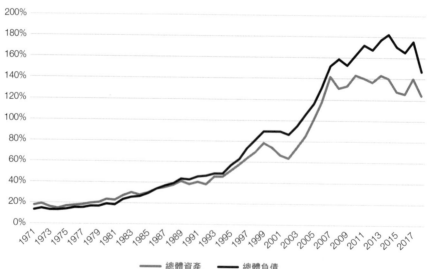

附圖8.1　1971-2018，美國的外國資產與負債存量
（占美國國內生產毛額百分比）

資料來源：國際貨幣基金組織

貨幣與美國國債的形式發行享有支配地位的「安全」資產，而且不僅止於生產，更備受外國政府、民間產業追捧。美國人隨後便利用這些流入的資金購買高風險國際資產，好比股票、外國債券，同時透過收購外國企業積攢外人直接投資部位。美元持續掌握主導性有可能源自於貿易融資與避險活動，因為它在跨國貿易中廣獲採用當作計價貨幣。許多新興市場經濟體的貿易總量中，七〇％至八〇％都以美元計價，但直接出口至美國的比率僅為一〇％至一五％；同理，日本與歐洲的貿易總量中各約一半、四分之一都以美元計價，但直接出口至美國的比率也都各自不及四分之一、十分之一[2]。龐大、持續成長的網路效應降低美元的交易成本，因而進一步強化這道有利的「先行者」（first-mover）優勢。美元在貿易計價領域廣獲採用、在跨國銀行與融資業務坐享主導性也正自我增強中。美國在交易領域扮演的國際角色產生的後果就是全球銀行體系也立足於美元的基礎上運行，更使得美國資產成為首選的「安全避風港」。

　　美國發行這些「安全」資產的能力對外擴充到其他領域，好比在國際市場上發行大量的美元私募債券；高比率的貿易以美元計價，以及透過美元進行的大量外匯交易。根據國際清算銀行二〇一九年發表的最新三年期調查顯示，在當前每日平均成交額六兆六千億美元的外匯市場中，美元占總額四四‧二％，第二大交易貨幣為歐元，占一六‧二％。就此而言，美元是債務合約的記帳單位，跨境借款方通常舉債美元、跨境出資方多半出借美元，與借款方或出資方是否有任一方是美國居民無關。根據二〇一九年美國聯準會經濟學家琳達‧S‧郭德堡（Linda S. Goldberg）偕同羅伯特‧勒曼（Robert Lerman）合撰的報告顯示，六三％全球外匯存底與四〇％非美國貿易分別都以美元持有並計價；四九％債務以美元發行；四八％跨境債券以美元結算[3]。英格蘭銀行[4]最近計算出，美元是逾半國際貿易發票的首選貨幣；三分之二新興市場的外債是以美元結算，而且貢獻全球國內生產毛額達七〇％的所有經濟體中，美元扮演錨定貨幣的角色，其中約莫一半的貨幣單位明確

附圖8.2　2018年美元的主導地位（百分比）

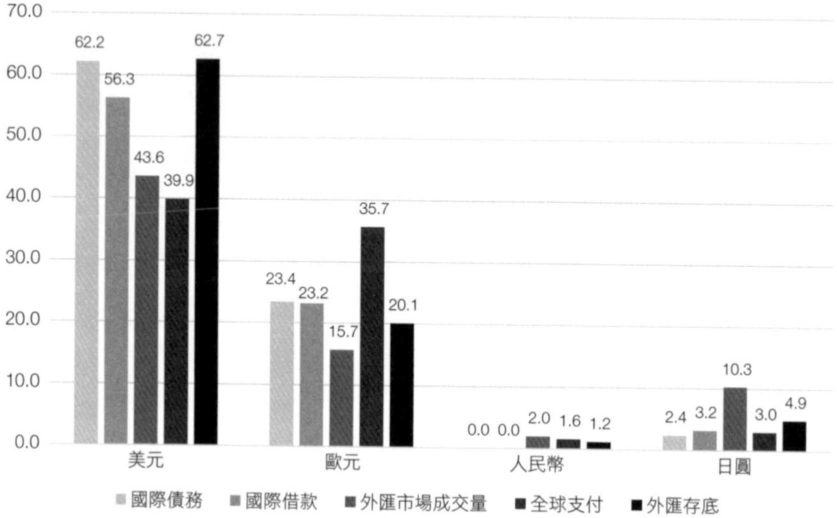

資料來源：歐洲央行、跨境資本

與美元掛鉤。這些事實總結在附圖八‧二中。總體而言，全世界約莫一半國內生產毛額直接或間接以美元結算。雖說一九七一年美元與黃金之間的連結被斬斷，布列敦森林制度正式告終，但此後美元依舊是無可爭議的世界之錨與主要儲備貨幣。事實上，儘管美國國內生產毛額占比下降，美元的主導地位卻逆勢上升，而非隨著時間拉長走弱。諷刺的是，許多專家爭先恐後指出美國經濟長期下滑，卻完全視而不見美元水漲船高的貨幣主導地位。這種主導地位影響全球貿易的價格與數量；改變跨國金融機構的資產負債表、籌資與風險偏好活動，並透過全球流動性與金融週期更緊密同步的型態，進而形塑美國貨幣政策遍布全球經濟。

　　不過，美元崛起並非總是一路暢通。我們從三大發展階段出發思考：（一）一九四五年至一九七一年的金匯兌本位（Gold exchange standard）；（二）一九七四年至一九八九年的原油交易本位（Oil Exchange Standard）與（三）一九九〇年至今的新興市場交易本位（Emerging Market Exchange

Standard）。但是在這之間美國貨幣偶爾會因為政壇天外飛來一筆跳痛念頭急劇貶值，好比一九七一年八月十五日美國前總統尼克森（Richard Nixon）中止美元與黃金的連結；到了一九七○年代末期的卡特（Jimmy Carter）政府再度出手，套用「開口操作」（open mouth operations）*手段打壓美元。在普遍採行的教科書中，第一道發展階段被詳細描述為，一九四四年實際實施的布列敦森林協定隨著二戰告終而來。下一個階段約莫始自一九七四年七月，當時美國財政部長威廉・賽門（William Simon）私下先與沙烏地阿拉伯，後與原油輸出國家組織達成協議，亦即未來原油將僅以美元定價。一項必然結果是，沙烏地阿拉伯隨後大規模購買美國國債的消息被蓋牌了。美國就這麼大筆一揮，精明打造出一股對美元的全新需求。

　　美元霸權的第三階段就沒有開始得那麼偷偷摸摸了。一九八九年柏林圍牆倒塌、隨後是蘇維埃帝國（Soviet Empire）分崩離析，再加上中國前總理鄧小平快馬加鞭改革，在在促進新興市場經濟體崛起。發展迅速的國家分布範圍始自東歐，延伸到亞洲與和拉丁美洲等其他地區，它們爭奪國際資本，激勵進一步經濟改革、市場開放以及紀律嚴明的貨幣管理。美元很快就被確立為首選的基準外幣，而且當這些經濟體內部湧現質疑自家貨幣單位完整性與可續性的聲浪時，甚至就在國內用起美元了。二○○一年中國加入世貿組織再度推進使用美元，因為以中國為首高速成長的供應鏈與物流體系幾乎都採用美元結算。刻意鎖定美元為目標的外匯操盤手需要持有大量美元儲備，因此美元又發現另一道全新的需求來源，但更可能只是碰巧而已。它的影響力甚至可能繼續壯大：一九八○年代初期，新興市場經濟體貢獻全球國內生產毛額還不到三分之一，但如今約占三分之二，未來十年還可能繼續攀高直逼四分之三；再加上二○一○年至二○一二年歐元區銀行業爆發危機元氣大傷，此區對來自國際貨幣基金組織與美國聯準會的外部支持存在相關需求。

---

* 譯注：央行不採公開市場操作方式，改採言語引導市場的手法。經常被譏諷為出一張嘴。

這一事實讓市場質疑歐元的長期穩定性，反倒強化美元的主導地位。二〇一八年，經濟歷史學家亞當・圖澤的研究顯示，二〇〇七年十二月至二〇一〇年八月，聯準會提供天量的十兆一千億美元資金（若採標準化測量則為四兆四千五百億美元），用以力挺搖搖欲墜的歐洲銀行，至此央行貨幣互換額度已將聯準會推升至實質的國際**最終放款機構**地位。

　　全球金融危機爆發以來，這些美元互換協議已經變得日益政治化。不只美國一向就偏袒同意互換協議的「友善」國家，根據亞當・圖澤的研究顯示，現在這項決定最終更取決於坐鎮白宮的總統 **5**。值得注意的是，中國這個美元的頭號使用國與其他新興市場並未入列這份名單。這道差距至關重要，因為理論上雖然非美國銀行可以透過美國境內子公司取得穩定的美元存款資金，但是現在美國法規限制這些資金必須應用在有利美國的活動，因此它們無法立足於全球層面進行部署。後果便是，中國正試圖發展自身的人民幣互換額度網絡，以便可能利用永久的資金池，好比最近與歐洲央行達成人民幣三千五百億元（約合五百億美元）的協議。其他透過美國的銀行分行、國際資金與信貸市場籌措美元的來源可以在美國境外部署，但多半規模龐大、時程短暫，結果往往是更劇烈波動，而且它們面臨相當龐大的再融資風險，特別是在壓力沉重時期。

　　美元在跨境資本市場扮演的關鍵角色突顯美國聯準會的重要性與權力，不過二〇〇七年至二〇〇八年全球金融危機也已示警，美國主管機關並非總是有能耐行使完全的掌控權，換句話說，美元貨幣體系的貨幣基礎有時候會過度膨脹，超出聯準會的資產負債表。這套**影子**貨幣體系聚焦抵押品與諸如歐洲美元的境外貨幣跨境資金池，常保身為全球流動性日益重要來源的地位，卻往往不受官方掌控。就本質而言，有一道涵蓋「安全」（或說可供槓桿）資產的等效**影子貨幣基礎**存在，它們都是享有低「折扣比率」、高再質押率的資產，好比優質的公共與民間部門債券及境外現金池。二〇〇七年至二〇〇八年全球金融危機過後，全球貨幣主管機關必然踏上尋求收緊監管銀

行資本和流動性要求之道，也放寬流動性操作的範圍，深入更黑暗的影子體系中。

全球價值鏈

　　全球貿易總額中約莫三五％由銀行融資；反之，銀行發起的貿易融資總額中大概八成是採美元結算，這一點反映出美元計價大行其道。考慮到美元信貸在撐持國際貿易的應用範圍相當廣泛，影響信貸條件與銀行放款美元供應的要素便在支持供應鏈[6]活動中扮演關鍵角色。附圖八‧三彰顯近期貿易與資本都聚焦並集中在以中國為首的相關供應鏈與物流業務。打造並維繫這些供應鏈堪稱高度融資密集的活動，對企業的營運資金資源、短期銀行信貸供應兩者來說都是嚴苛的負擔。全球價值鏈帶來龐大的融資需求，因為基礎企業有必要持有可觀的半成品存貨，而且販售產品給供應鏈上的其他公司時還必須在自家的資產負債表上註記「應收帳款」。這兩者或多或少都必須融資因應。隨著供應鏈越拉越長，產品出貨的時程間隔也越拉越長，邊際融資需求便以一種持續走揚的速度日益高漲，以便影響深遠的全球價值鏈唯有在取得高彈性的資金來源時才具體可行。論及以美元結算的銀行信貸，在諸多可用性指標中，美元匯率身為企業的美元信貸條件晴雨表，可說扮演格外關鍵的要角。美元走弱時，放款美元往往成長加速；一旦美元走強，放款美元便減緩或下降。發票價格以美元計價時也可能影響交易。全球金融危機爆發前銀行放款美元快速，與之後銀行放款疲軟，兩者之間存在一道鮮明對比。一旦再加上供應鏈活動追蹤美元融資條件這道事實，比較強勢的美元也與疲軟的全球價值鏈活動息息相關，因而催生出貿易與國內生產毛額之間的低比率；相較之下，美元走弱期間貿易占國內生產毛額的比率會揚升。

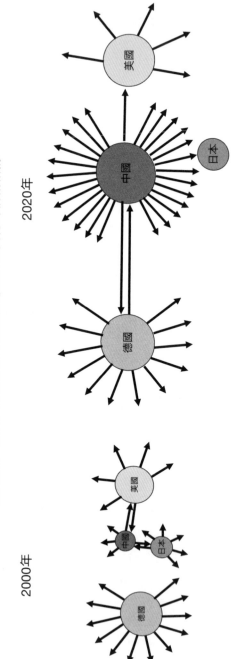

附圖 8.3　2000 年與 2020 年全球供應鏈日益變化的網絡結構

2020年

2000年

（擷取並改編自世貿組織出版刊物《2019 年全球價值鏈發展報告》（Global Value Chain Development Report 2019）

美元週期

　　美元在跨境金融市場的主導地位意味著它扮演創造全球貿易與國際金融週期的核心角色，弱勢或強勢美元匯率所發揮的作用很像貨幣寬鬆或緊縮。這一點或可解釋，為何貨幣衝擊會轉嫁美元計價的進口商品，往往導致價格走高，於是進一步調整負擔，再從進口轉移到出口。

　　美元衝擊的跨境金融傳導涉及三大主要因素：

一、**新興市場政策回應**：鎖定美元匯率的經濟體將可能採取貨幣化資本流入的手段回應，這樣就能借道國內的貨幣擴張放大最初的衝擊。同理，反之亦然。

二、**境外借款**，以達一種任何額外的美元供應都會存入境外躉售市場的程度，亦即歐洲美元市場，這應該會借道貸款與交換機制改善融資機會。

三、**抵押品效應**，比較弱勢的美元將會改善在地貨幣抵押品的價值，並提高籌資機會。

　　國際信貸管道包含第二與第三因素，借道全球金融中介機構資產負債表操作（請參見二〇一三年芮伊、二〇一五年布魯諾與申賢承著作）。更緊縮的美國貨幣政策降低可得程度，並提高跨境放款的全球銀行融資成本。美國貨幣波動有可能雙雙直接影響放款方與投資者風險偏好。當美元貶值，借入更具吸引力，因為還款成本下降。同理，當放款方提供以在地貨幣資產抵押的美元貸款時，比較弱勢的美元便改善抵押品價值。這也會反向操作，以至於強勢的美元單位會減少借款方以在地貨幣計價的風險資產的美元價值，進而減少抵押品並導致不利的資產負債表效應。結果是，國際經濟可能遭逢更軟弱的信貸成長，而且可能淪於衰退。全球貿易與金融週期屬於美元週期一

大部分，但美元確實也受到第三方效應影響，所以當全球流動性成長，其他貨幣對美元安全資產的需求就會獲得滿足，因此美元可以獨立於聯準會提供的流動性總量變動而走弱。

這套以美元為首的全球金融體系的第二道關鍵特徵就是，大規模的資本頻繁地在美元「核心」與周邊經濟體轉移。誠然，自布列敦森林告終以來，定義所謂周邊的這些經濟體幾乎已經全然改觀：一九七〇年代與一九八〇年代，這個邊緣地帶是由其他先進的七大工業國集團（G7）所主導：好比英國、德國和日本，不過打從一九九〇年代初期至今，周邊已經出現越來越多新興市場經濟體面孔，而且某種程度上仍然被視為核心圈之外，尤其是中國。一九九四年，中國採用美元當作基準，一九九六年起便放手讓人民幣可以在經常帳的交易中兌換。雖說中國最近被視為美元的競爭威脅，但諷刺的是，它的需求反倒有助支撐美元系統。中國不僅是多數貿易都採用美元計價，近來更是美國政府公債證券的重量級投資者，也是美元的借款大戶，而且還適時奉上自家的財政與貨幣政策以支持以美元為導向的全球貿易體系。

長久以來，美國監管機關看待國際貨幣緊張局勢與失衡都是外國人的不當匯率政策所致。必然後果是，美國的決策者經常尋求施壓諸如德國、日本，現在再加上中國這些身為債權方的經濟體，要求它們升值自家貨幣，反而不是直球對決美國自家境內的儲蓄失衡問題。正確來說，美國經常帳赤字的對應方應該是境內儲蓄短曲與資本帳盈餘，而非缺乏貿易競爭力本身。美國並未被要求供應全世界更多美元貨幣才導致永久性經常帳赤字，因為它只需要針對這些短期美元債券累積長期國際資產就好，或者就實務而言，做好當前它正在做的事也就夠了。這點與某些觀點相左。儘管如此，美國的怒火聚焦貿易關係與「痛擊日本」（Japan-bashing），而且最近幾年還「痛擊中國」，迫使這些競爭國家允許自家的貨幣升值，還得對美國企業大開市場大門，好比一九八〇年代後期衝著日本來的貿易倡議《超級三〇一條款》（*Super 301*），以及最近幾輪美—中貿易談判。一九七〇年代、一九八〇年

代，德國與日本都是主要的債權方經濟體，布列敦森林解體初期便迫使德國馬克升值。可以說，這一步也刺激歐元誕生，亦即借道分散貨幣升值的重擔給其他歐洲經濟體，減緩德國競爭力所遭受的負面衝擊。往後幾十年，美國官方採行所謂「開口操作」強力壓倒美元兌日圓匯率，當時強而有力的一九八五年廣場協議（1985 Plaza Accord）終獲證明成功迫使日圓升值。

總資本流動

美元在定價全球貿易與全球資本的重要性意味著，美元衝擊會迅速傳遍國際。尤以中國為首的許多新興市場經濟體若非固定美元匯率，就是至少要緊隨它，這樣一來這些經濟體往往會放大美國貨幣的擴張與收縮。基於美元的利差交易意指買進高利率貨幣、賣出低利率貨幣，可以進一步借道跨境資本流動，強化全球流動性的順週期效應。這些跨境流動本身就是我們全球流動性預估價值的關鍵要素，對許多經濟體而言，它們對自家境內的流動性總量造成天大影響。許多新興市場經濟體借道刻意的外匯定向政策，或者單純是因為自家境內金融市場交易太清淡，因此受迫被動回應全球資本快速地上沖下洗，於是導致境內流動性誇張波動，金融危機頻傳。不過比較大型的已開發經濟體也無法倖免。二○○○年代，特別是歐洲銀行遭逢的一大主要症狀就是國內存款成長遲緩，信貸成長卻相對快速所造成的落差。這道融資差距迫使銀行借道國際銀行間與貨幣市場的短期借款，再加上發行債券的做法籌集資金。這些全歐境內銀行融資模式的改變，加上跨境銀行之間金融流動的相關成長，突顯了國際資本流動與境內信貸成長的系統性關聯。

稍早我們已經證明，更廣泛的跨境活動與資本流動如何借道一項流動性條件及風險偏好運作的「全球因素」合為一體。當諸如美國聯準會與中國人行這些重量級央行收緊貨幣政策，不只會壓抑自家境內產出，資本支出、消費者信心、房產市場和通膨全都消風，更會在全球金融市場引出顯著的第二

輪效應。舉例來說，敏感的國際資產價格暴跌、風險利差擴大、跨境資本流動進一步減速，而且境外躉售借款市場乃至於全球銀行的槓桿率全都縮水。這些影響還可能借道全球銀行從諸如倫敦與紐約這些境外躉售市場借款，然後放款給新興市場在地與地區銀行進一步擴散。它們的貸款或許很可能會採用在地貨幣計價的抵押品做擔保。顯然，一旦借款業務採用美元計價，潛在的幣別錯配就可能升高風險。另一方面，這也可能意味著美元走弱會提振在地借款方的信譽，於是鼓勵進一步的槓桿作用。二〇一五年芮伊將這種現象稱為**全球金融循環**（Global Financial Cycle），它推動國際金融活動步伐經過彼此調節後的波動，「全球金融循環可能與資本流動的暴增與枯竭、資產價格及危機的膨脹與破裂相關……資本流動、槓桿作用與信貸成長的實證結果顯示，國際信貸管道或承擔風險管道，都直指金融穩定的問題[7]。」

　　諷刺的是，全球金融危機爆發之前，決策者都無視日益加劇的全球貨幣緊張局勢，有可能是因為國際經濟分析過度聚焦經常帳失衡的龐大規模，並暗示它對競爭對手的淨資本流動規模有何寓意，而非深入探究構成整體外國資產負債表的更豐富數據資料。我們在附圖八·四繪製名目的外國資產負債表。傳統上資本流動區分成民間部門與官方流動，民間部門流動又再細分成（一）外人直接投資，（二）涉及買、賣股票與債券的組合投資，以及（三）銀行放款與銀行存款流動。它們涵蓋境內居民和外國國民的活動。總流入與總流出之間的差異是由一國持有的外匯存底總量變化提供融資，亦即官方流動。仔細區分「總量」的確切含義也很重要，因為這些納入其中的項目十分關鍵地取決於總合水位。舉例來說，一支居留在美國境內的投資基金有可能買入一億美元的英國證券，賣出八千萬美元的德國證券，這樣便為美國的海外資產增加兩千萬美元。後面這個數據就是我們認定的總（資產）流動[8]，但明顯掩飾已經完成的一億八千萬美元國際證券交易。我們站在更高層次的總合來看可能也會發現，因為外國人同時在美元資產中增持一億五千萬美元，因此相當於升高美國的對外負債，淨美國國際投資部位便因淨流出一億

附圖8.4　名目外國部門總資產負債表（圖解）

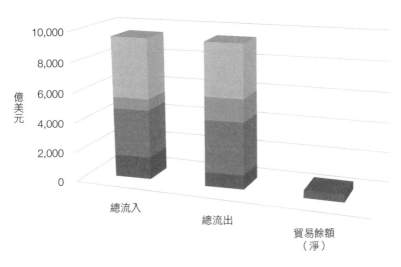

三千萬美元而惡化（算式：負一億三千萬美元＝兩千萬美元減一億五千萬美元）。

　　這張圖表想要說明，這些經常隱藏起來的民間部門金融流動其實不但活躍，在貿易流動的規模與波動性平行移動中也經常顯得小巧。好比增持外國資產是在描述美國購入歐洲與亞洲證券，或是美國銀行的國際放款。同理，舉例來說，外國負債增加則是代表德國或日本購入美國股票與債券，以及非居民對美國經濟的實質投資。這些資產與負債流量的變動可能大致彼此抵銷，這樣一來淨資本流動就變得微小、無足輕重，不過總資產與負債流動可能還是很龐大。尤有甚者，與尋求安全的風險規避型資本相較之下，依據類型區分總流動可以辨識出尋求風險型、創業型與更多內嵌技術型的資本流動。前一類有可能更加速促進比較快速的經濟成長。換句話說，每當討論貿易與經常帳失衡時就可能發生，單單是剔除資本流動便會流失大量重要資訊的情況。尤有甚者，這些資本流動有可能主動推動經常帳，而非被動適應

它。舉例來說，銀行大舉擴張放款在地貨幣給外國人的業務最終可能導致更快速的國內出口成長。同理，假設資本設備是在國內製造，外人直接投資成長本身就可能導致出口活動進一步升級。舉例來說，另一道例子可能涉及簡單的利差交易，在其中，增持諸如高收益新興市場債券的外國組合投資是透過舉債更多美元進行融資。還有一道更錯綜複雜的例子可能涉及在地銀行的外部美元融資。這些銀行可以承擔貨幣風險，並且利用資產增加自己的在地貨幣放款，這會反過來借道投資組合外流或進口成長加快，而消除在地貨幣放款。

雖說這一切似乎顯示，金融產業可以借道資本帳主動引爆貨幣衝擊，但根據傳統觀點，資金流動只不過是會計帳目中儲蓄與投資決定的對應之物。經常帳水位理當衡量全國經濟的借款需求，然後交由匯率扮演自動穩定者的角色，引領出口與進口的變化便足以消除外部失衡。一旦國家遭逢本國貨幣升值，預計這將導致淨出口收縮。事實上，經驗顯示結果恰恰相反，因為匯率上升往往與資金大舉湧入、加速經濟活動的現象並行。舉例來說，二○○○年代中期，美國經常帳赤字攀升至歷史新高，美元也瘋狂升值，讓許多專家的眼鏡碎了一地。儘管如此，幾位經濟學家依舊挑明，經常帳嚴重失衡是二○○七年至二○○八年全球金融危機爆發的禍首。也有人指出，幾個亞洲新興市場經濟體的經常帳盈餘壓低全球的利率、直接注資信貸市場，因而加速信貸榮景，並讓置身全球金融危機核心的西方赤字國家積極承擔風險。二○○五年，聯準會前主席班・柏南奇對這種現象提出一句知名概念：**全球儲蓄過剩**（Global Savings Glut）[9]。然而，我們先前的討論挑戰這些觀點，因為：（一）與總流量相反，任何國家的跨境融資活動都無法從淨資本流動推斷而得；（二）區分投資者居住地與資產受益所有權的「邊界」定義內容至關重要；以及（三）市場利率不單是淨儲蓄所決定，而是由更廣泛的信貸市場決定。因此，全球金融危機與早幾年的亞洲危機看起來更可能算是不幸事故，肇因是國際貨幣和金融體系彈性太高，而且諸如紐約與倫敦等西

方資產市場提供的深度太超過，而非亞洲家庭的高儲蓄率。

　　就實務而言，資本流入與流出高度相關，必然後果是總量成長快於淨成長。雖說就經濟本身而言幾乎無法說明總流量，越全面的全球化、越深入的貿易一體化，或可解釋淨流量相對緩慢的成因。另一道原因可能來自國家之間相對投資報酬的規模下降，不過比較低的相對報酬將也有可能意味著，資本流入與流出之間呈現負相關而非正相關。必然後果是，總流量數據的高度相關性更可能交由諸如全球流動性衝擊這種常見的風險要素加以解釋。舉例來說，隨著境內銀行善用充裕的境外躉售市場，有可能與銀行突然普遍大手筆借入美元相關。附圖八‧五顯示一九九〇年以來整個世界經濟總流量的長期前景。圖表明示，二〇〇六年，跨境活動反常激增至高占全球國內生產毛額一九‧一％，到了全球金融危機前夕更攀抵二二‧三％的高峰。這本應是對決策者的一道嚴厲警告。到了二〇一八年，全球流動的腳步放緩至僅占全球國內生產毛額的六‧六％，或說與一九九〇年代後期差不多。

附圖8.5　1990-2018，全球資本總流動（占全球國內生產毛額比率）

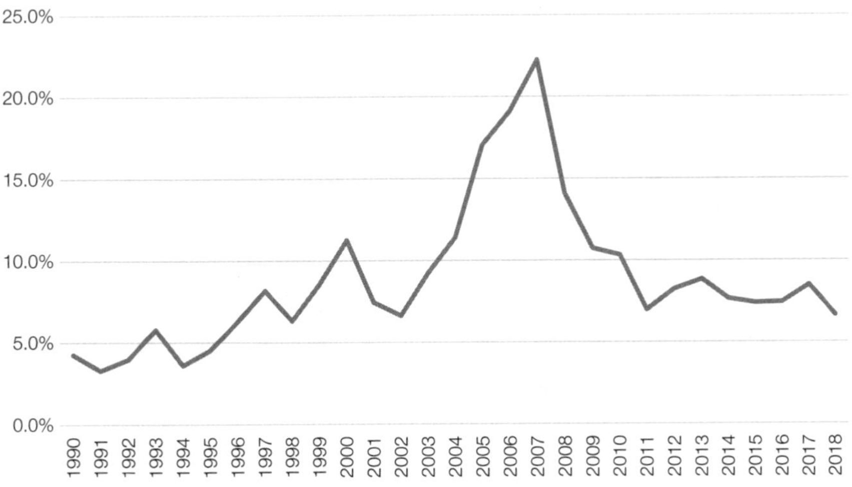

資料來源：國際貨幣基金組織

　　就實務而言，資本流動總額在幾個主要先進經濟體占據的比率高於新興市場經濟體。也因此這幾個已開發經濟體被歸類為更高度**整合**在全球金融市場中。附圖八‧六顯示美國、中國、日本、英國、德國和法國這六大國際投資者加總的資本流入總額與淨額，對比它們加總的國內生產毛額。總流量數據與二〇〇七年至二〇〇八年全球金融危機爆發前廣泛的國際資產負債表擴張雷同，我們之前已經在附圖八‧一看到美國景況。二〇〇七年危機爆發前夕，這些國家的總流量衝上占據總國內生產毛額近四〇％高峰，到了二〇一八年大跌至僅占國內生產毛額一〇％。在此期間，淨資本流動從未上升超過低個位數百分比，後果便是無法針對即將來襲的全球金融危機發出任何關於規模的早期警告。國際貨幣基金組織完成一場更全面的研究顯示，二〇〇七年危機爆發前夕，總資本流入這些先進經濟體攀抵國內生產毛額二六％左右的高峰，總流出則達二五％（因此合計共占國內生產毛額五一％）。與此同

**附圖8.6　2005-2018，六大主要經濟體的國際資本總流動與淨流動
（占國內生產毛額比率）**

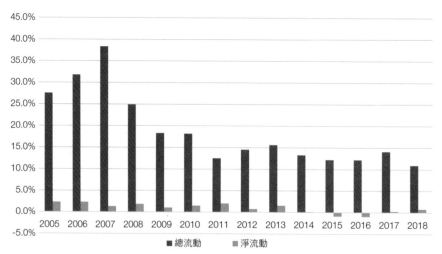

資料來源：國際貨幣基金組織

時，新興市場經濟體的流出總量觸及總合國內生產毛額的六％，遠低於流入總量接近一一％的峰值（因此合計共占國內生產毛額一七％）。

　　我們若求全貌，必須也考慮嚴格歸類為收入轉移的外國匯款。超過四分之三的跨境匯款從富裕的先進國家與中東經濟體流入新興市場經濟體。這些支付金額已被證明遠比傳統資本流動更穩定，因為它們無法被突然撤回。世界銀行的官方估計值是，二〇一八年，全年度匯往低等至中等收入國家的款項上升至五千二百九十億美元新高水位，比前一年度總額成長近一〇％，而且遠大於流入它們的外人直接投資。全球匯款包含流向高收入國家的金額，二〇一八年達到六千八百九十億美元，高於前一年的六千三百三十億美元。在所有國家中，第一名匯款接收國是印度，達七百九十億美元，接著是中國六百七十億美元、墨西哥三百六十億美元、菲律賓三百四十億美元與埃及二百九十億美元。

政策隱憂

　　決策者對資本流動的擔憂聚焦兩大面向。第一，如附圖八‧七所證實，流動往往是高度順週期，有可能放大基本的商業週期。一道簡單的回歸分析歸納出，全球國內生產毛額成長與總資本流量相對於國內生產毛額規模之間的彈性高達二‧五倍。更進一步檢查數據也將發現，資產與負債流動通常並行，這意味著，大規模的資產負債表週期以及經濟衰退期間瀰漫濃濃的本國偏見，因為外國與本國投資者都將資本匯回母國。這些總流量具有普遍順週期的特徵，加劇潛在的全球金融不穩定。第二道擔憂是銀行扮演的角色。數據顯示，跨境資本流動有一部分可觀比重是由銀行業擔綱中介商，其中大部分包含短期薑售融資，因此一旦金融狀況惡化，局勢很可能即刻逆轉。換句話說，「嘎然而止」的風險很高。過往這些總流量的波動性分析證實這些恐懼：先進與新興市場兩大經濟體的銀行業流入與流出總量始終遠比同等的

附圖8.7　2005-2018，國際資本總流量：占六大主要經濟體與全球實質國內
生產毛額成長比率（占國內生產毛額比率與年度百分比變化）

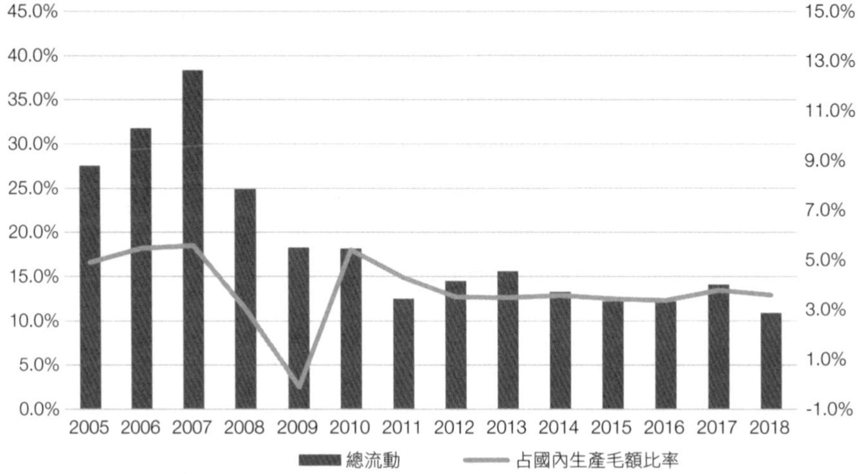

資料來源：國際貨幣基金組織

外人直接投資及投資組合流量更不穩定。根據歐洲央行二〇一六年的統計數
字，銀行業流量的波動性通常是其他廣義流量類型的兩倍以上，而且在金融
危機期間這個數字還會躍升至少四倍至五倍。

　　二〇〇八年，經濟學家吉安・馬力亞・米雷希一費瑞提（Gian Maria
Milesi-Ferretti）與菲利浦・連恩（Philip Lane）聯手提出觀點，太急速的國
際金融整合導致經濟成本並威脅境內銀行。舉例來說，在地金融體系發展與
跨境流動規模之間具有強烈正相關，這很可能會不利境內信貸成長。傳統說
法的解釋是，經常帳失衡影響實質經濟總體變數，這會反過來干擾信貸市
場。不過正如我們留意到，經常帳本身就是一道誤導性指標，因為即使經常
帳取得平衡，金融管道可能依舊運作如常並影響信貸市場。二〇一二年申賢
承便強調，資本流動總量在歐洲與美國之間扮演的角色正加速二〇〇〇年代
中期美國信貸榮景。大規模跨境資金流動改變美國境內信貸提供者的融資
環境與資產負債表結構。即使因為歐洲銀行在美國籌資以便在當地自購資

產，因此資本流動淨額為零，這種情形照樣發生。更完善的金融整合允許境內銀行向外國存款戶、外國銀行間參與者和境外貨幣市場融資，外加借道發行國際債券等方式。跨部門融資借道已經在海外設立分支機構的國內銀行提供進一步管道。二〇一三年，連恩與歐洲經濟學家彼得·麥奎德（Peter McQuade）發現，就實務而言，數據強烈暗示境內信貸成長與債務淨流入密切相關，這一點不足為奇。二〇〇八年至二〇一一年，冰島銀行業危機就是典型一例。

　　如附圖八·六所示，總流量扮演衡量基本貸款標準的重要晴雨表，這意味著它也可以是交替檢查全球流動性的管用工具。採用這種方式檢視美國持續二十多年的龐大經常帳赤字，讓許多專家在全球金融危機爆發前都相信美元會暴跌，但實際上總流量中隱藏外國人一再敲碗要求再融資的短期境外美元借款總額。這些都被外國持有的美國國債等長期美國「安全」資產抵銷掉。隨著那些也採用短期美元融資，以便投資更高風險長期美元資產的外國金融機構被迫倉促去槓桿，全球金融危機肆虐之際美元也急遽升值，這一點不足為奇。歐洲銀行原本就是美國房屋抵押貸款擔保證券市場的重量級玩家，這一役證明死傷慘烈。一旦危機爆發，這些金融機構才發現自己手上沒有美元，而且操作槓桿過頭。之前已經提到，美國聯準會借道互換額度砸下十兆一千億美元現金，其中單單是歐洲央行就獨拿驚人的八兆美元。因此，歐洲投資者企圖減輕自己的美元負債時，反倒進一步推升美元的價值。

全球金融中心

　　長期以來，諸如義大利的威尼斯、熱納亞與荷蘭的阿姆斯特丹一向是世界史上自由儲蓄的集中地，往往樂於為投機企業融資。十九世紀時倫敦主導市場。根據英國報刊《經濟學人》（*Economist*）總編輯沃爾特·白芝浩：

倫巴第街……是迄今為止世界上出現經濟實力和經濟微妙性的最偉大結合。關於經濟實力，這一點毫無疑義。金錢就是經濟力量。人人都知道英國是世界上最強大的富國，人人都承認英國比任何其他國家擁有更多隨時可支配的現金，但很少有人知道英國的現金餘額，亦即可貸給任何人或用於任何用途的流動貸款資金，到底比世界其他國家多出多少。稍微引用幾個數據就能說明倫敦的貸款資金有多少以及比其他地方多出多少。已知的存款，亦即公布帳戶的銀行的存款，計有：

倫敦（一八七二年十二月三十一日）一億二千萬英鎊

巴黎（一八七三年二月二十七日）一千三百萬英鎊

紐約（一八七三年二月）四千萬英鎊

德意志帝國（一八七三年一月三十一日）八百萬英鎊

而倫敦不為人知的存款（亦即銀行未公布帳目的存款）則遠多於以上這些城市或國家中的任何一座（請參見一八七三年沃爾特・白芝浩出版的《倫巴第街》）。

關於跨境流動，究竟是一股從有吸引力的外國投資手中吸引資本的「拉力」，或是驅動剩餘資本流出其他重要金融中心的「推力」，這是一道從沒停過的爭議。事實上，兩派說法都成立，不過我們從經驗發現，推力雙雙在規模和總體金融政策影響層面占據主導地位。基礎貨幣政策加上置身這些金融中心的投資人買賣時追逐風險的活動一旦生變，就有可能導致跨境資本大舉流出。誠然，避稅與門檻較低的申報標準有助解釋一些規模較小的境外中心崛起。二〇一三年，根據經濟學家加柏列・祖克曼（Gabriel Zucman）的說法[10]，全球家庭的金融財富八％是在海外持有，其中至少六％，或說約當四兆至五兆美元，不列入官方紀錄，存放在這些金融中心。

　　一貫以來，外國投資就把尋求這些集中的儲蓄池當作傳統業務。舉例來說，十九世紀時，諸如美國鐵路業者與帝國種植廠商等許多外國企業都在倫敦證券交易所（London Stock Exchange）公開上市，以便更緊貼著這類盈餘資本。附表八‧一顯示評比全球主要金融中心的最新全球金融中心指數

附表8.1　2019年，全球金融中心的全球金融中心指數（GFCI）排名（與2009年調查結果相比）

	2019年排名	2009年排名	變化
紐約	1	2	1
倫敦	2	1	-1
香港	3	4	1
新加坡	4	3	-1
上海	5	35	30
東京	6	15	9
多倫多	7	11	4
蘇黎世	8	5	-3
北京	9	51	42
法蘭克福	10	8	-2
雪梨	11	16	5
杜拜	12	23	11
波士頓	13	9	-4
深圳	14	NA	NA
墨爾本	15	28	13
舊金山	16	17	1
洛杉磯	17	NA	NA
蒙特婁	18	26	8
溫哥華	19	25	6
芝加哥	20	7	-13

資料來源：全球金融中心指數排名

（Global Financial Centres Index, GFCI）。這項調查雖然並未直接丈量這些儲蓄池的規模，但列舉關鍵玩家。鮮少有人質疑紐約和倫敦的主導地位；考慮到法蘭克福*所掌控的資金，它在表中的排名比應得地位更低；波士頓坐擁保險業與投資經理人，芝加哥則有期貨大軍，因此兩者依舊高居前幾名。附表八・一的最後一欄顯示十年前後的變化，前幾名僅有些許改變，但顯著的事實是中國金融中心的排名大幅躍進，尤其是上海與北京，再加上深圳與香港，突顯勢力日益壯大的中國錢。日本東京的地位復興，奠定亞太地區的重要性；阿拉伯聯合大公國杜拜、澳洲雪梨、墨爾本、美國舊金山、洛杉磯與加拿大溫哥華等金融中心的崛起，則是全面掠美美國的東海岸與中西部以及歐洲的貨幣中心。

境外互換額度與歐洲美元市場

　　美元在跨境市場扮演的角色賦予美元價值成為衡量全球信貸條件的管用指標。我們留意到，一旦某種國際貨幣貶值，外國人往往就會大舉借款這種貨幣，而這種現象通常會激發出所謂「利差交易」。國際銀行業流動有很大一部分是由利差交易組成，也就是一手在低成本的司法管轄區借款，另一手則注資預期獲得更高報酬的市場。舉例來說，投資者有可能一邊借入日圓，一邊投資美元，或說一邊借入美元，一邊投資收益更高的新興市場債券。跨境借款往往會導致貨幣錯配，可能會讓資金流動對匯率變動敏感，特別是當作借款貨幣的美元。一旦美元供給增加就會導致價值下貶，有可能刺激國際借款方的額外需求，因為這會誘使它們將發行股本轉向以美元計價的工具。除此之外，由於跨境美元信貸充足，全球銀行都可以祭出更便宜的價格提供避險服務，不過隨著美元走強，它們就會發現更難展期這些信貸。貨幣波動

---

* 譯注：歐洲央行總部。

加劇的時期通常與跨境活動急遽緊縮有關，這一點不足為奇。事實上，全球
金融危機爆發前的二〇〇二年至二〇〇八年間，美元價值下挫約三分之一，
跨境銀行業流動的規模也應運飆升：二〇〇二年，美國流向歐洲的金額（亦
即居留在美國、借款人債權在歐洲的銀行）總計四千六百二十億美元；到了
二〇〇七年，這個數字躍升至一兆五千四百億美元；不過，根據國際清算銀
行統計，從歐洲回流到美國的金額則從二〇〇二年的八千五百六十億美元飆
升至二〇〇七年的二兆多美元。

　　傳統上，大量「境外」歐洲美元為許多總部設在美國的銀行提供短期融
資的重要來源。在附圖八‧八可以看到，不單是美元而已，歐洲美元也是無
擔保外幣存款的通用術語，它們存放在貨幣司法管轄區之外的銀行，有可能
堆放在前一節提到的全球金融中心。一九九〇年以來，美國聯準會選擇對歐

附圖8.8　2000-2019，銀行與非銀行業者的跨境與外幣借款走勢（季度）

單位：兆美元

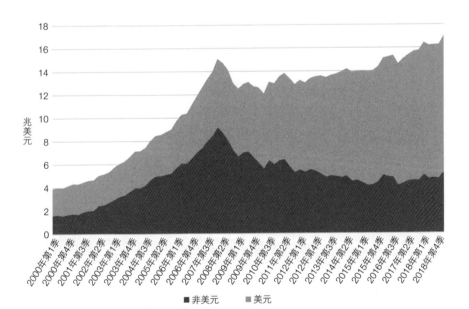

資料來源：國際清算銀行

洲美元存款強制實行零準備金要求，於是有效地讓它們成為聯邦資金的近似
替代品。事實上，歐洲美元的日常交易量約當比聯邦資金的一千五百億美元
再放大三倍至四倍。雖說如今這些境外存款都在全世界所有主要的金融中
心交易，不過歐洲美元市場最初是發源於二戰後的歐洲。它始自一九六〇年
代，當時前蘇聯集團（Soviet Bloc）擔憂自家在美國持有的美元可能有潛在
的安全疑慮。從那時起，競爭局面已經將中東的原油資金吸引到倫敦，到
了最近則是有許多美國的跨國集團在這些市場都持有大量境外美元存款。
附圖八‧九突顯跨境放款業務在銀行之間的年度成長率。全球金融危機過
後，這一股波動系列的基本步調顯著放緩，主要是由於監管收緊、獲利能力
下跌，歐洲銀行承諾減輕資產負債表[11]，還得加上美國前任總統唐納‧川普
（Donald Trump）上任後實施稅收特赦以及單獨監管銀行子公司的政策。

　　貨幣市場基金、其他機構投資者、企業和外國央行都是歐洲美元市場的

附圖8.9　1979-2019，銀行與非銀行業者的跨境放款年度成長率（季度）

單位：百分比

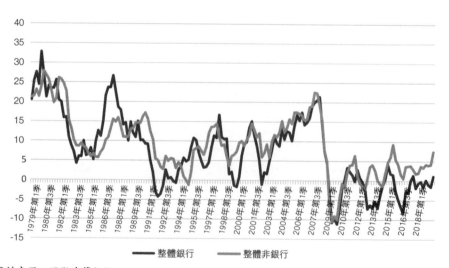

資料來源：國際清算銀行

活躍放款代表。國際清算銀行的數據顯示，在美國境外經營的非銀行機構持有以美元計價的債務存量約當十七兆美元，輕而易舉就超過美國銀行在境內放款的美元總量，銀行間債務也接近十六兆九千億美元。誠然，全球金融危機過後，這整座債務池已經趨於平緩，然而債券在總量中也變得更加重要，在二〇〇〇年，非銀行機構中約占國際信貸總量四五％，到了二〇一八年則上升至超過五六％。銀行業數據涵蓋美國銀行以及好比在倫敦集結美元存款的中國銀行，這幾座池都很龐大，坐擁好幾兆美元，也往往是躉售融資的現成資源。必然後果是，它們都提供額外的槓桿手段，也因此放大全球流動性的週期。雖說歷史證明，對銀行和非銀行的國際放款存在顯著的連動性，根據附圖八・十，這些非銀行機構的跨境與外幣借款存量近年來成長更加快速，如今已超越自身在前一個高峰二〇〇八年創下的十五兆美元，其中以美元計價的債務約觸及總額的七〇％。

附圖8.10　1978-2019，依貨幣面額統計的非銀行業者跨境與外國貨幣借款（季度）

單位：兆美元

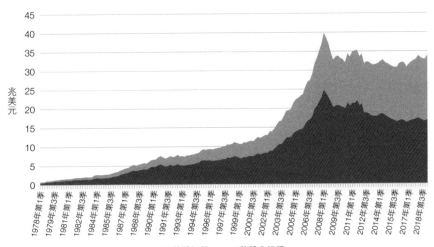

資料來源：國際清算銀行

　　每當跨境流動涉及全新信貸時，也可以借道特定的衍生品交易而產生，好比換匯換利（currency swaps）。這些交易即使是在各國央行之間也日益受歡迎，發生在兩造交換不同貨幣計價的資金，而且雙方都同意之後再逆轉交易，可能長達數年之久。換匯換利與利差交易不同，前者包含利率風險，後者涉及外匯風險。由於許多經濟體的在地利率目前處於低點或負值，境內投資者一心熱中購入更高收益的外國證券。然而，就以十年期美國國債為例，購入成本完全被貨幣變動沖銷，有可能顯著削弱原本報酬就已經相當微薄的在地貨幣債券。在互換交易中，每一種資產都從投資者持有貨幣的資金市場利率中獲得一定期間的報酬，賣方則是為他們出售的貨幣部位支付利息。互換交易中所謂的**基差**（basis）是指一種衡量與拋補利率平價[12]偏離程度的速記手法。基差被定義成直接以好比是美元借款的成本，與採取外幣借款之後再轉換成美元的「合成型」（synthetic）成本之間的差額。美元是頻繁的借入貨幣，基差互換利差則有效衡量，當銀行借道這種繞圈子的做法，而非採取直截了當以倫敦銀行同業拆借利率[13]定價的美元貸款，究竟必須支付多少金額。換句話說，美國國債基差衡量實際美國國債的殖利率減去由類似期限的外國債券組成的合成型美國國債證券的殖利率。

　　利差是全球美元安全資產稀少程度的直接衡量標準，正值或負值的基差代表美元利率高於或低於根據互換成本調整的外國利率。正值基差往往被錯誤認定為美元「短缺」，但實際上並無短缺現象。反之，正值基差象徵外界需求美元過頭了，因此「價格」，亦即基差，便會調整成與市場一致。十大工業國（G10）貨幣的平均利差是在不含美元貨幣的前提下稀少成本的指標。拋補利率平價理論說，這些不同立場完全可以互換，因此不應該有任何基差，不過二〇〇八年危機過後，我們目睹幾回正值基差的強力反證。雖說正值基差持續發生已經引發市場效率的質疑聲浪，零風險套利的拋補利率平價理論假設挑戰有其必要，因為從來就沒有完全的可互換性。教科書往往僅聚焦傳統銀行必須修正、擴大，但其實跨境交易背後的動機卻可以更全面讓

人理解。我們已經明白指出，傳統銀行不再是唯一的市場玩家，對許多投資者來說，套利既不是完全零風險，也不是零成本。不是每一名投資者都可以採用倫敦銀行同業拆借利率來借款，或是做好準備，願意承擔隱含的信用風險。

倫敦銀行同業拆借利率

二○二一年底，倫敦銀行同業拆借利率、美元倫敦銀行間同業拆借利率與類似的銀行同業利率已被停止引用。已有不同的全新基準取代這些利率。在所有廣泛使用的基準利率中，無處不在的倫敦銀行同業拆借利率已經縱橫三十多年。根據國際清算銀行，截至二○一八年中，約當四百兆美元的幾百萬份合約與金融工具都採用某種形式的倫敦銀行同業拆借利率當作參考利率，其中包括諸如浮動利率債券（Floating Rate Note, FRNs）與利率互換等躉售利率，甚至還有某些房屋抵押貸款。倫敦銀行同業拆借利率的問題源於，在過去某些特定的關鍵時期被特定市場玩家操弄以謀私利，從此毀了它的公平聲譽。最重要的是，監管變革與銀行業改革也軋一腳，縮減近幾年銀行同業借款市場的規模。

幾處司法管轄區的工作小組已經確定自己偏好的無風險參考利率，當作倫敦銀行同業拆借利率的替代方案。這些選擇不像倫敦銀行同業拆借利率，它們是基於實際的交易，而且涵蓋銀行以外的機構。不過它們相當保守，而且可能同時參考擔保或無擔保放款。在英國，選定的利率是英鎊隔夜平均利率指數（Sterling Overnight Index Average, SONIA）這種無擔保的隔夜利率。在美元市場，新的參考依據是擔保隔夜融資利率（Secured Overnight Financing Rate, SOFR）。這些分別由英格蘭銀行與聯準會各自發布。歐洲央行最近宣布，歐元短期利率（Euro Short Term Rate, ESTR）接替類似倫敦銀行同業拆借利率的歐元隔夜拆款利

率（Euro overnight index average, EONIA）。歐元短期利率是一種以交
易為基礎的無擔保隔夜利率，反映歐元區銀行的躉售隔夜融資成本。

美元風險，是全新的特里芬兩難嗎？

本質上，**特里芬兩難**主要是關於美國能否端出淨資產就還清對外負債，
管他是現有的投資或是潛在的未來現金流。它最初是與以下三件事有關：
（一）一九六〇年代後期布列敦森林固定匯率制度；（二）當時美國的經常
帳狀況正迅速惡化，以及（三）它的黃金儲備逐漸減少。不過一旦採取更廣
泛的視角檢查，其實與美國經常帳赤字本身沒什麼關係。特里芬兩難也並非
專門指涉美元缺乏黃金支持，更遑論美國貨幣過度擴張的危險。反之，它突
顯一道威脅，即是可能對在國際上被外國投資者掌握的美元價值失去信心。
必然後果是，即使在缺乏黃金錨定物的國際貨幣體系中，這道問題至今依舊
關係重大。二〇〇七年，古林查斯與芮伊十分貼切地說明這套論點：

> 特里芬看到，在一個黃金供應時有波動，而且是由南非發掘金脈難
> 以預測或蘇聯俄羅斯暗中搞破壞的機制所決定，再加上無論如何都無法
> 追隨全世界對流動性的需求而成長的世界中，市場對美元的需求終將超
> 越聯準會的黃金儲量。這將為美元擠兌打開方便之門。有趣的是，目前
> 情況也可以從類似的視角檢查：在一個美國可以隨意供應國際貨幣，而
> 且將它投資在非流動性資產的世界中，它依舊面臨信心風險。有可能會
> 發生美元擠兌現象，但不是因為投資者將會害怕黃金平價被棄之不顧，
> 好比一九七〇年代那樣，而是因為他們害怕美元匯率暴跌。換句話說，
> 特里芬的分析不必要倚賴黃金──美元平價才能體現關係重大。

　　假設市場對美元流動性的需求持續成長，但是美國經濟的規模相對全球其他地區卻日益縮水，新一輪美元對一種或數種替代儲備貨幣，好比歐元、黃金與最終可能是人民幣發生擠兌，也依舊大有可能。這或許與介於兩次世界大戰那段期間出現的動盪及類似骨牌效應的跌勢相似，當時國際資金第一次棄守英鎊，接著，儘管缺乏其他選擇，到了一九三三年則是試圖逃離美元。儘管如此，信心崩盤的規模若是足可與布列敦森林制度尾聲時期相提並論，將有可能需要美國違背自身大部分的對外義務。這些主要都是以美元計價，因此目前看起來這類舉動不太可能出現。事實上，更可能的情況是反向風險，亦即缺乏足夠的國際美元流動性，而且美元計價的證券可能同時讓全球金融市場逸出常軌。這意味著，美國身為全球保險商兼全球流動性提供者的整體能力至關緊要地取決於它發行可靠的「安全」資產的能耐。在最近的全球危機期間，美國國債偶爾加上德國國債已經證明是唯二有能力提供有效保險的大規模國際資產。我們知道，對「安全」資產的需求降低境內債券的期限貼水。二〇一九年，古林查斯與其他專家估計，美國外人直接投資與外國證券組合經通膨調整後所得到的超額報酬，平均每年比美國「安全」資產的殖利率高出約二％。這種溢價可能允許美國製造更龐大的貿易逆差。所謂[14]「囂張的美元」（exorbitant privilege）代表美國借道**鑄幣稅**展現的實質經濟權力，也就是貨幣面值與生產（或印刷）成本之間的差額。國際間依舊瀰漫一股對美國鑄幣稅的深切忌妒，進而鞭策歐洲自創歐元貨幣當作一較長短的國際貨幣標準，現在則是換成鼓動中國，因為它的官員公開宣稱想要在亞洲取代美元[15]。不過，美元可能無法那麼容易就被取代。就以英鎊當作歷史基準：一八七〇年，美國經濟規模超越英國，但直到幾近九十年後的一九五五年，美元才終於超越英鎊成為主要的國際貨幣。

未來危機的警示訊號

　　總而言之，民間部門經常是流動性跨境溢出的主力，因為金融機構往往橫跨不同國家並操作好幾種貨幣。理論上，就算金融全球化應該促進效率與更快速成長，代價卻是偶發的槓桿與去槓桿的劇烈循環。迅速移動的跨境流動本身受到美元這個國際融資貨幣可用程度與成本影響。流動性衝擊往往緊密相關、順週期，而且隨著全球金融市場日益創新、深度整合，規模也與日俱增。尤有甚者，即使淨資本流動本身規模甚小，一樣可以跨國到處跑，因為總流量依舊會影響金融產業整體的資產負債表規模。必然後果是，我們有必要聚焦這些總流量的更多細節，並區分國家與住民決策，以便更完整理解貨幣暴險與風險，這樣才能跳脫經濟學家關注國家經常帳（或淨）失衡的傳統執迷。

　　附表八‧二、八‧三、八‧四、八‧五、八‧六與八‧七的數據呈報美國、中國、日本、德國、英國與法國的詳細國際帳戶與外國資產負債表，證實它們面臨這些挑戰。總的來說，美國七六‧四％的海外資產存量涵蓋美債與短期信貸的債務，但是美國居民等量持有的外債與信貸僅占外國資產的四四‧六％。這便證實，美國國際資產負債表中的隱性槓桿以及它具有類似避險基金的結構，因為本質上它拿短期的「安全」資產債務（二一‧八％）槓桿收購風險資產（亦即大約五倍）。美國是尋求風險資本的主要輸出國，但新興市場是趨避風險資本的主要輸出國。二〇〇七年，美國資本流動總額達到三兆七千六百億美元的高峰，或說是幾乎比二〇〇五年的總額高出一倍。之前我們留意到，資產負債表迅速成長在當時遭到漠視，而更受到密切關注的淨資本流動數據則是非同尋常地持平，亦即二〇〇五年至二〇〇八年期間平均落在七千三百億美元左右，因此在全球金融危機爆發前便不經意地緩解人們對未來燙手山芋的恐懼。雖說美國股票總流量二〇一四年時超越二〇〇七年的高峰，外人直接投資總額與債務總額依舊遠低於這個高水

附表 8.2　2005-2018，美國國際投資部位

（百萬美元）

	2005	2006	2007	2008	2009	2010	2011	2012	2013	2014	2015	2016	2017	2018	平均	百分比（%）	標準差（%）
資產	13,357.0	16,409.9	20,704.5	19,423.4	19,426.5	21,767.8	22,208.9	22,562.2	24,144.8	24,882.9	23,430.6	24,060.6	27,799.1	25,398.6	21,826.9	100.0	17.3
外人直接投資	4047.2	4929.9	5857.9	3707.2	4945.3	5486.4	5214.8	5969.5	7120.7	7242.1	7057.1	7421.9	8910.0	7528.4	6102.7	28.0	24.4
投資組合	4629.0	6017.1	7262.0	4320.8	6058.6	7160.4	6871.7	7984.0	9206.1	9704.2	9570.2	10,011.4	12,543.8	11,281.1	8044.3	36.9	30.3
證券	3317.7	4329.0	5248.0	2748.4	3995.3	4900.2	4501.4	5321.9	6472.9	6770.6	6756.2	7146.3	9129.5	7826.2	5604.5	25.7	32.3
債券	1311.3	1688.1	2014.1	1572.4	2063.3	2260.1	2370.3	2662.1	2733.2	2933.6	2814.0	2865.0	3414.4	3454.9	2439.8	11.2	27.0
其他	4492.8	5243.0	7307.3	11,101.7	8018.8	8632.4	9585.3	8036.3	7369.6	7502.3	6419.7	6220.1	5895.5	6140.0	7283.2	33.4	24.1
黃金與外匯存底	188.0	219.9	277.2	293.7	403.8	488.7	537.0	572.4	448.3	434.3	383.6	407.2	449.7	449.1	396.6	1.8	28.7
負債	15,214.9	18,218.3	21,984.0	23,418.7	22,054.1	24,279.6	26,664.3	27,080.2	29,513.4	31,828.3	30,892.2	32,242.2	35,524.1	35,115.7	26,716.4	122.4	23.1
外人直接投資	3227.1	3752.6	4134.2	3091.2	3618.6	4099.1	4199.2	4662.4	5814.9	6378.9	6729.2	7596.1	8925.5	8518.4	5339.1	24.5	37.1
投資組合	7337.8	8843.5	10327.0	9475.9	10,463.2	11,869.3	12,647.2	13,978.9	15,541.3	16,921.8	16,645.8	17,360.0	19,482.2	18,738.1	13,545.1	62.1	29.1
證券	2304.0	2791.9	3231.7	2132.4	2917.7	3545.8	3841.9	4545.4	5864.6	6642.5	6209.1	6570.2	7951.9	7453.7	4714.5	21.6	42.6
債券	5033.8	6051.6	7095.3	7343.4	7545.6	8323.5	8805.3	9433.5	9676.7	10279.3	10,436.8	10,789.8	11,530.3	11,284.4	8830.7	40.5	22.7
其他	4649.9	5622.2	7522.8	10851.6	7972.2	8311.3	9817.8	8438.9	8157.2	8527.6	7517.2	7286.1	7116.4	7859.3	7832.2	35.9	19.5
淨資產	-1857.9	-1808.5	-1279.5	-3995.3	-2627.6	-2511.8	-4455.4	-4518.0	-5368.6	-6945.4	-7461.6	-8181.6	-7725.0	-9717.1	-4889.5	-22.4	-55.8
外人直接投資	820.0	1177.3	1723.7	616.0	1326.7	1387.3	1015.6	1307.1	1305.8	863.2	327.9	-174.3	-15.5	-990.0	763.6	3.5	97.7
投資組合	-2708.9	-2826.4	-3064.9	-5155.1	-4404.7	-4708.9	-5775.5	-5994.9	-6335.1	-7217.5	-7075.7	-7348.6	-6938.4	-7457.0	-5500.8	-25.2	-31.3
證券	1013.7	1537.1	2016.3	616.0	1077.6	1354.5	689.5	776.5	608.3	128.1	547.1	576.1	1177.6	372.5	890.1	4.1	56.8
債券	-3722.5	-4363.5	-5081.3	-5771.0	-5482.3	-6063.4	-6435.0	-6771.4	-6943.4	-7345.7	-7622.7	-7924.7	-8116.0	-7829.5	-6390.9	-29.3	-21.5

資料來源：國際貨幣基金組織

附表8.3　2005-2018，中國國際投資部位

（百萬美元）

	2005	2006	2007	2008	2009	2010	2011	2012	2013	2014	2015	2016	2017	2018	平均	百分比(%)	標準差(%)
資產	1223.3	1690.4	2416.2	2956.7	3436.9	4118.9	4734.5	5213.2	5986.1	6438.3	6155.8	6507.0	7148.8	7324.2	4667.9	100.0	43.9
外人直接投資	64.5	90.6	116.0	185.7	245.8	317.2	424.8	531.9	660.5	882.6	1095.9	1357.4	1809.0	1899.0	691.5	14.8	90.8
投資組合	116.7	265.2	284.6	252.5	242.8	257.1	204.4	240.6	258.5	262.5	261.3	367.0	492.5	498.0	286.0	6.1	36.0
證券	0.0	1.5	19.6	21.4	54.6	63.0	86.4	129.8	153.0	161.3	162.0	215.2	297.7	270.0	116.8	2.5	83.8
債券	116.7	263.7	265.0	231.1	188.2	194.1	118.0	110.8	105.5	101.2	99.3	151.8	194.8	227.9	169.2	3.6	36.5
其他	216.4	253.9	468.3	552.3	495.2	630.4	849.5	1052.7	1186.7	1393.8	1392.5	1684.8	1611.4	1759.2	967.7	20.7	56.0
黃金與外匯存底	825.7	1080.8	1547.3	1966.2	2453.2	2914.2	3255.8	3387.9	3880.4	3899.3	3406.1	3097.8	3235.9	3168.0	2722.8	58.3	36.6
負債	872.0	1174.5	1474.5	1567.0	2149.0	2640.6	3208.9	3538.3	4177.0	4835.6	4483.0	4556.7	5048.1	5194.1	3208.5	68.7	48.3
外人直接投資	471.5	614.4	703.7	915.5	1314.8	1569.6	1906.9	2068.0	2331.2	2599.1	2696.3	2755.1	2725.7	2762.3	1816.7	38.9	48.1
投資組合	132.6	244.6	392.7	271.5	381.7	433.6	411.3	527.6	573.4	796.2	817.0	811.1	1099.4	1096.4	570.7	12.2	53.8
證券	119.6	230.4	375.1	254.3	366.4	415.9	374.3	453.4	484.5	651.3	597.1	579.5	762.3	684.2	453.4	9.7	40.9
債券	13.0	14.2	17.6	17.2	15.2	17.8	37.1	74.2	88.9	144.9	220.0	231.6	337.0	412.2	117.2	2.5	113.6
其他	267.8	315.5	378.1	380.0	452.6	637.3	890.7	942.6	1272.4	1440.2	969.6	990.5	1223.1	1335.4	821.1	17.6	50.2
淨資產	351.3	515.9	941.7	1389.7	1287.9	1478.3	1525.6	1674.9	1809.1	1602.7	1672.8	1950.4	2100.7	2130.1	1459.4	31.3	36.9
外人直接投資	-407.1	-523.8	-587.7	-729.8	-1069.0	-1252.4	-1482.1	-1536.1	-1670.8	-1716.5	-1600.4	-1397.8	-916.6	-863.0	-1125.2	-24.1	-40.5
投資組合	-15.9	20.6	-108.1	-19.0	-138.9	-176.5	-206.9	-287.0	-314.9	-533.7	-555.7	-444.1	-606.9	-598.4	-284.7	-6.1	-79.8
證券	-119.6	-228.9	-355.4	-232.9	-311.9	-352.9	-287.8	-323.6	-331.5	-490.0	-435.1	-364.3	-464.7	-414.1	-336.6	-7.2	-29.7
債券	103.8	249.5	247.3	213.9	173.0	176.4	80.9	36.5	16.6	-43.7	-120.6	-79.8	-142.2	-184.3	51.9	1.1	286.7

資料來源：國際貨幣基金組織

附表8.4　2005-2018，日本國際投資部位

（百萬美元）

	2005	2006	2007	2008	2009	2010	2011	2012	2013	2014	2015	2016	2017	2018	平均	百分比（％）	標準差（％）
資產	4294.9	4697.2	5360.1	5731.5	6041.7	6893.1	7502.6	7613.3	7575.3	7811.7	7883.1	8444.4	8967.4	9222.9	7002.8	100.0	22.1
外人直接投資	390.6	454.8	547.5	690.8	753.2	846.2	972.3	1054.1	1133.0	1177.2	1260.2	1360.3	1547.4	1667.2	989.6	14.1	40.1
投資組合	2114.9	2343.5	2523.6	2376.7	2845.9	3305.2	3379.3	3559.8	3430.7	3398.0	3513.0	3779.3	4104.7	4082.7	3196.9	45.7	20.3
證券	408.6	510.4	573.5	394.7	594.0	678.5	665.8	687.2	1198.7	1190.1	1274.8	1405.9	1676.8	1655.8	922.5	13.2	49.7
債券	1706.3	1833.1	1950.1	1982.0	2251.8	2626.7	2713.4	2872.6	2232.0	2207.9	2238.2	2373.4	2427.8	2427.2	2274.5	32.5	14.7
其他	946.4	1004.1	1321.7	1639.4	1388.8	1645.0	1857.7	1734.6	1743.6	1984.0	1877.2	2084.1	2054.1	2207.7	1677.7	24.0	23.2
黃金與外匯存底	843.0	894.8	967.4	1024.6	1053.9	1096.7	1293.4	1264.8	1268.0	1252.5	1232.8	1220.4	1261.3	1265.3	1138.5	16.3	13.7
負債	2763.1	2889.0	3165.2	3242.1	3125.2	3751.3	4083.4	4155.2	4482.0	4799.3	5068.1	5564.9	6058.4	6120.8	4233.4	60.5	27.3
外人直接投資	104.9	112.9	137.7	213.9	212.4	230.0	242.2	222.2	185.7	196.9	205.6	241.7	252.9	282.2	202.9	2.9	25.7
投資組合	1542.4	1762.9	1942.9	1541.7	1537.0	1866.8	2026.3	2085.6	2393.2	2363.1	2660.1	2784.4	3345.3	3170.8	2215.9	31.6	26.8
證券	1126.1	1255.1	1245.9	756.2	829.6	988.8	847.2	965.4	1446.6	1402.1	1551.2	1554.2	1947.2	1616.0	1252.2	17.9	28.1
債券	416.4	507.9	697.0	785.5	707.4	878.0	1179.1	1120.1	946.7	961.0	1108.9	1230.2	1398.1	1554.8	963.6	13.8	33.9
其他	1115.8	1013.2	1084.6	1486.6	1375.8	1654.4	1814.9	1847.5	1903.1	2239.4	2202.4	2538.8	2460.1	2667.8	1814.6	25.9	30.6
淨資產	1531.8	1808.2	2194.9	2489.4	2916.5	3141.9	3419.2	3458.1	3093.3	3012.4	2815.0	2879.2	2909.1	3102.1	2769.4	39.5	20.6
外人直接投資	285.7	341.9	409.8	477.0	540.8	616.2	730.1	831.9	947.3	980.3	1054.6	1118.6	1294.5	1385.0	786.7	11.2	45.2
投資組合	572.5	580.6	580.7	835.0	1308.9	1438.4	1353.0	1474.2	1037.5	1035.0	852.9	994.9	759.3	911.9	981.0	14.0	32.0
證券	-717.5	-744.5	-672.4	-361.5	-235.6	-310.3	-181.3	-278.2	-247.9	-211.9	-276.4	-148.3	-270.4	39.3	-329.8	-4.7	-68.9
債券	1290.0	1325.1	1253.1	1196.5	1544.4	1748.7	1534.3	1752.5	1285.3	1246.9	1129.3	1143.2	1029.7	872.6	1310.8	18.7	19.5

資料來源：國際貨幣基金組織

附表 8.5　2005-2018，德國 國際投資部位

（百萬美元）

	2005	2006	2007	2008	2009	2010	2011	2012	2013	2014	2015	2016	2017	2018	平均	百分比（%）	標準差（%）
資產	5015.5	6245.7	7676.3	7096.3	7554.1	8739.3	8862.4	9633.5	9581.7	9303.1	8593.4	8709.0	10,035.3	9804.9	8346.5	100.0	17.5
外人直接投資	996.7	1236.0	1545.3	1459.6	1605.3	1634.9	1696.2	1928.8	2092.6	1995.9	1958.4	1973.8	2328.5	2385.6	1774.1	21.3	22.3
投資組合	1817.9	2266.4	2624.8	2149.2	2507.9	2555.7	2380.4	2760.1	3083.6	3075.7	2905.6	2976.8	3519.0	3298.6	2708.7	32.5	17.4
證券	771.4	884.2	954.0	589.5	707.1	739.7	647.2	747.4	919.6	939.8	952.0	1009.0	1287.3	1145.7	878.1	10.5	22.0
債券	1046.5	1382.1	1670.8	1559.6	1800.8	1816.0	1733.2	2012.7	2164.0	2136.0	1953.6	1967.7	2231.6	2152.9	1830.5	21.9	18.3
其他	2099.2	2631.8	3370.0	3349.5	3260.1	4332.2	4547.1	4695.6	4207.3	4038.6	3555.8	3573.2	3987.7	3922.5	3683.6	44.1	19.6
黃金與外匯存底	101.7	111.6	136.2	138.0	180.8	216.5	238.9	248.9	198.2	192.8	173.7	185.3	200.1	198.2	180.1	2.2	24.5
負債	4654.8	5624.5	6983.1	6449.5	6669.1	7855.2	8051.0	8594.8	8237.5	7853.7	7054.6	7016.7	7896.8	7456.5	7171.3	85.9	15.0
外人直接投資	813.2	1029.9	1246.9	1137.2	1212.4	1210.5	1252.0	1448.0	1599.4	1469.3	1391.4	1404.6	1665.0	1691.1	1326.5	15.9	18.6
投資組合	2114.0	2508.0	3259.0	2839.7	3042.7	3015.5	3044.9	3359.4	3398.5	3210.3	2867.0	2751.1	3058.6	2682.8	2939.4	35.2	11.9
證券	445.2	622.9	908.9	472.3	647.3	667.6	565.8	701.6	862.3	761.3	732.0	720.9	889.3	694.2	692.3	8.3	20.2
債券	1668.9	1885.1	2350.0	2367.5	2395.4	2347.9	2479.1	2657.8	2536.2	2449.0	2134.9	2030.2	2169.3	1988.6	2247.1	26.9	12.4
其他	1727.6	2086.6	2477.2	2472.5	2414.1	3629.1	3754.1	3787.5	3239.6	3174.1	2796.2	2861.0	3173.2	3082.6	2905.4	34.8	21.3
淨資產	360.7	621.3	693.2	646.8	885.0	884.2	811.4	1038.7	1344.3	1449.3	1538.9	1692.3	2138.5	2348.4	1175.2	14.1	50.7
外人直接投資	183.6	206.1	298.3	322.4	392.9	424.4	444.2	480.9	493.3	526.6	566.9	569.2	663.6	694.6	447.6	5.4	34.8
投資組合	-296.1	-241.6	-634.2	-690.6	-534.8	-459.9	-664.6	-599.2	-314.8	-134.6	38.7	225.6	460.3	615.8	-230.7	-2.8	-183.9
證券	326.2	261.4	45.1	117.2	59.8	72.1	81.4	45.9	57.4	178.5	220.0	288.1	398.0	451.4	185.9	2.2	75.0
債券	-622.3	-503.0	-679.3	-807.8	-594.6	-531.9	-745.9	-645.1	-372.2	-313.0	-181.3	-62.5	62.3	164.4	-416.6	-5.0	-74.1

資料來源：國際貨幣基金組織

附表8.6　2005-2018，英國國際投資部位

（百萬美元）

	2005	2006	2007	2008	2009	2010	2011	2012	2013	2014	2015	2016	2017	2018	平均	百分比(%)	標準差(%)
資產	10,341.9	12,892.6	16,521.0	16,790.1	14,393.7	15,954.7	17,097.1	16,477.4	15,875.2	15,941.5	14,256.4	13,490.3	14,499.7	14,218.4	14,910.7	100.0	12.4
外人直接投資	1642.7	1947.8	2301.1	2097.2	2043.7	2102.4	2108.1	2227.4	2367.2	2165.8	2080.2	1925.4	2127.6	2128.5	2090.4	14.0	8.4
投資組合	2434.6	3318.8	3803.3	2463.8	2943.4	3025.0	2801.9	3173.9	3389.9	3469.5	3312.3	3026.0	3653.8	3411.8	3159.2	21.2	12.8
證券	1247.2	1653.4	1871.6	1041.3	1380.3	1499.0	1344.5	1628.1	1899.4	1949.4	1878.9	1805.0	2341.2	2109.3	1689.2	11.3	21.2
債券	1187.4	1665.5	1931.7	1422.6	1563.2	1526.0	1457.4	1545.8	1490.5	1520.1	1433.5	1221.0	1312.6	1302.5	1470.0	9.9	12.9
其他	6221.4	7581.0	10,363.1	12,176.2	9341.6	10,749.7	12,099.3	10,978.1	10,016.9	10,200.5	8734.4	8404.4	8567.4	8523.3	9568.4	64.2	17.7
黃金與外匯存底	43.2	45.0	53.5	52.9	65.0	77.6	87.8	98.0	101.2	105.6	129.5	134.6	150.8	154.8	92.8	0.6	41.7
負債	10,397.5	13,118.9	16,762.9	16,566.5	14,785.3	16,144.6	17,385.4	17,237.8	16,398.0	16,577.0	14,821.2	13,549.3	14,736.2	14,543.7	15,216.0	102.0	12.7
外人直接投資	1191.6	1520.1	1578.9	1376.7	1427.1	1484.4	1537.0	1973.9	2083.7	2066.1	2005.4	1908.9	2112.7	2220.5	1749.1	11.7	19.1
投資組合	2568.5	3410.1	4030.1	2953.7	3912.8	3987.4	4034.1	4352.7	4513.0	4495.2	4374.0	3818.0	4533.0	4475.6	3961.3	26.6	15.3
證券	1107.8	1495.3	1634.3	841.8	1305.8	1413.6	1376.3	1666.8	1969.9	1909.2	1844.9	1548.5	1990.0	1968.6	1576.6	10.6	22.1
債券	1460.6	1914.8	2395.8	2111.9	2607.1	2573.9	2657.8	2685.9	2543.1	2586.0	2529.0	2269.5	2543.0	2506.9	2384.7	16.0	14.4
其他	6637.4	8188.7	11,153.8	12,236.2	9445.4	10,672.8	11,814.3	10,911.2	9801.3	10,015.8	8441.9	7822.5	8090.4	7847.6	9505.7	63.8	18.0
淨資產	-55.6	-226.3	-241.8	223.6	-391.6	-189.9	-288.3	-760.4	-522.8	-635.5	-564.8	-59.0	-236.5	-325.3	-305.3	-2.0	-84.7
外人直接投資	451.1	427.7	722.1	720.5	616.6	618.1	571.1	253.4	283.5	99.8	74.8	16.5	14.9	-92.0	341.3	2.3	83.4
投資組合	-133.8	-91.2	-226.8	-489.8	-969.4	-962.4	-1232.2	-1178.8	-1123.1	-1025.7	-1061.6	-792.0	-879.2	-1063.8	-802.1	-5.4	-49.6
證券	139.4	158.1	237.3	199.5	74.5	85.5	-31.8	-38.8	-70.5	40.2	33.9	256.5	351.2	140.7	112.5	0.8	108.9
債券	-273.2	-249.3	-464.1	-689.3	-1043.9	-1047.9	-1200.4	-1140.0	-1052.6	-1065.9	-1095.6	-1048.5	-1230.4	-1204.4	-914.7	-6.1	-37.8

資料來源：國際貨幣基金組織

附表8.7　2005-2018，法國國際投資部位

（百萬美元）

	2005	2006	2007	2008	2009	2010	2011	2012	2013	2014	2015	2016	2017	2018	平均	百分比（%）	標準差（%）
資產	4640.1	5969.1	7347.8	7351.9	7848.1	7692.5	7719.9	8070.0	8078.4	7933.8	7089.8	7081.8	7929.6	7809.4	7325.9	100.0	13.0
外人直接投資	911.9	1143.2	1382.7	1320.4	1504.8	1557.0	1608.5	1709.0	1771.0	1691.7	1632.1	1643.3	1855.2	1887.0	1544.1	21.1	17.7
投資組合	1873.3	2437.7	2965.0	2605.3	2983.2	2806.2	2413.9	2626.8	2872.9	2752.8	2549.5	2530.4	2928.3	2710.4	2646.8	36.1	11.0
證券	524.9	716.8	826.9	474.8	646.0	665.8	519.5	652.6	812.3	770.7	748.0	754.6	962.3	796.5	705.1	9.6	19.2
債券	1348.4	1720.9	2138.1	2130.6	2337.1	2140.4	1894.6	1974.2	2060.6	1982.1	1801.5	1775.8	1966.0	1913.9	1941.7	26.5	12.3
其他	1780.6	2289.9	2884.4	3323.3	3227.1	3163.1	2525.6	3549.7	3289.5	3345.9	2770.0	2761.3	2989.7	3045.4	2996.1	40.9	16.2
黃金與外匯存底	74.4	98.2	115.7	102.9	133.1	166.2	171.9	184.5	144.9	143.4	138.2	146.8	156.4	166.6	138.8	1.9	22.6
負債	4674.2	6076.6	7587.0	7720.1	8242.8	7919.1	7920.7	8423.3	8561.7	8341.4	7399.2	7431.9	8483.1	8116.1	7635.5	104.2	14.0
外人直接投資	644.7	813.4	996.3	949.2	1032.3	1014.8	1055.0	1116.9	1206.9	1097.5	1051.3	1068.6	1278.1	1279.7	1043.2	14.2	16.2
投資組合	2081.9	2585.3	2926.4	2592.3	3299.0	3234.8	3121.1	3482.3	3662.2	3706.3	3359.2	3329.9	3817.1	3318.0	3194.0	43.6	15.8
證券	690.4	990.3	1060.4	624.8	825.8	774.0	647.7	811.0	1009.2	902.2	853.5	878.6	1077.8	682.7	844.9	11.5	17.9
債券	1391.4	1594.9	1866.0	1967.5	2473.2	2460.8	2473.4	2671.3	2853.0	2804.1	2505.7	2451.3	2739.3	2635.3	2349.1	32.1	19.6
其他	1947.6	2677.9	3664.3	4178.6	3911.5	3669.5	3744.6	3824.1	3492.6	3537.6	2988.7	3033.5	3387.9	3518.4	3398.4	46.4	16.9
淨資產	-34.1	-107.5	-239.2	-368.2	-394.7	-226.5	-200.9	-353.3	-483.4	-407.6	-309.4	-350.2	-553.5	-306.7	-309.6	-4.2	-45.1
外人直接投資	267.2	329.8	386.4	371.2	472.5	542.3	553.5	592.1	564.1	594.2	580.8	574.8	577.1	607.3	500.9	6.8	22.8
投資組合	-208.6	-147.5	38.6	13.0	-315.8	-428.6	-707.2	-855.4	-989.3	-953.5	-809.7	-799.4	-888.8	-607.6	-547.1	-7.5	-66.7
證券	-165.6	-273.5	-233.5	-150.1	-179.7	-108.3	-128.4	-158.3	-196.0	-131.5	-105.4	-124.0	-115.5	-113.8	-139.8	-1.9	-62.8
債券	-43.1	126.0	272.2	163.1	-136.1	-320.4	-578.8	-697.1	-792.4	-822.0	-704.3	-675.5	-773.3	-721.4	-407.4	-5.6	-98.9

資料來源：國際貨幣基金組織

位，這點讓人寬心。附圖八‧十一和八‧十二總結二〇〇五年至二〇一八年期間橫跨六大經濟體更廣泛的資本流動證據。附圖八‧十一的數據依照類型呈報資本流動總額：外人直接投資占總合活動從一五％升至超過二五％，銀行業總流量則從二〇〇七年的高峰五二％跌至不到四〇％。在投資組合總流量的組合中，債券的跌勢類似銀行業流動，從二〇〇五年的三〇％跌至二〇一八年的二〇％以下，而股票流動則爬上重要地位，在所有總資本活動中，從二〇〇七年的僅七％攀至二〇一八年的近一六％。根據附圖八‧十二，依照總流量衡量，二〇〇五年至二〇一八年間，外人直接投資占美國資本流動二八‧二％，債券進一步占三一‧三％、銀行業流量占二八‧八％。波動最劇烈的類型是銀行業流量，標準差為平均價值的五六‧一％，其次是債務流量，占四六‧二％。傳統上波動較大的銀行業與債務流量所占總合比率下跌，有可能改善國際金融體系的穩定度。

附圖8.11　2005-2018，全球跨境總流動趨勢（主要已開發經濟體）
（占總體百分比）

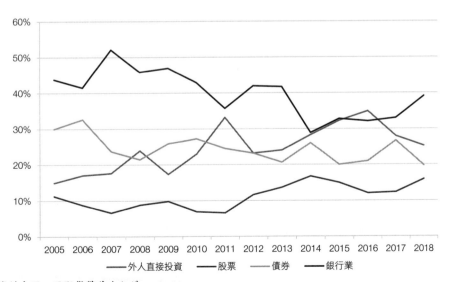

資料來源：國際貨幣基金組織

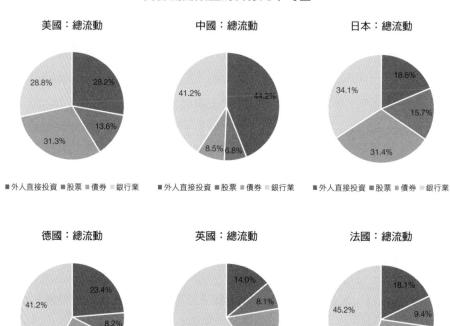

附圖8.12　2005-2018，主要經濟體的資本流動結構，
占總流動類型的百分比平均值

資料來源：國際貨幣基金組織

　　銀行業與債務流動的主導地位在其他主要經濟體中顯而易見。這些流動直接或間接借道抵押品運作，推動境內的信貸變化，進而驅動全球流動性變化。二〇〇五年至二〇一八年期間，單單銀行業流動就高占英國平均資本變動的五八・七％；法國流量的四五・二％；德國流量的四一・二％；中國流量的四一・二％與日本流量的三四・一％。在這段期間，銀行業占英國外國資產平均比率為六四・二％、占英國外國負債比率接近六三・八％，因而突顯它對英國的重要性。債券在德國扮演吃重角色，占總流動比率為二五・

九％、占外國負債比率為二六・九％。與此同時，外人直接投資高占中國資本總流動為四四・二％、占外國負債比率為三八・九％。官方的黃金與外匯存底囊括中國的外國資產存量達五八・三％，這個數字強調中國政府在回收美元方面扮演積極角色。民間金融部門在這方面反倒使不上力，這便解釋人民幣在國際上的作用依舊甚微。我們將在第九章深究中國的國際數據異常現象。舉例來說：中國銀行業總量活動是由借入美元的中國居民所主導；迄今為止，放款人民幣給外國人、外人購買中國境內債券仍屬少數。值此中國應該出口人民幣之際，它卻是正在再出口美元。這一點必須改變。

注釋

1. 語出揭發水門案（Watergate）事件的電影《大陰謀》（*All The President's Men*）。

2. 請參見二〇一六年吉塔・戈碧娜特所撰〈國際價格系統〉（The International Price System），刊於傑克森鎮經濟研討會（Jackson Hole Economic Symposium）。

3. 亦請參見：https://libertystreeteconomics.newyorkfed.org/2019/02/the-us-dollars-global-roles-where-do-things-stand.html

4. 二〇一九年六月六日，時任英國央行總裁馬克・卡尼（Mark Carney）在東京發表演說《拉力、推力與輸送》（*Pull, Push, Pipes*）。

5. 二〇一〇年《陶德—法蘭克華爾街改革與消費者保護法》剝奪聯準會的一些權力。諸如墨西哥與巴西這些特定的新興市場經濟體以往可使用臨時的美元互換額度，但現在已被喊卡。

6. 也稱為全球價值鏈。

7. 二〇一五年，賀蓮・芮伊於國際貨幣基金組織開辦的孟代爾—弗萊明模型講座。

8. 資本流入總額正式被定義成非居民獲得的國內資產淨額；資本流出總額被定義成居民獲得的外國資產淨額，不包括官方儲備；淨資本流動則是資本流入與流出總額之間的差值。

9. 這道概念有時被稱為**亞洲儲蓄過剩**（Asian Savings Glut）與**超額儲蓄**（Excess Savings）觀點。

10. 請參見經濟學家加柏列・祖克曼所撰〈消失的國家財富〉（The Missing Wealth of Nations），刊於《經濟學季刊》（*Quarterly Journal of Economics*）第一百二十八卷，第三期，八月。

11. 外國資產加總約占歐洲銀行總資產的三分之二，相較之下，占美國銀行的三分之一。

12. 在拋補利率平價理論中，介於貨幣對（currency pairs）之間的貨幣利率差異完全反映在它們的遠期匯率平價。

13. LIBOR的全稱是倫敦銀行同業拆借利率（London Interbank Offered Rate）。

14. 語出一九六五年二月十六日法國前財政部長瓦列里・季斯卡・德—斯坦（Valéry Giscard d'Estaing）。

15. 請參見第一章引述二〇一五年四月中國人民解放軍少將喬良的演說。

第九章

中國與新興市場

中國的貨幣與金融體系

　　若是排除中國人行，中國的整體流動性大約落在人民幣兩百兆元（約合二十八兆美元），其中國有銀行是主要放款方。根據附圖九‧一與九‧二，緊隨左右的影子銀行也在中國貨幣體系中扮演要角，占總流動性共超過三分之一，或說僅略低於美國同類銀行。不過我們不認為資金問題是全新流動性的來源（就技術而言，它們只是回收民間部門的現有儲蓄），它們平均占籌集資金的一一％，而且被納入**社會融資總額**的官方預估價值中。中國影子銀行的主要活動涵蓋信託銀行與非銀行的金融機構放款，通常會要求金融抵押品。會被轉換為人民幣的外幣貸款一度是更重要的融資來源，但近來身為央行的中國人行表態不鼓勵使用它們。

　　附圖九‧三突顯以國有銀行為主的商業銀行放款業務具有吸睛的穩定性。在這道趨勢下，中國整體的流動性波動是被影子銀行業活動的劇烈起落所驅動。影子銀行經歷的信貸週期更顯著，經常都是反週期而行，有可能意味著，影子銀行在逃避主流貨幣掌控之際蓬勃發展？它們往往透過躉售貨幣與資本市場獲得資金；它們倚賴行情看漲的抵押品價值，而且許多還都是大銀行的子公司。尤有甚者，有些影子銀行被它們與在地監管機關過從甚密的

附圖9.1　2002-2019，依來源區分中國流動性

單位：人民幣兆元

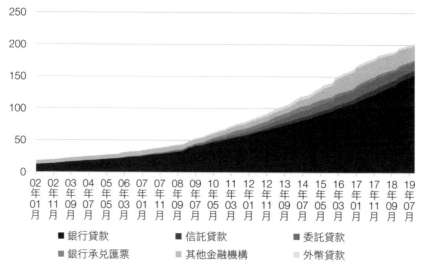

■銀行貸款　　　　　■信託貸款　　　　　■委託貸款
■銀行承兌匯票　　　■其他金融機構　　　▨外幣貸款

資料來源：跨境資本、中國人行

附圖9.2　2019年，依來源區分中國流動性

單位：百分比

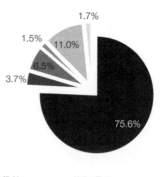

■銀行貸款　　　　　■信託貸款　　　　　■委託貸款
■銀行承兌匯票　　　■其他金融機構　　　▨外幣貸款

資料來源：跨境資本、中國人行

附圖9.3　2003-2019，依來源區分中國流動性成長

單位：年度百分比變化

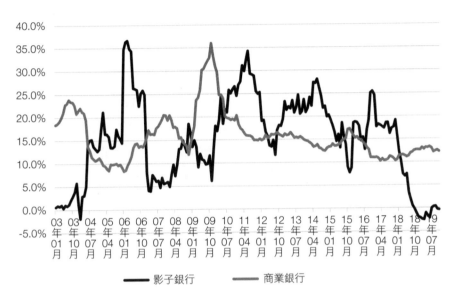

資料來源：跨境資本、中國人行

傳聞，以及幾樁可疑的房產交易所毒害，因此它們的業務活動有時候突然被喊卡，其實就是時不時被中央政府打臉的後果。

中國的金融業不成熟

　　從結構上來看，中國享有龐大的國內儲蓄盈餘，有史以來這部分用以彌補公共部門赤字可說綽綽有餘，相應之下也讓它保有經常帳盈餘。然而，儘管近幾年再度限制資本外流，近期中國經常帳下滑、流入的外人直接投資放緩已經消耗掉它依舊龐大的外匯存底。雖說很大程度上這還是一道週期性問題，卻引出更深層次的結構性問題。具體來說，中國的對外資產負債表反映出整體金融環境不成熟。中國的外國資產總量約莫七兆五千億美元，相較之

下德國是十兆美元、美國超過二十五兆美元：這個數字約與美國的國內生產毛額規模相當。不只是中國資產負債表的相對與絕對規模小得多，還嚴重傾向官方持有的外匯存底（二〇〇五年至二〇一八年平均持有率為五八％），而負債總額則以流入的外人直接投資為主（平均占總資產三九％），其中約有一半似乎是由人民幣計價的銀行貸款提供資金。

主要的已開發經濟體與周邊新興市場經濟體之間的跨境資本流動有必要切分成流向中國的那一股大規模、占據主導地位的資金流，以及流向其他市場規模較小但反而金融成熟度更高的新興市場。中國龐大的美元外匯存底積蓄與大量流入的外人直接投資[1]相互呼應，還要加上二〇〇一年它加入世貿組織之後產生主要以美元計價的巨額貿易順差。一路以來，中國都在尋求保持廣義的人民幣／美元匯率穩定，拒絕讓它的貨幣重蹈一九七〇年代、一九八〇年代的日圓那種痛苦升值的覆轍。

附圖九・四顯示中國經常帳盈餘從二〇〇一年的低點急速成長至二〇〇七年占國內生產毛額近一〇％的高峰，此後盈餘便反轉直下，而且根據國際貨幣基金組織的預測，未來幾年還會一路走低。此外，外人直接投資已獲證實相當活躍，每年流入的外人直接投資總計落在一千五百億至兩千億美元之間。附圖九・五呈報我們所說的中國**基本收支**，亦即經常帳加上淨外人直接投資流量。二〇〇七年至二〇一五年間，這個金額平均每年接近四千億美元，不過近幾年這個盈餘的規模大約砍半了。這股跌勢的部分原因是流入的外人直接投資腳步減緩，但更重要的是因為對境外的外人直接投資更強勁，很大一部分是與**一帶一路倡議**計畫相關。前瞻未來，隨著低利率與地緣政治緊張升起，中國更可能增加對境外的外人直接投資，而不是累積更多美國國債。近期各界擔憂中—美關係，導致許多人預測，中國可能加速拋售龐大的[2]一兆一千億美元公債證券準備金，但更有可能的局面是中國心不甘、情不願地買進更多美國資產，並重新將盈餘投入區域的投資專案中，這將會反過來協助人民幣經濟區更往本土靠攏。

附圖9.4　1997-2023，中國經常帳收支
（注：2020–2023是國際貨幣基金組織的預估值）
單位：占國內生產毛額比率

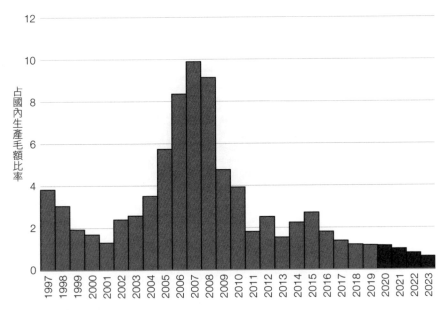

資料來源：國際貨幣基金組織

　　儘管中國整體的外國淨資產部位良好，目前已超過兩兆美元，但因為金融產業打從根本上不成熟，特別是後者的國際能見度低落、外國流動總額相對微弱，它的國際資產負債表組合存在嚴重偏差。簡言之，中國持有的資產大幅度偏向美元，官方持有的中、短期美國國債尤其占大宗。中國的外國收入主要以美元計價，高度相似美國本身，而不像德國。中國急迫需要擺脫這種掛鉤美元的現況，因此本身必須率先在海外使用人民幣。就實務而言，大舉流入的外匯必須由民間或公共部門再循環回到外國資產中，以防它們推升人民幣匯率。這便解釋中國政府透過諸如國家外匯管理局[3]、中國人行等轄下機構扮演的積極主動角色。結果是，中國的外國資產總額是由超過三兆美元[4]的官方外匯存底所主導，占外國資產持有總量五八％（二〇〇五年至二

附圖9.5　2005-2019，中國基本收支，即經常帳加上淨外人直接投資

單位：億美元

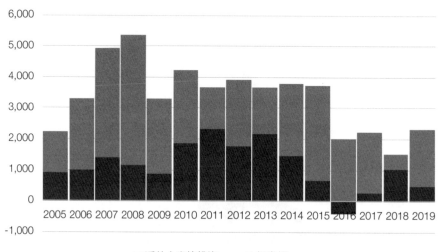

■ 淨外人直接投資　　■ 經常帳

資料來源：跨境資本

〇一八年平均值）。這個比率比起日本的一六・三％、德國區區的二％與英國微不足道的〇・六％，稱得上天價數字，而且後三國的金融產業還都更成熟。兩相對照之下，中國的外國銀行業資產占資產總額二一％（德國則為四四％），被占資產總額一八％（德國則為三五％）的銀行負債存量抵銷。中國外流的外人直接投資存量約占總資產一五％（德國則為二一％），流入的外人直接投資相當於三九％（德國則為一六％）。中國的海外投資組合總量平均約占總資產六％，而外國投資中國的產品組合總量占總資產一二％（德國則分別為三三％與三五％）。更重要的是，中國的資產與負債流動總量波動程度大約是德國的三倍，這一點或許再次證明它的資本市場發展依舊處於初期階段。

　　這些比較數值發人深省。從國際化角度來看，中國的金融領域無疑落後。中國比起其他同為競爭對手的大型已開發經濟體不僅有必要大幅增持海

外資產總量，國際資產負債表更有必要多元化。儘管它的外國淨資產部位健康，但是對外資產負債表的規模若採用資產與負債總額而非兩者的淨差異衡量，則是嚴重低於平均水準。換句話說，中國的對外負債主要是諸如外人直接投資等風險資產，而它的外國資產則是以安全資產為主。因此，中國出售實質資本存量給外國人所獲得的美元收益就會以美元的形式再出口，然後再回到美國國債中。根據附表九‧一，中國國際銀行業的流入加上流出總額計達整體外國資產的三九％，這個比率在德國超過七九％、美國是六九％，英國則為一二八％。中國的跨境投資組合活動總量甚至減弱了，僅占所有外國

附表9.1　2013-2018，中國國際資產負債表總額（平均值定義2005-2018年）

單位：10億美元

中國，人民共和國：中國大陸：國際投資部位									
百萬美元									
請點擊此處查看特定的全國詮釋資料	2013	2014	2015	2016	2017	2018	平均	百分比	標準差
資產	5986.1	6438.3	6155.8	6507.0	7148.8	7324.2	4667.9	100.0%	43.9%
外人直接投資	660.5	882.6	1095.9	1357.4	1809.0	1899.0	691.5	14.8%	90.8%
投資組合	258.5	262.5	261.3	367.0	492.5	498.0	286.0	6.1%	36.0%
證券	153.0	161.3	162.0	215.2	297.7	270.0	116.8	2.5%	83.8%
債券	105.5	101.2	99.3	151.8	194.8	227.9	169.2	3.6%	36.5%
其他	1186.7	1393.8	1392.5	1684.8	1611.4	1759.2	967.7	20.7%	56.0%
黃金與外匯底存	3880.4	3899.3	3406.1	3097.8	3235.9	3168.0	2722.8	58.3%	36.6%
負債	4177.0	4835.6	4483.0	4556.7	5048.1	5194.1	3208.5	68.7%	48.3%
外人直接投資	2331.2	2599.1	2696.3	2755.1	2725.7	2762.3	1816.7	38.9%	48.1%
投資組合	573.4	796.2	817.0	811.1	1099.4	1096.4	570.7	12.2%	53.8%
證券	484.5	651.3	597.1	579.5	762.3	684.2	453.4	9.7%	40.9%
債券	88.9	144.9	220.0	231.6	337.0	412.2	117.2	2.5%	113.6%
其他	1272.4	1440.2	969.6	990.5	1223.1	1335.4	821.1	17.6%	50.2%
淨資產	1809.1	1602.7	1672.8	1950.4	2100.7	2130.1	1459.4	31.3%	36.9%
外人直接投資	-1670.8	-1716.5	-1600.4	-1397.8	-916.6	-863.3	-1125.2	-24.1%	-40.5%
投資組合	-314.9	-533.7	-555.7	-444.1	-606.9	-598.4	-284.7	-6.1%	-79.8%
證券	-331.5	-490.0	-435.1	-364.3	-464.7	-414.1	-336.6	-7.2%	-29.7%
債券	16.6	-43.7	-120.6	-79.8	-142.2	-184.3	51.9	1.1%	286.7%

資產的一八％，相較之下美國是九九％，德國和日本都是七八％，英國則為四八％。換句話說，中國民間部門在回收內部資本方面成效相當遜色。如附圖九‧六所示，採用占國內生產毛額比率當作衡量指標，比較中國與全球平均民間部門跨境資本流動總量。在諸如德國、英國與日本這些金融發展比較成熟的經濟體中，民間部門透過自身的國際投資承擔更重大的回收功能，而且速度至少比中國快一倍，甚至完全無視二〇〇七年全球金融危機爆發前短暫飆高的訊號。

　　具體而言，外國人持有的中國債券僅為持有德國債券的十分之一，而且中國的國際銀行放款占總資產的比率有可能輕易就翻倍，或是，一旦外人直接投資這項放款元素被剔除不計甚至可能翻四倍。這些差距所代表的意義是：（一）具有儲備貨幣地位，而且外國人可以自由投資的境內主權債券市場，以及（二）以人民幣計價的貿易信貸國際市場，兩者皆付之闕如。中國

附圖9.6　2005-2018，中國與全球的平均民間部門資本流動總額之比較

單位：占國內生產毛額比率

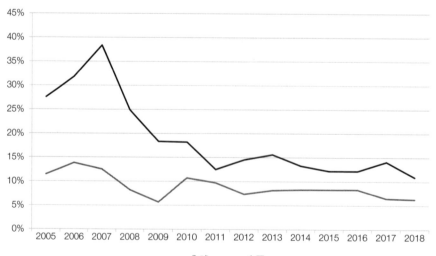

資料來源：跨境資本

政府債券國際化的必要條件將是可能需要某種程度鬆綁現有的資本管控，並發展內建標準指標的透明化金融基礎建設。反過來說，人民幣貿易信貸市場本身就需要更龐大以人民幣計價的中國貿易。這兩道趨勢都水漲船高，儘管漲勢緩慢。然而，中國不太可能急就章，因為對它的經濟聲望來說，透過投機攻擊而坐失匯率的掌控力將是一道不受歡迎的打擊。比起顯著鬆綁對外資本管制，更可能的小範圍做法是建立一個半封閉的人民幣區域，或許乾脆納進中亞與其他亞洲條件相當的經濟體。事實上，中國人行早就在亞洲建立一套區域性的人民幣互換額度網絡。

中國民間部門的金融企業至今還沒有能力針對外國人打造強大的人民幣債券，加上它們顯著是採用人民幣計價的債券，至今機構本身（若考慮到官方掌控）既缺乏專業也不見意願和能力，直接自主持有美元並承擔任何貨幣風險責任。必然後果是，中央政府借道外匯存底（即國家外匯管理局）與中國投資[5]這支主權財富基金；以及諸如**一帶一路**倡議這類直接挹注外國專案等外人直接投資以管理它的貨幣池。尤有甚者，正如先前提及，未來中國不太可能想再大舉增加美元儲備。考慮到前述種種情境，中國似乎最好是扮演維持人民幣兌美元或甚至是兌一籃子區域國家貨幣外匯穩定的角色[6]。比較弱勢的人民幣可能鼓勵資本外逃，但是強勢的人民幣會傷害出口表現，並可能因此提升中國的外部融資需求。確實，亞洲產業之間日益緊密交織，由恣意擴展的區域供應鏈相互串聯，突顯出亞洲內部貨幣穩定的重要性越來越高。換句話說，假使所有亞洲貨幣兌美元同步走高，參與者終將分擔任何潛在的競爭力損失。必然後果是，我們應該預期目睹一個事實上的區域貨幣集團崛起，就好比當今的歐元，它的特徵將是集團內部匯率穩定，而且集團之間享有更大彈性。這種演變將允許中國資本更高的外部多元化，特別是在亞洲區域內。

第六章提到格利、蕭和葛史密斯的金融結構觀點意味著，金融體系具有一種正常傾向，亦即將不斷提升流動性當作發展的自然組成部分，特別會出

現在成長迅猛的經濟體中。以產業制度的深度來看，因為中國的金融發展遲滯，國際投資者一向被迫更加倚賴美國的資本市場。就國際金融穩定程度而言，一旦這種現象導致「安全」資產抵押品的結構性短缺、讓美國聯準會的負荷更沉重，就有可能帶來嚴重後果。附圖九‧七比較美國與中國經濟的相對規模，以及它們各自的資金池（即M2之定義）與流動性。數據顯示，中國坐擁更強大的央行、更龐大的傳統銀行資產池，以及強大但規模略小的影子銀行體系。整體而言，中國的流動性落在三十五兆六千億美元，比美國的二十九兆二千億美元高出不只二〇％。以當前美元計算，中國的國內生產毛額約莫十四兆二千億美元，但若改以購買力平價方式計算，幾乎是倍增至二十七兆三千億美元，或說還比美國的二十一兆三千億美元高出近三〇％。

　　深化以人民幣為基礎的國際市場是至關重要的下一步。雖說中國的儲蓄超越國內投資，但依舊需要吸引外國資本。部分原因是，從定向面向來看，外人直接投資往往體現最新科技與國際管理技巧，另一部分則得從定量視角

附圖9.7　中國對比美國貨幣體系的相對規模，比較至2019年7月底
單位：兆美元，唯購買力平價／每人是以千美元計算

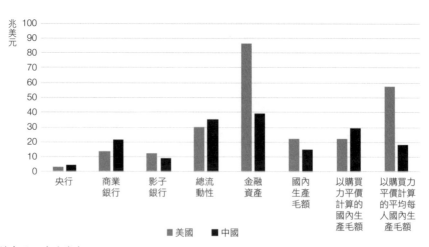

資料來源：跨境資本

來看，這樣將會賦能中國多元化境內的資產基礎。換句話說，中國主要是一個借道資本帳再出口美元的國家，但它寧願成為更強大的人民幣出口國。這將會促進人民幣國際化，踏上一條實現讓亞洲市場捐棄廣泛使用美元這道國家級目標的道路。中國可能得以因此獲取可觀的**鑄幣稅**收益。舉例來說，中國坐擁龐大的高收益國內債券市場，應該深具吸引外國投資者的潛力。透明、高流動性中國政府公債市場應該能吸引更多境內與外國投資者。中國債券不僅可以在基準指數中囊括高額比重進而吸引外資，有效率的境內債券市場本身將可以扮演估價諸如證券等其他中國資產的實用基準工具。同理，就銀行業與信貸市場方面，要求以人民幣支付商品與資產，並鼓勵外國人採用人民幣當作增加中國財富的直接方式，因此可以忽略不計印刷紙鈔以便實現這道目標的成本，或是乾脆鼓勵改用數位型態的人民幣。中國的重要企業已經建立了境內支付平台，好比支付寶與微信支付，兩者都可能延展當作電子錢包，涵蓋電子貨幣與國家支持的數位貨幣。出售外國人諸如債券這類以人民幣計價的資產將也會鼓勵他們借入人民幣。同理，採用人民幣定價更多的出口貨品將會導致亟需以人民幣為基礎的貿易信貸市場發展。所有這些倡議都應該提高跨境金融活動總額，並增加以人民幣計價的外國資產持有水位，好比中國銀行對外國人的貸款與貿易信貸，還有以人民幣計價的外債，像是外國持有的中國證券。中國的資產負債表總量應該開始提升並多元化邁向全球平均值。

人民幣國際化確實也很有可能涉及人民幣境外交易，以及諸如歐元—人民幣等存款市場的急速發展，它們都與既存的歐洲美元市場同路並行。回憶一下，最初歐洲美元市場成長背後的動力是當代的蘇聯擔憂它們在美國本土銀行中的美元存款的完整性，特別是冷戰緊張局勢加劇的情況下。萬一地緣政治緊張局勢升級，當今許多投資者也將對中國大陸機構持有的任何人民幣存款的完整性抱持類似擔憂。值得留意的是，冷戰時期的平行緊張局勢並未阻止國際貿易採用美元，反倒只是加速歐洲美元市場發展，尤其是在倫敦。

看不出來類似的境外歐元—人民幣市場為何將無法發展。

最近二〇一九年九月，香港交易所試圖競標倫敦證券交易所，也幾乎在同時間宣布中止外國投資購買中國金融資產的配額，兩者皆是跪求「理性」並尋求風險的外國資本實例。同理，進一步獲取外國儲蓄可能源自中國股票發行的美國存託憑證（American Depository Receipt, ADR）計畫，再加上可能將更多中國股票與債券納入基準指數。後者將意味著來自被動的國際投資基金更大的潛在投資機會。然而，所有這些流入都代表美元池出現令人憂心的流出。美國政界人士最近反擊這些威脅，看似美國政府將會抵制這類輕易獲取美國儲蓄的手段。有些專家甚至建議對流入中國的美國投資組合實施嚴格限制。說到底，資本戰爭進行中。

資本流動對新興市場的影響

總體而言，跨境資本流入新興市場往往已獲證明是境內資產市場的強大驅動力。然而，資本流入也伴隨著代價。根據霸菱[7]的研究結果：「……每一回新興市場的危機一開始都是一場貨幣危機。」許多新興市場經濟體的國家決策者出自貿易競爭力的考量，都有鎖定兌美元匯率穩定的悠久傳統，於是允許自家的外匯存底據此相應起起落落。這些流動以三種方式影響境內資產市場：（一）**交易量**：設點在這些主要已開發經濟體的外國機構投資者與放款方，相較於開發中世界通常屬於小規模的在地資產市場，都是規模龐大的代表；（二）**資訊**：富裕的新興市場居民在海外持有的在地原生基金可以隨著他們察覺在地經濟情況生變，進而迅速進出本國市場，以及（三）**政策**：因為國家央行經常鎖定匯率，因此允許資本流動得以借道龐大的外匯存底池加以貨幣化。在地金融往往不甚發達，意味著這些流動對境內貨幣與信貸總合的影響無法完全被抵銷。因此淨資本流入新興市場經濟體往往會借道這些第二輪效應而非升值貨幣，進而催生出境內信貸榮景。不過這種效應並

非總是對稱發生，因為雖然資本外流可能一開始緊縮信貸市場，但第二輪效應對境內經濟帶來的負面影響有可能迫使決策者選擇貶值，而不願冒著經濟急凍的風險犧牲自家貨幣。

我們已在第五章說明，這種貨幣傳導如何以類似經濟學文獻中所謂巴拉薩—薩繆爾森效應（Balassa-Samuelson effect）漸次發生。資本流動的正向衝擊經常發生但不獨由打底的生產力要素所引發，走高的實質匯率會緊隨它們而來。換句話說，快速成長的新興市場經濟體有可能經歷實質匯率的上行壓力。就定義而言，實質匯率包含名目匯率與相對的價格水準。然而我們不畫地自限僅取商業大街價格，反而廣義定義這種「價格」水準，因此納入資產價格、工資以及服務業價格。在供應鏈主導的世界中，我們可以假設，多數商品價格是依據國際行規而非各國境內所決定，但工資往往「很牛皮」，因為它會阻止成本順延供應鏈傳遞。實質匯率上升因此便暗示著，若非名目匯率可能上升、境內資產價格可能上升，就是兩者兼而有之。必然後果是，一旦國家貨幣監管機關將它們的名目匯率鎖定在恆定水準，實質匯率的上行壓力終究會借道上揚的資產價格對外體現。這很可能解釋為何諸如新加坡、香港與南韓這些享有高生產力成長的亞洲經濟體往往享有資產價格大漲的優勢，還能常常體現投機資金追逐房產發展投資機會的重要作用。

我們可以追蹤伴隨新興市場匯率目標政策，並且最終導致資產價格榮景的貨幣傳導過程。起初的流動性衝擊若非借道更快速的出口成長，以及／或者更強勁的資本流入體現。由此產生的外匯存底變化透過貨幣基礎傳遞，反之又會傳遞進入諸如整體銀行放款的更廣泛信貸總量。附圖九・八顯示以美元計價的新興市場外匯存底的大幅波動與新興市場強力貨幣的平行成長（相關係數為〇・八〇七）。舉例來說，當資本流入被央行轉換成在地貨幣並累積成外匯存底，由此產生的基礎貨幣增量就能為銀行信貸的多重擴張提供全新融資。同理，境內的民營銀行會對貨幣機制穩定度抱持更強烈信心，進而參與諸如換匯交易以便獲取額外資金。除非在地決策者借道其他領域的抵銷

附圖9.8　1991-2019，新興市場外匯存底與基礎貨幣（年度變化）

單位：兆美元

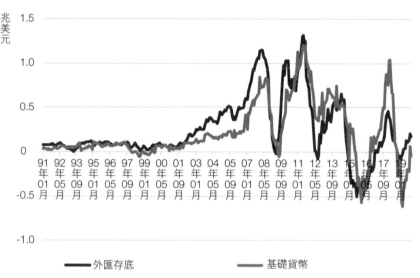

資料來源：跨境資本

行動，好比透過央行買賣其他金融資產，以便反制基礎貨幣變動的影響，否則這些也可以反向操作的機制照樣適用。

　　典型來說，由於新興市場同時既是新興經濟體，也是發展不全的金融體系，它們的境內金融市場比較無法完全消除跨境資本流動的影響。事實上，二〇一五年芮伊證實，經濟體即使是在完全發揮彈性匯率的情況下運作，它們依舊容易受到這些全球因素動搖。這意味著國際資本變動影響新興市場經濟體的力量被誇大了，使得資產價格泡沫膨脹更可能是出於順週期的第二輪效應。讓它們對美國貨幣政策變化、任何經由基準美元匯率而產生的變動格外敏感。因此，美元走強的時期已獲證明不利發展，美元走弱卻與新興市場正向積極的金融市場表現息息相關。強力美元貨幣不僅借道一再緊縮的美國貨幣政策帶來的更廣泛影響逆向衝擊新興市場，更將直接衝擊必須採用現在已經變得更貴的美元還款的外國借款方。

這套架構聚焦這些匯率效應，有助解釋為何大行其道的美元體系會體現額外的放大機制。正如我們先前主張，它借道實質匯率，並在其他經濟體超車美國生產力成長一路下滑之際運作。由此而生的反向生產力差距施壓美元的實質匯率走貶，但是金融在美國經濟圈占有一席之地，因此迫使美國監管機關試圖借道挹注金融市場更多流動性，以便維持境內盛行的抵押品價值，亦即資產價格。必然後果是，儘管名目美元匯率的需求定期上升，從歷史來看它都是借道長期貶值承接大部分的調整負擔。除了新興市場的決策者尾隨美國的寬鬆政策帶來連鎖反應，走弱的美元匯率還會反過來減少直接的債務償還負擔，並鼓勵民間部門更踴躍投入跨境借款，包括未經避險的利差交易，進而提高美元外債水準，並增加跨境的幣別錯配。不明智之處在於，許多新興市場借款方在此之前就已經屈服這道誘惑。此外，國際借款業務鬆綁讓美國維持低水位儲蓄率、高水位財政赤字，連同當作帳面數字的經常帳赤字也不斷成長。由於貿易流動的變化主要涉及製造業，美國一路走揚的貿易逆差與長期的去工業化息息相關，而且因為製造業是多數生產力成長的潛在來源，這道頹勢進一步削弱美元實質匯率的長期水準。正如我們最初在第三章所述，複雜的回饋可能倍增。跨境資本流入美國境內，好比金融危機爆發前歐洲銀行的美元房貸放款業務，也可能強化聯準會最初的貨幣政策放鬆，進而吹大境內的資產泡沫。這終將反過來迫使聯準會重新收緊政策，如此便有可能引爆債務危機重返新興市場本身。結果便是，資本在核心和外圍之間迅速轉移，有時候還相當劇烈，如此反復。

誠然，近來這些直接的美元效應有可能某種程度減輕，因為中國與許多其他新興市場如今以在地貨幣承接相對更多借貸業務。儘管如此，以絕對值來看，新興市場經濟體依舊是主要的跨境借款方。根據國際貨幣基金組織，跨境資本流動激增的總量中，有五分之一最後是以國家層級的金融危機告終，這項證據印證它們抵抗破壞的能力依舊脆弱的事實[8]。數據顯示，跨境資本流動激增後，新興市場經濟體更可能遭逢金融危機的機率至少高出三

倍。附圖九‧九顯示，這些危機時期如何頻繁地尾隨資本流入的高峰而至。
雖說乍看之下，跨境資本流入刺激國內生產毛額成長，但事實上，那些經歷
高於平均水準的資本流動震盪的新興市場經濟體成長速度顯著更慢。許多新
興市場經濟體選擇借道創建主權財富基金、累積龐大外匯存底緩衝，進而累
積龐大的「安全」資產儲備量能，以便自我保險，抵禦資本流動震盪，特別
是在一九九七年／一九九八年的亞洲危機過後。這一點不足為奇。附圖九‧
十顯示，新興市場經濟體總共持有約莫七兆美元外匯存底，而且證據表明，
二○○○年代初期至中期更是卯起來積存。

　　附圖九‧十一呈報，近年來進入新興市場經濟體的淨民間部門資本流動
出現不尋常的疲軟模式。最近資本流出已經超越資本流入。誠然，一旦中
國被排拒在樣本之外，這一點就會變得比較失真，因為二○一四年至二○一
七年期間發生大規模「資本外逃」出走中國。此時恰逢總理習近平的反腐

**附圖9.9　1980-2019，跨境資本流動進入新興市場（占境內流動性總量比率）與
危機時期數量**

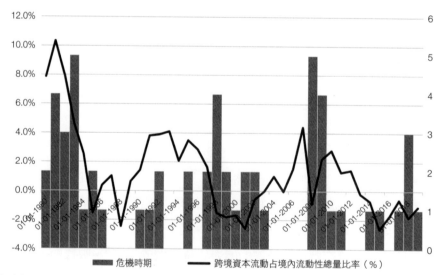

資料來源：國際基金貨幣組織、跨境資本

附圖9.10　1990-2019，新興市場的外匯存底（月度、年增率）

單位：兆美元、%

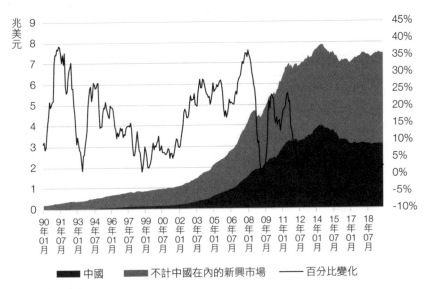

資料來源：跨境資本

運動，中國暫時減低外部資本掌控，以便符合國際貨幣基金組織為人民幣設定二○一六年起加入特別提款權儲備貨幣的條件。儘管如此，資本從高報酬往低報酬「向上逆流」（flowing uphill）的總體現象，亦即從新興流往已開發市場經濟體，已經以美國著名經濟學家*之名命為**盧卡斯矛盾現象**（Lucas Paradox）。不過，一旦將整體外國資產負債表與總流量的變動納入考慮，整體格局就會看起來比較合理，因為這足以證明，資本流動如何廣泛進入不同的新興市場投資領域。換句話說，近來這些風險資本流入已經被新興市場居民對諸如政府公債、富裕的先進經濟體發行的強勢貨幣，以及新興市場借款方所償付的外幣等「安全」資產的需求所抵銷。

---

* 譯注：即羅伯特・E・盧卡斯二世（Robert E. Lucas Jr.）。

附圖9.11　2014-2019，進入新興市場的淨跨境資本流動（月度）

單位：億美元

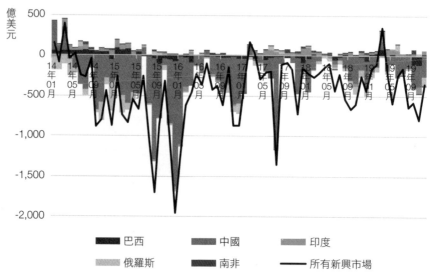

資料來源：跨境資本

　　區隔這些風險資本流入的數據呈報在附圖九・十二，證實新興市場資本流入是以購買債券為主，而且也都高度順週期。我們在一旁額外補充統計跨境流動活動的全球跨境資本指數（CrossBorder Capital index of World），以強調這些波動有可能受到某些全球性要素所驅動。一道更深層次的問題關注，這些流入新興市場的資本是否更強烈受到所謂「拉力」要素所驅動、與更快速的全國性成長這種正向積極的境內經濟特徵相關，反而不是受到「推力」要素所驅動、與已開發經濟體更鬆散的貨幣狀況相關，好比美國聯準會的貨幣寬鬆政策？一般公認證據呈現雙向走勢，但我們從自身經驗出發，加上附圖九・十二所呈現的數據支持，「推力」要素往往占據主導地位。我們再次檢視整體外國資產負債表便可以更充分理解這一點，因為在流動性繁榮時期不僅現金充裕的外國投資者會大買在地證券，在地銀行也可以在外國市

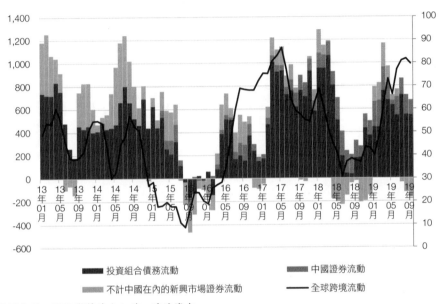

附圖9.12　2013-2019，跨境投資組合流入新興市場與
跨境資本流動的跨境資本指數

單位：億美元和指數，0-100

■ 投資組合債務流動　　　　　　　　■ 中國證券流動
■ 不計中國在內的新興市場證券流動　　—— 全球跨境流動

資料來源：國際貨幣基金組織、跨境資本

場借款，獲得更寬鬆的融資條件。兩者都記錄成資本流入，並代表外國負債
總額增加。必然後果是，隨著全球流動性週期擴張，總流量與外國資產負債
表的整體規模也會顯著擴大。

　　另一方面，乍看之下，附圖九‧十三中的數據突顯流入新興市場的跨境
資本子指數與中國境內流動性的流動之間具有強力的連動關係，似乎是支持
「拉力」情境。兩組數據列之間的相關性很高（相關係數為○‧五○五）。
德國智庫基爾研究院[9]的最新研究強調這一點，文中敘述證實中國商業週期
扮演關鍵角色。它們的分析發現，中國的國內生產毛額成長率每上升一個百
分點，就會導致資本外流占國內生產毛額升高一‧七％，同時中國境內比較
寬鬆的貨幣政策也會產生規模相當、顯著正向的「推力」效應。換句話說，

附圖9.13　2005-2019，跨境資本流動進入新興市場與中國的流動性
（月度，指數的「正常」範圍為0-100）

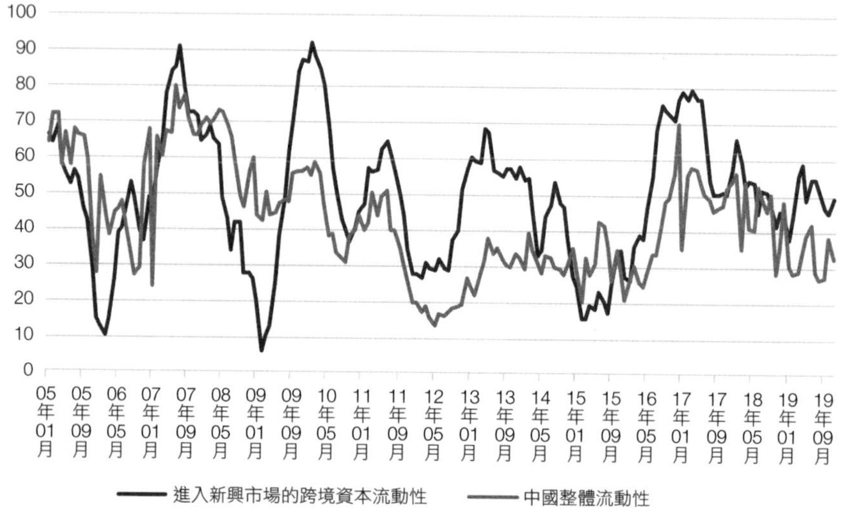

資料來源：跨境資本

占據主導地位的中國經濟擴張之餘，區域前景更光明的預期有可能吸引資本外流進入中國以外的新興市場。另一方面，第三道「推力」要素就是美國貨幣政策，或可解釋兩者特徵。比較寬鬆的美國貨幣立場可能會「推動」美國資本進入新興市場，同步敦促中國人行配合美國新進的寬鬆貨幣政策，以便維持現行的人民幣／美元匯率平價。然而，基爾研究員發現，這些美國「推力」要素反映在統計中往往表現較弱。

結論是，檢視總流量並分析整體外國資產負債表正是有助我們完善理解新興市場流動的重要工具。以標準衡量本國貨幣兌美元的行動會導向順週期以及本質上屬於波動型態的新興市場投資週期。資本「推力」源於美國引領的全球流動性週期，「拉力」則源於那些與快速成長的中國經濟相關的吸引力，兩股勢力將許多新興市場經濟體卡在其中動彈不得。這項事實根本毫無幫助。典型的新興市場危機緊隨著全球流動性榮景而來，通常涉及在地銀行

大舉向外國借款。這些總流量背後的大量細節被隱藏在「淨」資本流動數字中。這些也毫無疑問遮掩中國金融不成熟的現況，特別是人民幣工具在全球市場中尚未獲得充分利用。必然後果是，中國無法完全受益於**鑄幣稅**，反而是被迫使用並出口美元，而非人民幣。

注釋

1. FDI全稱是外人直接投資。
2. 這個總數指涉官方揭露的持有狀況。就實務而言，中國政府的其他實體單位可能另外持有總計一兆美元美國證券。
3. SAFE全稱是國家外匯管理局。
4. 中國的外匯存底在二○一四年觸及四兆美元。
5. CIC全稱是中國投資有限責任公司，成立於二○○七年。
6. 就現有狀況而言，這種現象早已是現在進行式。人民幣與其他亞洲國家貨幣之間的相關性已經從二○一五年的○‧二七穩步上升到二○一六年至二○一八年的○‧三六，以及二○一九年的○‧五二。
7. 請參見一九九四年霸菱證券出版的**新興市場**研究報告。
8. 經濟學家亞爾‧高許（AR Ghosh）、J‧D‧歐斯奇（JD Ostry）與M‧庫雷希（M. Qureshi）合撰〈資本流入激增何時會以淚水收場？〉（When do capital inflows surges end in tears?），刊於二○一六年《美國經濟評論》（*American Economic Review*）。
9. 請參見二○一九年六月，賽巴斯汀‧洪恩、卡門‧萊茵哈特與克里斯多福‧特貝許合撰〈中國的海外放款〉，刊於基爾研究院二三一二號工作報告。

第十章

流動性傳導機制：
了解未來的總體估價變化

金融經濟對上實體經濟

　　金融週期的概念（請參閱二〇一二年波里歐撰寫的報告）描述投資者與信貸提供者的風險偏好、抵押品價值和融資可得性之間常見的火熱互動。信貸和流動性供應順勢水漲船高，通常都會驅動股市、房產價值與其他高風險資產價格飆升。借道進一步提高抵押品的價值則將反過來讓民間部門借入更多信貸，直到某個關鍵時點週期終於觸頂，然後反轉直下。金融週期比起標準的經濟週期可能長度、幅度都不同，但兩者都有一種放大當前總體經濟亂象的傾向。以史為鑑，當經濟下滑經常與重大的銀行業危機及衰退並行發生時，金融週期會表現出一種預測未來經濟趨勢的獨特能力。

　　然而，傳統的經濟學教科書看法截然不同。它們視金融流動為儲蓄和投資決策的會計相應手法。必然後果是，金融市場理當被動回應，而非驅動實體經濟。就實務而言，金融市場被這些流動性流入與流出所左右，也被投資者冒險行為的改變所影響。兩者都會影響風險貼水。舉例來說，一旦流動性不足，投資資產的風險貼水就會比較高。換句話說，試將金融中介機構想成「分攤風險者」，那麼它們的資產負債表規模一旦變得更大，就更有能力承擔更多風險。因此，更多流動性便意味著更龐大的中介資產負債表、更廣泛

的風險分攤，反過來則是更低的全系統性風險。許多央行現在都接受流動性在金融市場扮演關鍵角色的觀點。套一句歐洲央行說的話[1]：

> ……倘若獲得更高的資產估價不是明確的基本理由，則可以被視為某些主要央行默許大規模資產購買計畫／量化寬鬆的根本原因……（這些）舉措借道抵押放款提供金融體系流動性，就以歐洲央行為例，可能也借道協助避免銀行漫無章法地去槓桿化與胡亂拋售，進而間接支持資產估價……聚焦央行資產負債表的規模與構成方式，顯然與新威克塞爾（Wicksellian）*傳統關注非標準政策措施無關緊要的主張形成鮮明對比。即使已經來到零下限，只要它們不會改變未來預期的利率路徑，這類舉措就應當被視為無關緊要〔請參見二〇〇三年冰島經濟學家高帝・艾格松（Gauti B. Eggertson）與美國經濟學家麥可・伍佛（Michael Woodford）合撰的報告〕。然而，一旦金融市場與金融中介機構的效率在去槓桿化壓力、不確定性與風險規避加劇的情況下被削弱，在不計數量這個變數時，利率與相關的風險貼水就會看似不足以體現貨幣政策的運作方式。在這類情況下，央行身為貨幣這個最終的安全與流動性資產發行者的角色，以及它身為中介與最終風險吸收者的能耐就會脫穎而出。此話套在歐元體系與美國聯準會皆適用。

附圖十・一證實，全球流動性往往是全球資產價格變動背後的決定要素。但是這種密切的連動遮掩諸多複雜的回饋，它們在流動性的流動與投資者渴望的資產配置之間運作。我們製作以資金為主的流動模型，之前已在第四章詳述，此刻總結在下方的附圖十・二，它主張，金融流動性明確推動

---

* 譯注：指瑞典經濟學家努特・威克塞爾（Knut Wicksell），他主張現代政府應肩負起穩定的功能。

附圖10.1　1981-2019，全球金融資產報酬率與全球流動性（年度百分比變化）

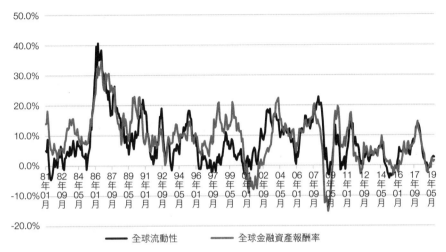

資料來源：跨境資本

附圖10.2　資金流向模型（概圖）

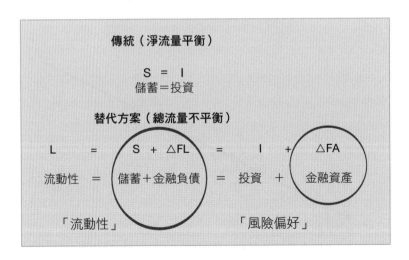

投資者的風險偏好，因此驅動資產配置。持續走升的抵押品價值接著產生正向積極的回饋，以便支持新創的流動性。雖說金融流動性通常是資產榮景之必要，但本身並非總是足夠，因為牛市通常需要一道基本主題，以便刺激並維繫投資者的興趣。換句話說，資產配置的趨勢與投資群眾舉棋不定的行為都會影響並往往放大流動性對資產價格的傳導作用，終而進入實體經濟。附圖十‧三標示繪製幾大經濟體的人均收入與人均金融資產價值的橫斷面資料。兩組數據資料都以對數形式呈現，這樣一來，接合的非線性關係便用以描述數學上已知的冪函數（power function）。金融資產的負荷是一‧四八，它告訴我們，粗略而論，人均收入規模每成長一〇％，人均金融資產價值就會負成長近一五％。經濟學家將會出於需求的這種高收入彈性，採用對應說法將金融資產描述為**奢侈品**。接下來，隨著經濟發展、成熟，金融產業應當超越實體經濟。這道跨國證據符合歷史經驗，也證實幾十年前耶魯（Yale）

附圖10.3　2018年金融資產與人均國內生產毛額

單位：千美元（以對數計算）

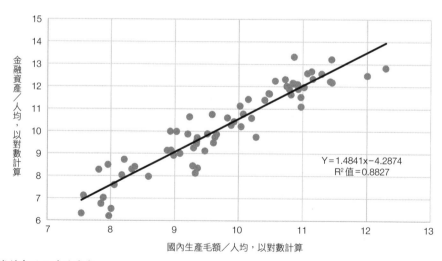

資料來源：跨境資本

大學經濟學家雷蒙・葛史密斯的早期觀察，當年他率先提出**金融相關率**（financial interrelations ratio），這道概念被定義成，根據國家的資產負債表數據計算，將無形資產的總價值除以有形資產的價值。這個比率用來衡量一個經濟體的金融結構密度，以及金融資產與有形財富之間的相對成長率。葛史密斯主張，每一個國家的金融發展都會經歷一系列定義明確的相似階段，每一道階段的特徵都是金融相關率不斷上升。典型來說，這個比率會觸及略高於一的上限，自此以後增量便逐漸變小。根據葛史密斯所說，金融機構資產占全國總資產的比率應該依舊呈現上升走勢，而且還會在金融相關率緩步上升或是停止之後持續不減。

　　試從退休與人壽保單基金長期發展的角度考慮，就能直覺看清這一點。精算師採用死亡率表格就可以估算所需支出的未來模式。假設勞工在二十歲投保退休金、六十五歲退休，便會需要長達四十五年滿期（或嚴格來說應該稱為存續期限[2]）的資產以便匹配這些負債。因此，隨著產業勞動力成長、退休金權利與人壽保險日益發展，渴望更長期資產的需求將會增加。撇開這些與長期負債相關的長時間因素，我們也必須加入關於投資者的情緒變化、承擔風險的態度等週期性外力。經濟學教我們，越是迂迴的生產技術，尤其那些占用資本時間越長的類型，它們往往也最有利可圖。必然後果是，隨著投資者的心情從悲觀轉變成樂觀，它們就得以延長投資期，並做好隨著時間拉長獲利前景恐將打折的心理準備。同理，反之亦然。這意味著，我們不應該期望經濟體的資產構成方式文風不動，而是期望隨著時間拉長，存續期限結構也變長，還會隨著投資者的情緒變化繞著這股趨勢循環反復。換句話說，適當的資產存續期限能夠匹配期望中的負債這股需求是資產配置的主要驅動力。

　　就實務而言，我們可以採用好幾種方式衡量經濟體的整體資產組合。舉例來說，從它的資產平均存續期限；從它持有的長期與短期資產比率；從它持有的股票和債券之間差異，以及從它持有的所謂安全與風險資產之間的差

異。考慮到現金與政府債券往往是比較安全、存續期限比較短的投資，證券與房產則多半比較長、風險比較高，這些不同建議措施通常會帶來相似的結果。我們為了更簡潔表達自身的想法，將會套用一種僅採納兩種資產的簡易架構，也就是諸如現金或銀行存款這類安全、流動性的資產，以及諸如證券這類高風險資產。由於現金與銀行存款都是唯一的法定貨幣（亦即最終結算方式），它們便可提供堅實的估價基準。這樣一來，資產配置的中心衡量標準就變成價格與現金比（price-to-money ratio，簡稱P/M），在此，P代表所持風險資產的市場價值，因此是指證券；M代表流動性池或貨幣持有量。高價格與現金比告訴我們，投資者正將資金配置在證券這類風險資產，而非配置在現金這類安全資產中。

流動性衝擊的普遍傳播

金融資產通常是依據相對於自身提供的未來收入進行估價，好比傳統的本益比（price to earnings ratio，簡稱P/E Ratio）、**獲利能力**模型（earnings power model，簡稱E）與比較不那麼受歡迎但成效相當的價格與國內生產毛額比（P/GDP），還有據稱是美國股神華倫・巴菲特（Warren Buffett）個人偏好的國內生產毛額模型（GDP model）。舉例來說，請參見一九三四年財務界學者班哲明・葛拉罕（Benjamin Graham）與大衛・陶德（David L. Dodd）合撰的經典論述《證券分析》（*Security Analysis*）。不過一九六四年，曾擔任白宮經濟顧問的貝洛・史平格（Beryl Sprinkel）發現商業週期和股票市場之間經常出現不一致：

> 確實，經濟活動與股價走勢約有三分之二的時間是朝著相同方向並行，但另外三分之一的時間才是最有趣、潛藏最大獲利可能性的關鍵期……通常，股價變動遠遠領跑在隨後的商業週期變化之前，這樣一

來經濟活動與股價走勢就會在市場轉折之際彼此反其道而行。有時候，股價會自己形成一種專屬模式，顯然無關潛在的業務與獲利趨勢。摘自一九六四年出版的《貨幣與股價》（*Money and Stock Prices*）。

　　傳奇投資大師史丹利‧卓肯米勒採取相似的思考脈絡。一九八八年，他在一場專訪中告訴財經雜誌《霸榮》：「獲利無法撼動整體市場；聯準會才有這股能耐……關注央行，也聚焦流動性變化……市場中多數玩家都在尋找獲利與常規衡量指標。流動性才是動搖市場的力量……對股票來說，最佳環境就是非常沉悶、緩滯的經濟，讓聯準會想要出手干預……。」

　　採用我們這套奠基於流動性的架構，金融資產可以視為投資組合的一環，採用另類方式估價，這種投資組合在特定的負債情境中，用以平衡不同的風險資產相較於現金的表現。採用之前定義的符號則可如此呈現：

$$P_t = \frac{P_t}{M_t} \times M_t \tag{10.1}$$

　　這道算式告訴我們，資產價格變動源自於兩大構成部分：（一）股票與流動資產之間的價格與現金比變化，亦即投資組合配置決策；以及（二）全新資金（M）的流量變化。就我們的經驗而言，反過來說，價格與現金比則是很大程度取決於四大要素，而且前三種屬於長期性：（a）稅收結構，（b）經濟體的人口結構，（c）預期通膨率和（d）投資者的風險偏好。從短期來說，當整個商業週期中稅率、人口與核心通膨率大致保持不變，價格與現金比主要驅動力就是投資者的情緒。考慮到這是一種基於心理狀況的要素，而且可能會在投資者的貪婪與恐懼程度所描繪的兩極之間來回擺盪，因此價格與現金比本身應該表現出一道傾向平均，或至少是趨勢逆轉的總體趨勢。

　　事實上，這道簡化的算式源自於更普遍性的論述：

$$MC_t = \frac{MC_t}{M_t} \times M_t \qquad (10.2)$$

在此，

$$MC_t = P_t \times A_t \qquad (10.3)$$

MC_t 代表市值；M_t 代表金融產業中流通的貨幣或流動性；P_t 代表資產價格，而 A_t 代表既有證券或資產的數量。

渴望的資產組合（MC/M）變動可以借道風險資產的平均價格（P）變動，與／或借道新發行或停賣的未償還金融工具數量（A）變動而發生。假設後者這些變動通常增加僅及整體持股的一小部分淨百分比，那麼價格與現金比以及全新資金兩者的波動將會互相結合並驅動資產價格。當既有證券或資產的數量是固定值，它將會遵守以下算式：

$$\%\Delta P_t = \%\Delta(P_t / M_t) + \%\Delta M_t \qquad (10.4)$$

在此，% Δ 代表週期內百分比變化。雖說價格與現金比以及本益比的估價結構打從概念上截然不同，但兩者息息相關。這可以從以下算式一望而知：

$$\frac{P_t}{E_t} = \frac{P_t}{M_t} \times \frac{M_t}{GDP_t} \times \frac{GDP_t}{E_t} \qquad (10.5)$$

這道解構算式暗示，本益比本身就是混合的統計數據，由以下三大要素組成：（一）相對資產所有權或資產配置（即價格與現金比）的衡量標準；（二）流動性與經濟規模相較之下顯現過剩〔即全新資金與國內生產毛額比（M/GDP）〕；以及（三）總合利潤率〔即獲利與國內生產毛額比（E/

GDP）〕。換句話說，就實務而言，傳統的本益比估價基準受到三大要素驅動：（a）投資者情緒，（b）流動性以及（c）產業獲利能力。每一種要素對全球證券市場的影響力都細分在附表十‧一中。最後一欄呈報市場價值占國內生產毛額比率，以供比較。

　　根據這個數據，全球價格與現金比在一九九九年攀抵高峰的一‧三六倍，比它在一九八○年的水準高出近五倍，之後在二○○八年觸及近期的低點○‧六五倍。目前價格與現金比是○‧九六倍，僅稍微低於中間值。在一個坐擁兩種資產的世界中，證券與現金比○‧九六倍相當於一套投資組合所持有的證券與流動資產幾乎是平均分配。雖說二○○八年全球價格與現金比驟降，全球金融危機的主要驅動力比較不像二○○○年當時市場估價趨向兩極，反而比較像是隨著美國影子銀行業崩壞而來的流動性傾斜下滑（即全新資金）。然後這又隨著投資者越來越厭惡風險，導致價格與現金比下修。同理，一九九七年／一九九八年的亞洲危機就是受到跨境資本突然逆轉所引爆，然後這又反過來破壞境內流動性。全球金融危機過後，全球證券價格反彈大半得歸功於各國央行借道量化寬鬆政策挹注龐大流動性，這些舉措有助刺激投資者的風險偏好復甦。

　　附圖十‧四與十‧五的圖形都顯示，本益比分別和價格與現金比（相關係數○‧四七）、價格與國內生產毛額比（相關係數○‧三○）之間的連動關係。數據也顯現，價格與現金比以及流動性過剩期限之間具有強烈的正相關（相關係數○‧五七），這告訴我們，流動性增加往往傾向與資產配置移向風險資產有關。換句話說，流動性充足時，承擔風險的行為應該相當普遍。另一方面，流動性稀少時則與投資者急於尋求「安全感」的市場恐慌息息相關。這看似合理，因為隨著可用的流動性池增加，違約與其他系統性風險應該降低，進而減少持有預防性安全資產的必要，因此也讓投資者拓展他們的投資範圍，傾向持有更多高風險資產。或者，一旦緊縮的流動性引發系統性風險，投資者會將持有的資產轉向現金存款之類更安全的資產。

附表10.1   1980-2018，全球內部本益比倍數（倍）

	本益比	價格與現金比	全新資金與國內生產毛額比	獲利與國內生產毛額比（%）	價格與國內生產毛額比
1980	9.2	0.31	0.55	1.9	0.17
1981	9.7	0.29	0.51	1.5	0.15
1982	9.8	0.31	0.50	1.6	0.15
1983	12.0	0.36	0.50	1.5	0.18
1984	13.1	0.36	0.47	1.3	0.17
1985	12.6	0.41	0.54	1.8	0.22
1986	16.0	0.49	0.63	1.9	0.31
1987	21.4	0.49	0.76	1.7	0.37
1988	20.3	0.59	0.74	2.1	0.44
1989	21.1	0.67	0.73	2.3	0.49
1990	20.6	0.49	0.78	1.8	0.38
1991	16.6	0.55	0.80	2.6	0.44
1992	21.3	0.52	0.77	1.9	0.40
1993	20.9	0.63	0.79	2.4	0.50
1994	25.5	0.62	0.83	2.0	0.52
1995	19.5	0.69	0.85	3.0	0.59
1996	20.2	0.80	0.81	3.2	0.65
1997	20.2	0.98	0.74	3.6	0.72
1998	21.4	1.10	0.82	4.2	0.90
1999	25.6	1.36	0.84	4.5	1.14
2000	28.8	1.25	0.76	3.3	0.95
2001	24.1	1.09	0.73	3.3	0.79
2002	21.9	0.84	0.75	2.9	0.63
2003	17.1	1.03	0.81	4.9	0.83
2004	19.9	1.10	0.84	4.6	0.92
2005	17.4	1.23	0.79	5.6	0.98
2006	18.2	1.33	0.85	6.2	1.12
2007	17.2	1.29	0.96	7.2	1.24
2008	14.7	0.65	1.02	4.5	0.66
2009	9.6	0.87	1.10	10.0	0.96
2010	18.7	0.92	1.13	5.5	1.04
2011	15.9	0.77	1.15	5.6	0.89
2012	12.8	0.84	1.16	7.7	0.98
2013	15.0	0.97	1.14	7.4	1.11
2014	15.7	1.00	1.11	7.1	1.11
2015	17.1	0.97	1.07	6.1	1.04
2016	16.2	0.99	1.06	6.4	1.04
2017	19.0	1.12	1.10	6.5	1.23
2018	20.1	0.96	1.08	5.2	1.04

資料來源：跨境資本

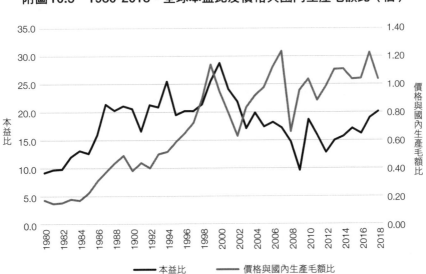

附圖10.4　1980-2018，全球本益比及價格與現金比（倍）

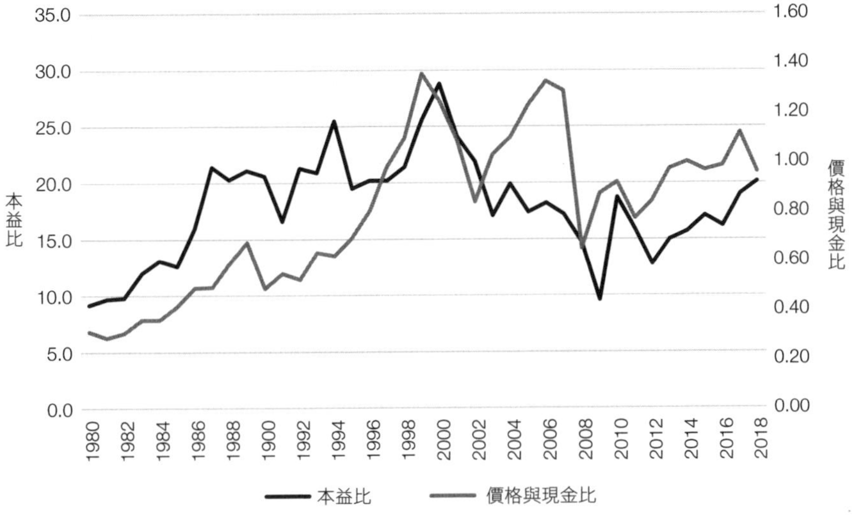

資料來源：跨境資本

附圖10.5　1980-2018，全球本益比及價格與國內生產毛額比（倍）

資料來源：跨境資本

偏愛諸如本益比這種估價基準，勝過好比價格與現金比沒有什麼對錯。最終，選擇什麼估價方法是主觀決定，而且歸結於分析未來機會，採用本益比是站在投資證券的角度，而採用價格與現金比是從投資者的角度。傳統的本益比是一種建構完善的統計數據，論及評估個股的優點時顯然更實用。然而，一旦沒有收益而且收益波動特別劇烈時，它就大打折扣。尤有甚者，正如稍早解構本益比所暗示，就總體市場層面來看，它所代表的意義模糊不清。價格與現金比這項替代選擇的吸引力在於，它與投資者相關而非與證券之類的投資物件本身相關，放在試圖分析投資群眾千變萬化的情緒時格外好用。因此它直接適用於解釋行為，並讓我們更深入理解流動性對資產配置的影響力。總而言之，我們出於三大理由傾向支持價格與現金比或**投資者權力模式**：（一）它是一種更直覺理解投資者行為的方式，因為它與資產配置直接相關；（二）流動性是投資者與市場行為的關鍵決定要素，很容易被納入架構，與（三）就實務而言，我們發現，價格與現金比與傳統的本益比倍數相較之下更穩定，而且更能呈現均值回歸（mean-reversion）或是趨勢回歸（trend-reverting），就好比在獲利衰退期間，本益比倍數有可能因為「獲利」崩跌而飆升，於是扭曲任何的未來估價機會（請參見附圖十‧四）。

流動性衝擊對債券和外匯市場的傳導作用

前一部分比較是整體性地聚焦投資者定位，並以證券當作主要範例，現在這部分則打算更詳細研究流動性如何影響固定收益與貨幣市場。流動性衝擊主要是借道改變理論上內嵌在資產價格中的固有風險與期限貼水，順著兩大途徑透過境內金融市場傳導。這些期限與風險貼水反映出資產負債表錯配，諸如貨幣暴險（即外匯風險）；政府債券持有的利率期限結構（即到期風險）；企業信貸品質（即違約風險）或是這三樣的某種組合（即存續期限風險）[3]。我們辨識出現代金融體系的兩大關鍵流動性傳導管道：

一、**數量**：流動性的絕對數量變化直接影響投資者承擔風險的偏好。流動性充裕時期，冒險行為隨處可見，但流動性稀少時期則往往隨著投資者急尋「安全感」而與市場恐慌息息相關。這種行為被各種利率利差與風險貼水的變動所捕獲，好比到期利差或是殖利率曲線斜率。

二、**品質**：資金與流動性有等級之別，因此流動性組合的品質將影響資金「價格」，亦即匯率。充滿活力的民間部門不受現金擺布，有可能吸引投資。然而，由於境內資金放在國際市場比較不合用，一旦央行積極供應的數量比民間部門所需的數量更多（更少），這種組合的品質就會不良（良好）。這將會導致更弱勢（強勢）的匯率。採用類似方式推因，更優質的流動性組合應該也要有利於民間部門的企業債券，而非政府證券。

　　我們若想更完整理解這些傳導管道，有必要從安全資產的供應與需求角度建構流動性。我們將在第十一章更正式地定義「安全」資產，不過本質上它源自資產支應預期債務的能力。典範型的「安全」資產是十年期美國國債。國債是絕大多數投資者公認的「安全」資產，企業債券則通常被視為風險較高的資產，因為它們的違約風險較高，這反過來又是由諸如穆迪（Moody's）與標準普爾（Standard and Poor's）公司這類信用評等機構私下評估，然後指定給發行方的信用品質等級。更大量的流動性借道減少摩擦並降低違約機率，對系統性風險產生潛在更強大的影響。經濟主體之所以違約通常是出於缺乏流動性，不必然是它們無力還債。現代金融理論堅決主張這一點應該不可能屬實，因為具有還債能力的機構實體可能理論上永遠都在借錢，但是違約照樣會發生。可得流動性提高便暗示違約的威脅降低，勸服規避風險的投資者減少持有安全資產，反而轉向證券之類風險更高的資產。一般來說，流動性充足時，對高風險資產的渴求往往會超越對安全資產的渴

求，反之亦然。

央行提供流動性的做法跟著改變，好比量化寬鬆政策借道這種影響安全資產供需的冒險管道運作，也進而影響債券的期限貼水。正如我們在下方所述，這又反過來影響利率期限結構的水準與形貌。然而，多數債市投資者關注的焦點通常落在政策利率公告，市場評論家也經常唇槍舌戰，猜測聯準會是否會宣布削減目標聯邦資金利率二十五個基點或甚至五十個基點。然而，這只是資產報酬背後的一道因素，而且絕不是首要之因。在我們看來，比短期利率更重要的是利率的整體期限結構延伸至未來進程，好比五年、十年甚至三十年。

期限結構的傳統表現形式是借道所謂的即期殖利率（spot yields）[4]，或說是名目零息債券在這段時間範圍內的平均殖利率。因此，兩年期債券在第一年支付殖利率二％、第二年支付三％，即期殖利率便為二・五％。在任何殖利率期限內，利率的期限結構都可以被視為包括：（一）政策利率預期成分，用以衡量那段時間範圍內的平均政策利率，以及（二）一個期限貼水，用以補償那些資金被綁定更長時間的投資者，而非持續展期短期工具的投資者。因此，期限結構中的每一個即期殖利率（y_t^m）都包含一段持有期間（m）內的預期短期利率（r_t），再加上名目期限（或債券到期[5]風險）貼水（tp_t^m）：

$$y_t^m = \frac{1}{m} \sum_{i=0}^{m-1} E_t r_{t+i} + tp_t^m \qquad (10.6)$$

在此，y_t^m是債券在特定時間t到期m的即期殖利率；E_t代表預期算子（operator）[*]；r_t是利率；tp_t^m代表一段持有時間m內的名目債券期限貼水。

這些期限貼水涵蓋未來通膨與市場波動風險，它們包括對債券產品過剩

---

[*] 譯注：一種映射（mapping）的運算。

供給或過剩需求的影響，出於政府限制新發行與／或更嚴格規定的緊縮政策，這些規定都要求更「安全」資產。隨著系統性風險增加，投資者將要求越來越多安全資產，因此便迫使期限貼水下降。

　　傳統論述是央行掌控政策利率的路徑，近來它們借道「前瞻指引」政策發出訊號，再加上自己可以降低期限貼水，借道大規模資產購買或是寬鬆貨幣政策買進政府公債，進而壓抑長期殖利率。以廣泛的經驗為例，跨不同市場採用平均回應進行校準的事件研究顯示，占國內生產毛額一〇％的購買資產舉措會降低十年期殖利率約五十至一百個基點。換句話說，根據這道觀點，涉及同步降息與量化寬鬆政策的貨幣擴張應該因此意味著，整道期限結構的殖利率比較低，或許甚至是更低的長期殖利率，亦即整道殖利率曲線日益趨平。不過證據顯示正好截然相反。附圖十‧六中的圖形突顯聯準會量化寬鬆時期與美國國債十年期的期限貼水之間明晰的正相關：在量化寬鬆計畫

附圖10.6　2007-2019，美國量化寬鬆時期、美國國債10年期殖利率與期限貼水（百分比）

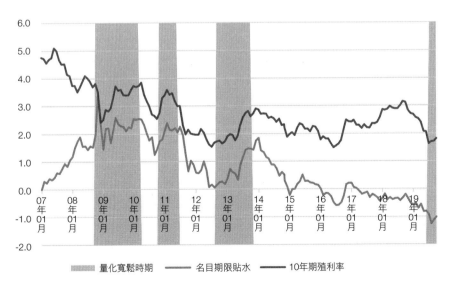

資料來源：跨境資本

（灰影部分）之下，期限貼水上升（而非下降）平均一百三十五個基點，並隨著量化寬鬆計畫到期或轉向量化緊縮政策而下降。

其間錯誤在於標準論述忽略這一道事實，即是隨著央行發出行動訊號，對安全資產的需求本身可能就會變化。民間部門對安全資產的渴求取決於投資者期待決策者將會採取什麼行動。安全資產的需求取決於系統性風險，特別是取決於能否為再融資目的獲得充裕流動性。量化寬鬆的必然結果是，倘若金融市場的現金總量被充分提振，進而顯著降低系統性威脅，投資者對安全資產的需求理當相對應地下降：

> ……最近許多大規模資產購買計畫的研究（請參見二〇一一年克許奈莫帝與薇欣—約葛森合撰的論文、二〇一六年甘農的撰文，以概覽摘要）都可見瑕疵：舉例來說，它們忽略導致安全資產總體需求改變的替代與動態效應，好比美國國債。必然後果是，這些事件研究往往歸納出關於資產價格的反常結論，而且它們很少承認，大規模資產購買計畫的有效性通常取決於經濟狀況，因為一致的政策傳導極重要地取決於現有資訊與市場摩擦持久不退……
>
> 大規模資產購買計畫政策有效迫使民間部門採用現金取代債券。對民間部門減量供應債券，可以降低未償帳款的存續期限風險，若再考慮到習慣性偏好，也會創造稀少性效應，兩者聯手壓低期限貼水。然而，公開宣布政策行動產生的影響加上把注市場更多流動性，會降低外界對系統性風險的認知、增強投資者的信心，因而鼓勵民間部門壓抑對涵蓋美國國債在內的安全資產的需求。這導致到期需求曲線向左端移動，於是便隨著投資者變得更積極尋求風險而推高期限貼水（請參見在下於二〇一七年發表的文章）。

換句話說，期限貼水反映出美國國債的供需失衡。它們具體源自於安全

性與存續期限特徵：事實上，這兩者往往息息相關。央行寬鬆量化政策借道大規模資產購買計畫制定而成，明快地對民間部門（D）減少有效供應資產存續期限，並讓它們可能低於目標水準（就說是D*好了）。這便刺激冒險行為，追獵諸如證券這類存續期限更長的資產。同理，正如我們稍早所承認，對大多數投資者來說，典範型的安全資產是十年期美國國債。（一）政府緊縮政策、（二）收緊的法規與（三）央行祭出大規模資產購買計畫當作寬鬆政策一環，都是減少供應民間部門國債的成因，將導致稀少現象並驅使期限貼水走低。然而如前所述，對安全資產的需求是由系統性風險威脅所宰制。低水位的流動性會升高系統性風險，因為它們與更高的違約率大有關係。個人與企業多半會走向違約下場是因為被拒絕取得融資，亦即它們的流動性不足，而非出於必然無力還債。因此，降低系統性風險以便增加流動性會導致目標資產存續期限（D*）升高，同時也導致對安全資產的需求下降。這將會帶來更高的債券期限貼水。反之，這一點解釋流動性、期限貼水與殖利率曲線斜率之間密不可分的關連。然而，一旦央行同步買進政府公債當作提振流動性嘗試作為的一環，這些借道公開市場操作的干預手段有可能吹皺一池春水。這是因為民間部門的信貸提供方本身就採用國債當作附買回融資的抵押品。必然後果是，雖說對民間供應的流動性增加了，長期抵押品可用程度反而可能壓縮，進而使得流動性的淨供應量變得不確定。

　　因此，儘管有效供應民間部門國債這種「安全」資產的總量可能減少，但可以這麼說，顯示在附圖十‧六中的淨效應數據代表更深度削減這股對安全的過度需求（亦即在存續期限D*減去D）。換句話說，大規模資產購買計畫或量化寬鬆政策都與比較低的安全資產淨需求有關，因此債券殖利率比較高。反過來，反向量化寬鬆或說量化緊縮政策則與下跌的債券殖利率有關。而且根據定義，隨著債券到期日延長[6]，考慮到期限貼水占據殖利率的比率越來越高，量化寬鬆政策必然導致殖利率曲線陡升。我們已經在第七章留意到相似結果。每當評估長期專案的可行性，由於銀行獲利力往往取決於殖利

率曲線斜率，這些期限結構變動將重大影響實體經濟。附圖十·七與十·八採用跨境資本全球流動性指數[7]證明，流動性與殖利率曲線斜率之間息息相關。這些圖表顯示，美國流動性子成分的簡單指數衡量標準（提早九個月），以及十年期國債減去兩年期國債殖利率利差的變動，兩者之間高度的相關性。流動性是一種強烈的單向葛蘭哲因果關係（p = 0.0335、0.3278）。請參見附表十·二。這套架構似乎證實更多的流動性，好比借道量化寬鬆而來，因此提高期限貼水，推進殖利率曲線陡升，但是諸如量化緊縮則會導致更少的流動性，進而壓平期限結構。殖利率曲線陡升與壓平是順週期而生，因為正如先前所述，期限貼水對殖利率的貢獻會隨著到期日而增加。所以，任何期限貼水變化都會影響比較長的到期日債券，超過期限比較短的債券。

附圖10.7　1986-2020，美國流動性（提早9個月）與美國10年期國債減去2年期國債殖利率曲線斜率（百分比與指數，0-100）

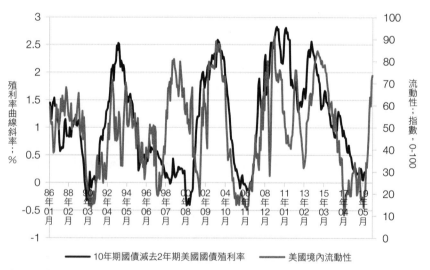

資料來源：跨境資本

附圖10.8　1985-2019，美國流動性（提早9個月）與美國10年期國債減去2年期國債殖利率曲線斜率（百分比與指數，0-100）散布圖

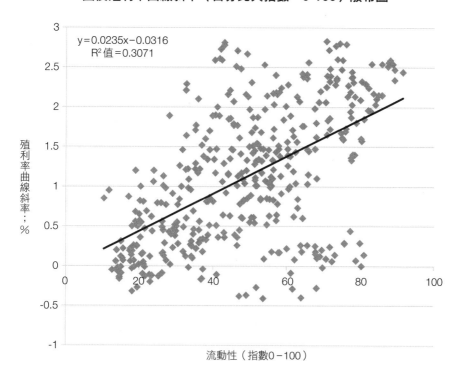

附表10.2　成對葛蘭哲因果關係測試：美國10年期國債減去2年期國債殖利率曲線（YC10-2）與美國流動性（USL）

樣本：1985M01 2019M12			
落後期數：6			
虛無假設	觀測值	F統計	機率
美國流動性落後10年期國債減去2年期國債	419	2.30685	0.0335
10年期國債減去2年期國債落後美國流動性		1.15843	0.3278

　　也可能會有另一種回饋，因為反映出更高系統性風險、對安全資產過度需求的低期限貼水可能本身就會促使審慎的決策者進一步放鬆貨幣條件。收窄的期限貼水本身就會借道債券殖利率下降表態，必然後果是，這便可解釋為何長期利率往往領跑短期利率，朝著類似方向變動。央行干預行動本身就會導致更高的未來期限貼水，這反過來有助解釋殖利率曲線看似規律的週期性變化。

　　矛盾之處在於，廣泛共識相信，單單只有央行才能設定利率，但流動性分析有一道意涵就是市場扮演領頭羊角色，央行反倒是隨之起舞，改變自身政策利率以便緊隨其後。換句話說，長期利率決定短期利率，而非一如教科書所示。反之亦然。這一點可以採用葛蘭哲因果關係測試進行統計以便證實。附表十‧三呈報的關係告訴我們，長期殖利率無法領先聯邦資金利率的可能性趨近於零，而聯邦資金利率領先長期殖利率的機率卻超過三分之二。就統計水準與一階差分（first difference）而言，這道結果實屬正確。

　　當然，這些都不是各界抱持的觀點。根據聯準會[8]：「有一種借道這件事（即量化寬鬆）的主要管道發生，就是透過收窄所購買資產的風險貼水。聯準會收購特定資產以降低民間部門持有的證券數量，取代某些投資者並減少其他投資者的持有量。證券的預期回報必須下降好讓投資者樂意進行調整。換句話說，買方提高競購資產的價格，進而降低它的收益。這些效應預計將會外溢到其他本質相似的資產領域，直達一種投資者樂意在這些資產間

附表10.3　成對葛蘭哲因果關係測試：美國10年期國債（R10）與聯邦資金（FF）

樣本：1985M01 2019M12			
落後期數：3			
虛無假設	觀測值	F統計	機率
美國10年期國債落後聯邦資金	419	7.42625	0.0000
聯邦資金落後美國10年期國債		0.51041	0.6753

替代轉換的程度。這些模式描述研究人員經常指涉的投資組合平衡管道。」二〇一二年，前美國聯邦公開市場委員會成員傑瑞米・史坦（Jeremy Stein）同樣明確指出：「……從數據中可以清楚看出一件事，倘若你買進大量長期國債證券，將會對它們的殖利率和期限貼水施加顯著的下行壓力……。」無獨有偶，英格蘭銀行的安德魯・豪瑟[9]也示警：「但是量化緊縮到來時，可能意味著殖利率曲線比我們當今所見更陡峭。」還有，他的同事是貨幣政策理事楊恩・傅來希（Gertjan Vlieghe）[10]甚至更直言不諱：「我們若欲解釋長期利率為何在這一整段後危機時期下修，必須訴諸利率預期，我們不能明智訴諸購買資產的機械性影響……數據顯示，長期利率下跌多數不是肇因於風險貼水，而是各界對政策利率未來路徑的預期。」

　　事實上，殖利率曲線斜率本身就是未來商業週期中一道不可盡信的預測指標（請參見在下二〇一八年發表的文章）。另一項也看似重要的是期限結構的曲率，它往往是由期限貼水的模式所決定（請參見在下二〇一九年發表的文章）。這些期限貼水多半有損殖利率曲線預測的純粹功效，這意味著它們可能涵蓋更多與金融經濟相關，而非實體經濟的資訊。這一點可能有助解釋，為何英格蘭銀行制定五大更廣泛的管道，讓量化寬鬆與流動性可以藉此影響整體經濟：

- 政策訊號效應：量化寬鬆扮演一道對市場參與者發出央行承諾滿足通膨目標的訊號，這會導致市場參與者預期，政策利率將在更長一段時間內保持低點。購買資產錨定這些期望值以後就能支撐增加的支出。
- 投資組合再平衡效應：央行購買資產提高所購資產與其他資產的價格，導致投資者再平衡自己手上的投資組合，以便納入更高收益的資產。資產價格上漲有助打壓殖利率，這會為企業降低借款成本。也有助支撐增加的投資和支出。

- 流動性貼水效應：購買資產可以借道積極鼓勵交易，以改善市場流動性。這種管道的種種效應唯獨會在購買資產不停手的期間持續存在。
- 信心效應：購買資產可能有助提振信心，導致投資與消費支出增加。
- 銀行放款效應：銀行持有較高水位的準備金和流動資產，會鼓勵銀行提升對企業與消費者放款的業務。

雖說我們依舊偏愛諸如美國聯準會這類「安全」資產或風險管道，英格蘭銀行卻認為投資組合平衡管道才是它的政策取向最重要元素，這便是為何購買標定已經被鎖定朝向諸如保險商與退休基金等非銀行金融機構持有的長期資產。這是為了鼓勵轉向諸如企業債券與證券這類的更高風險投資。銀行放款管道的衝擊有可能被外界施加它必須縮減自家資產負債表規模、重建資本儲備的壓力而減弱。

然而，這些官方與半官方觀點的共同點是，更多流動性將會驅動政府債券殖利率下修。就算這道觀點全然正確無誤也只是曇花一現。甘農[11]簡明總結許多央行量化寬鬆政策效應的學術研究。請參見附表十‧四。甘農標準化他的各種結果後發現，總計占國內生產毛額基準一○％的量化寬鬆計畫，導致債券殖利率平均下降六十七個基點：比歐元區略多、比日圓略少。學術圈**再加把勁吧**，實務上行得通，套用理論就撞牆了！我們（與各地市場）完全不苟同，因為更多流動性驅使資產價格下修、驅使風險資產價格上升，從絕對值與相對值來看皆然。因此，流動性充裕期間會看到政府殖利率曲線陡升；信用利差收窄，而且證券表現超越債券，主要是價值股的收益相對於成長股更強勁。

附表10.4　大規模資產購買計畫對10年期債券殖利率的評估影響

研究	樣本	方法	殖利率下降（基點）
美國			
2008年，羅賓・格林伍德（Robin Greenwood）與狄米崔・瓦亞諾斯（Dimitri Vayanos）合撰的工作論文[a]	1952–2005	時間序列	82
2011年，約瑟夫・甘農、馬修・萊斯金（Matthew Raskin）、茱莉・瑞瑪雪（Julie Remache）與布萊恩萊恩賽克（Brian Sack）合撰的文章	2008–2009	事件研究	78
2011年，約瑟夫・甘農、馬修・萊斯金・瑞瑪雪與布萊恩萊恩賽克合撰的文章	1985–2007	僅記錄期限貼水的時間序列	44
2011年，艾文・克許奈莫帝與微欣一約葛森合撰的文章	2008–2009	事件研究	91
2011年，艾文・克許奈莫帝與微欣一約葛森合撰的文章	2010–2011	事件研究	47
2012年，詹姆士・D・漢米爾頓（James D. Hamilton）與吳菁（Jing Cynthia Wu）合撰的文章	1990–2007	仿射模型（Affine model）	47
2011年，艾利克・史溫森（Eric Swanson）撰文	1961	事件研究	88
2013年，史黛芬妮雅・達米珂（Stefania D'Amico）與湯瑪士・金恩（Thomas King）合撰的文章	2009–2010	總體事件研究	240
2012年，史黛芬妮雅・達米珂・威廉・英利胥（William English）、大衛・羅培茲－薩利多（David Lopez-Salido）與愛德華・尼爾森（Edward Nelson）合撰的文章	2002–2008	以週為單位的時間序列	165
2012年，李燦林（Canlin Li）與魏敏（Min Wei）合撰的文章	1994–2007	僅記錄期限貼水的仿射模型	57
2012年，卡羅・蘿莎（Carlo Rosa）撰文	2008–2010	事件研究	42

附表 10.4（續）

研究	樣本	方法	殖利率下降（基點）
2012年，克里斯多福・尼利（Christopher Neely）撰文	2008–2009	事件研究	84
2012年，麥克・鮑爾（Michael Bauer）與克里斯多福・尼利合撰的工作論文	2008–2009	事件研究	80
2011年，麥克・鮑爾與葛蘭・魯布希（Glenn Rudebusch）合撰的工作論文[b]	2008–2009	僅記錄期限貼水的事件研究	44
2012年，詹斯・克里斯汀生（Jens Christensen）與葛蘭・魯布希合撰的工作論文[b]	2008–2009	僅記錄期限貼水的事件研究	26
2013年，賈吉特・S・查達（Jagjit S. Chadha）、菲利浦・透納（Philip Turner）與法布里奇歐・贊波利（Fabrizio Zampolli）合撰的文章	1990–2008	僅記錄期限貼水的時間序列	56
2015年，艾利克・史溫森撰文[b]	2009–2015	僅記錄期限貼水的殖利率曲線	40
2012年，詹斯・克里斯汀生與葛蘭・魯布希合撰的工作論文[b]	2008–2009	僅記錄期限貼水的事件研究	15

英國

研究	樣本	方法	殖利率下降（基點）
2011年，麥克・A・S・喬伊斯（Michael A. S. Joyce）、安娜（Ana Lasaosa）、易卜拉欣・史帝文斯（Ibrahim Stevens）與馬修・童（Matthew Tong）合撰的文章	2009	事件研究	78
2011年，麥克・A・S・喬伊斯、安娜、易卜拉欣・史帝文斯與馬修・童合撰的文章	1991–2007	時間序列	51
2012年，詹斯・克里斯汀生與葛蘭・魯布希合撰的工作論文[b]	2009–2011	僅記錄期限貼水的事件研究	34
2015年，羅漢・茶姆（Rohan Churm）、喬治・卡佩塔紐斯（George Kapetanios）與康斯坦諾斯・提歐多迪斯（Konstantinos Theodoridis）合撰的工作論文	2011–2012	國際比較	42

附表10.4（續）

研究	樣本	方法	殖利率下降（基點）
日本			
2015年，福永一朗（Ichiro Fukunaga）、加藤直也（Naoya Kato）與小枝淳子（Junko Koeda）合撰的文章	1992–2014	僅記錄期限貼水的時間序列	24
2015年，福永一朗、加藤直也與小枝淳子合撰的文章	2013–2014	事件研究	17
歐元區			
2015年，曼諾·米鐸多普（Menno Middeldorp）撰文[c]	2013–2015	事件研究	45-132
2015年，卡羅·艾塔維拉（Carlo Altavilla）、賈科莫·卡波尼（Giacomo Carboni）與羅貝多·莫多（Roberto Motto）合撰的工作論文[d]	2014–2015	事件研究	44
2016年，曼諾·米鐸多普與奧利佛·伍德（Oliver Wood）合撰的文章[c]	2015	事件研究	41–104
瑞典			
2015年，拉斐爾·德雷贊德（Rafael De Rezende）、大衛·凱伯格（David Kjellberg）與奧斯卡·提斯克林（Oskar Tysklind）合撰的工作論文	2015	事件研究	68

a 格林與伍德與瓦亞諾斯將這種效應相對於國債市場規模相對比例縮放。在此，估計值是基於2015年國債占國內生產毛額的比率計算。

b 這些研究進一步區分發送訊號效應與投資組合效應。呈報的估計值僅針對投資組合效應。

c 較小的估計值是針對德國債券，比較大的估計值則是針對義大利債券。

d 估計值是針對歐元區債券的平均值。

採購已經常態化成為占國內生產毛額一○%。一百個基點便相當於百分之一點。多數研究提出一連串估計值，估計值尚若存在，上表便是顯示首選的數值；若不存在，就會呈現整體範圍的中間值。對事件研究而言，採購已經被所有長期債券常態化，而非單由政府債券起作用。有些非事件研究涵蓋採購非政府債券，但有些研究不涉及。對事件研究來說，常態化是要基於事件發生最後一年的國內生產毛額。

「僅記錄期限貼水」代表，這些研究試圖試圖涵蓋估計債券殖利率變動的期限貼水部分。

資料來源：甘農（2016年）。

匯率

我們已經詳細討論過匯率，讀者不妨回溯第五章溫故。然而，概括來說，之前我們就主張，匯率取決於民間部門（或說是「優質」）流動性與央行（或說是「劣質」）流動性，兩者之間流動性組合的品質。央行流動性代表額外供應貨幣舉措，雖說這麼做可能有利於境內風險資產，額外供應卻會弱化匯率；反之，民間部門流動性是衡量經濟體產出現金流的指標，很可能與實體經濟一起順週期變動，甚至可能些微超前商業週期。更強勁的經濟活動應該鼓勵投資並誘導資本流入。隨著它們被貨幣吸引，匯率就應該升值。必然後果是，民間部門流動性與央行流動性之間的差異可能會昭示未來的匯率走勢。這個觀點不同於上一節概述的國內資產市場，後者主張，民間部門與央行流動性總和（而非差異）決定債券期限貼水，也與標準的貨幣主義者抱持的匯率決定論大相逕庭。貨幣主義者通常不區分這些不同類型的流動性，將它們的總量視為供應量的衡量標準；反之，我們偏好這套**貨幣品質理論**。

風險資產

我們已經揭露，更多流動性如何降低民間部門可用的資產存續期限（D）的平均水準，還可借道削減違約率以便壓低系統性風險的機率。這又會反過來提升存續期限目標（D*），推高諸如政府債券之類安全資產的期限貼水，相應之下便會抑制針對風險資產的風險貼水需求。換句話說，更多流動性應該驅動一股獵逐更長存續期限的風氣，因此推動風險資產價格走揚。我們檢視以下兩大主要類別：（一）房產與（二）股市。

風險資產一：房產

房產與流動性之間的關係可以劃分為自有住宅與商用不動產兩個市場，

其中同時包含零售和工業產權。在所有三種情況中，流動性刺激與房產市場回應之間的前置作業時間相對都比較長，大約耗時三年，但它們都非常正向積極，統計上也相當顯著。時間序列數據與回歸結果如附圖十‧九所示。這幾張圖表呈報已開發經濟體的結果。房產價格取自國際清算銀行的數據庫，由此推導所得的總量以簡單數字構建，而非跨經濟體的加權平均數字。屋舍價格涵蓋始自二〇〇〇年的每月觀察數據，商用不動產則是始自一九九一年每季數據。流動性變數是針對已開發市場所製作的跨境資本全球流動性指數。根據圖中詳述的回歸結果，全球流動性指數（「正常」範圍介於〇至一〇〇）每上升一〇％，就會導致房產價值每年大約上漲二％，其中商用不動產略高、自有住宅略低。

風險資產二：股市

我們已經建議：（一）流動性的流動數量驅動債券與房市；（二）流動性的品質組合決定匯率。接下來我們打算證明：（三）在投資組合中，流動性（以及一般的安全資產）的定位已獲證明是股市報酬率的重要元素。這暗示著有某種資產配置「規範」存在，可能是採用投資者設為目標的存續期限衡量，因此，相對於規範，它會緊隨投資者風險偏好的改變而行動，導致他們轉移資金進、出風險資產。事實上，證券通常是長存續期限的資產，有可能歸於邊際或波動資產類別，讓他們用以快速調整手上的投資產品組合。換句話說，固定收益和外匯市場之間的失衡與緊張往往借道股市體現。這是老經驗的問題。換句話說，這一點或可解釋，為何一旦股市走到最貪婪、最可怕的極端情況時，與眾人反著幹的逆勢投資者往往報酬豐厚。

附圖十‧十呈報持有隱含股票、債券與流動資產的資產組合。數據涵蓋所有投資者，都以三種主要金融資產類別（債券、股票和流動資產）的百分比方式呈現。諸如土地與房產這些有形資產都被排除在外，而且我們也詳閱諸如投資基金等第二級工具，以便釐清相關的主要資產成分。雖說各經濟

附圖10.9　1988-2019，房產價格與全球流動性（指數與年度百分比變化）

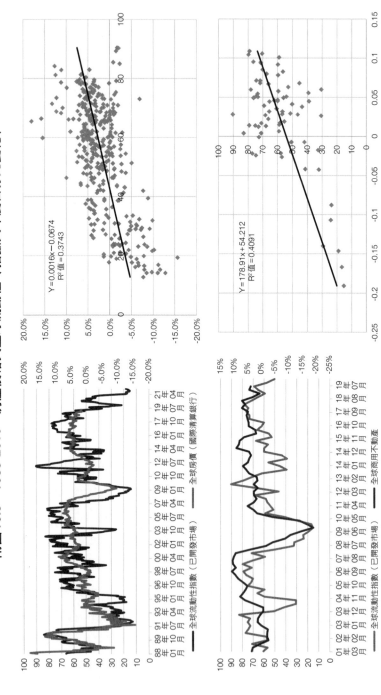

資料來源：國際清算銀行、跨境資本

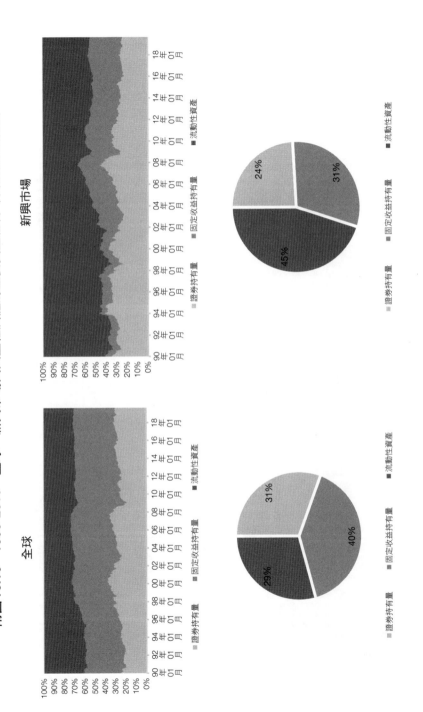

附圖10.10 1990-2019，全球、新興市場與大型經濟體的主要資產組合（占整體百分比）

資料來源：跨境資本

附圖10.10（續）

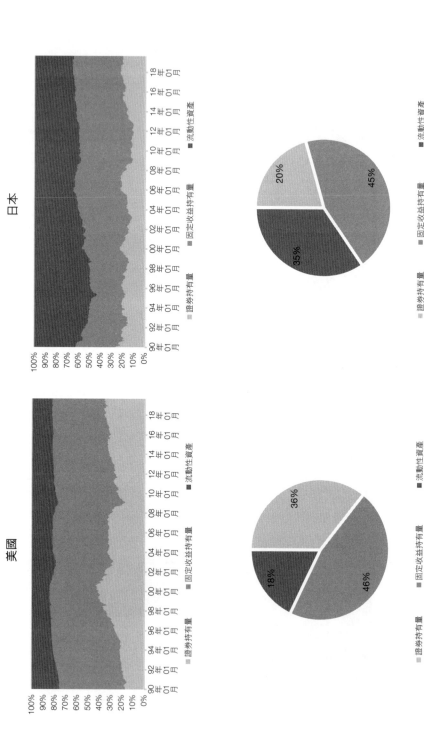

資料來源：跨境資本

附圖 10.10（續）

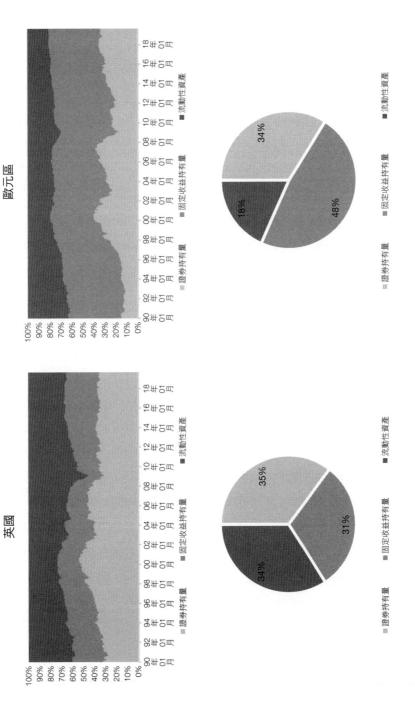

資料來源：跨境資本

體之間這些資產組合顯著不同，隨著時間拉長，卻看起來十分穩定，而且顯現出均值回歸或趨勢回歸清晰可見的證據。舉例來說，最新數據透露，美國投資者持有證券比率最高（三六％）、日本投資者最低（二〇％）；英國（三五％）與歐洲大陸投資者（三四％）接觸股票的持有水準相近美國，但是新興市場投資者（二四％）比較貼近日本的水準。接觸債券的情形如出一轍。目前歐元區投資者（四八％）接觸固定收益的比率最高，其次是美國（四六％）與日本投資者（四五％）。新興市場的流動性資產持有量（四五％）遠高其他地區。綜上所述，當今總合的全球資產組合中，三一％投入股票，非常接近一九九〇年以來落在二八％的長期趨勢；四〇％投入債券、二九％投入流動性資產。全球證券配置在全球金融危機爆發前的二〇〇七年十月攀抵三六‧四％高峰，比平均水準高出兩個以上的標準差（即二X四％），並在千禧年泡沫期間的二〇〇〇年八月攀抵類似的極端偏差值三八‧一％。全球金融危機過後，投資組合中證券部位跌低至一九％以下，或說低於平均水準的兩個半標準差。

　　什麼理由可以解釋資產配置的跨國差異？為何美國投資者偏愛股票、日本投資者鍾情債券，新興市場投資者喜歡持有大量現金？文化、制度和人口原因起作用，再加上諸如預期通膨、境內稅收結構與人均收入等經濟要素。這些要素加總起來定義未來負債的規模與存續期限，然後，各國投資者受到自身的風險偏好，選擇匹配這些未來負債的模式與時間的資產組合。舉例來說，投資者住在人均收入相對比較低、金融機構發展不完全的經濟體，比較可能持有大量流動性資產。同理，投資者住在擁有年輕勞動力的已開發經濟體，比較可能偏愛股票。然而，隨著勞動力的平均年齡、通縮壓力增加，具有代表性的資產組合將自行調整為越來越偏愛債券。在多數情況下，這些要素都是相對緩慢移動，但投資者風險偏好的變化是例外。

　　必然後果是，如附圖十‧十一所示，我們借道常態化證券這種風險資產相較於流動性資產，以及本例中政府債券這種安全資產的比率，並採用滾

附圖10.11　1980-2019，全球金融資產

單位：兆美元

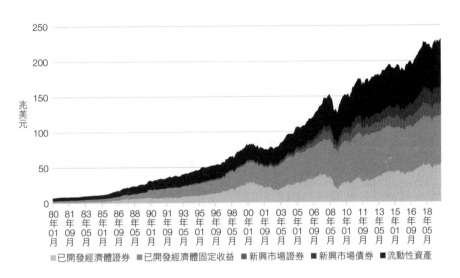

兆美元

```
250
200
150
100
50
0
```

80 81 83 85 86 88 90 91 93 95 96 98 00 01 03 05 06 08 10 11 13 15 16 18
年 年
01 09 05 01 09 05 01 09 05 01 09 05 01 09 05 01 09 05 01 09 05 01 09 05
月 月

■ 已開發經濟體證券　■ 已開發經濟體固定收益　■ 新興市場證券　■ 新興市場債券　■ 流動性資產

動的四十一個月z分數（z-score）*，可以將剩餘變異數（residual variation）想成，在很大程度上反映出投資者瞬息萬變的風險偏好。附圖十・十一中的山形圖呈報我們對構成全球投資者二百三十兆美元資產持有量的重要資產類別組成部分的估計值。附圖十・十二則是繪製隨時間變化的風險偏好z分數測量結果（平均為零，二十單位標準差）。龐大的正面風險偏好讀數反映相對比較高的股票配置；同理，龐大的負面讀數則意味著，當今資產配置正大舉遠離股票，移往安全資產。許多要素可以改變投資者的風險偏好，其中流動性的流動與地緣政治經常扮演要角，不過這張圖表比較全球的商業週期與風險偏好，以便突顯它們特別緊密的相關性。這張圖表強調，資產配置既是高度順週期，同時也容易受到明顯過度反應所影響。

---

* 譯注：是最基本、最簡單的直線標準分數。

附圖10.12　1980-2019，全球風險偏好指數（「正常」範圍為−50至＋50）
與國內生產毛額成長率（百分比）

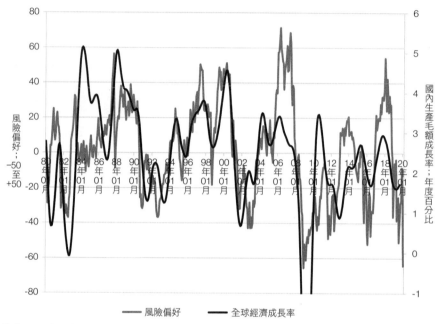

　　風險偏好：−50至＋50

　　國內生產毛額成長率；年度百分比

　　　風險偏好　　　全球經濟成長率

資料來源：跨境資本

　　假設投資者的目標是資產配置，我們就應該期待，實際資產組合會隨著時間拉長向這些「規範」靠攏。偏離目標將會啟動再平衡過程。然而，投資組合的變化只有三種方式：（一）安全資產（調節一九％）和風險資產（二一％）的相對價格變化；（二）安全資產供給變化（二七％）與（三）風險資產供給變化（二二％）。請參見附圖十‧十三。就實務而言，所有這些管道的某種組合通常就會發生。

　　證券價值大幅上漲可能會強推投資組合的平衡過度傾向高風險資產端，隨著證券被轉成債券，有可能導致相關資產價格逆轉。就實務而言，風險資產價格通常承擔大部分調整負擔，因為現金與有期效限制的政府債券等安全

附圖10.13　2000-2019，對全球投資者的投資組合變化的貢獻（每月，百分比）

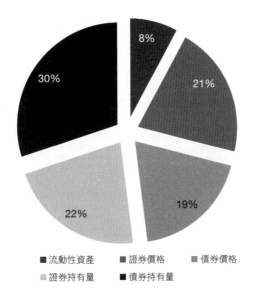

■ 流動性資產　　■ 證券價格　　■ 債券價格
■ 證券持有量　　■ 債券持有量

資料來源：跨境資本

資產價格更受限於它們可以變動的幅度。另一方面，安全資產供應的變動可能很顯著。二〇〇七年至二〇〇八年全球金融危機爆發前，「安全」資產的供給量每年成長一〇％至一五％並不罕見。同理，這可能導致投資者出售現有的債券，將新到手的現金轉進證券。全球金融危機爆發以來，安全資產供給一直受到緊縮政策與央行互異的量化政策刻意限縮。最重要的是，許多美國企業積極花現金買回自家股票，這意味著投資者這種行為經常比標榜獲利與分紅的附屬公司證券（underlying security；指投資者可買進的證券與企業可對投資者出售的基礎證券）更反覆無常。因此，知道資產配置何時將嚴重往高風險資產傾斜，可能就會預期未來將有大量投資者拋售，由此壓抑證券報酬。附圖十・十四呈報的圖形顯示，介於風險（即證券）與安全（即政府債券與現金）之間的風險／安全資產比率如何影響未來兩年的股票報酬率。我們試想一九八〇年至二〇一九年、二〇〇〇年至二〇一九年這兩段時期，

附圖10.14　1980-2019和2000-2019，美國調整本益比（CAPE）與美國風險／
安全資產比率（R/S asset Ratio）當作未來2年股票報酬率指標的有效性（百分比）

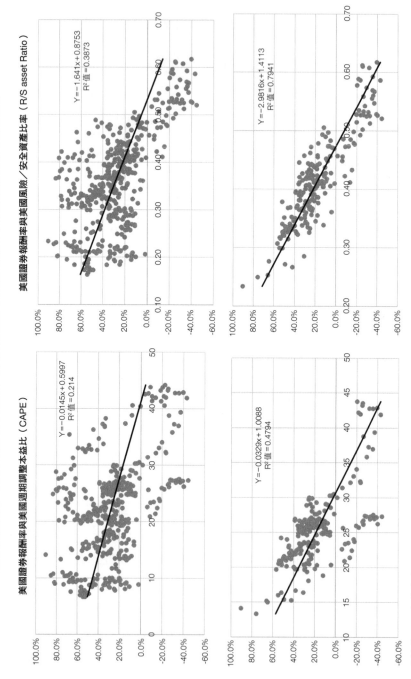

資料來源：跨境資本

並拿美國證券與風險／安全資產比率對美國席勒週期調整本益比（cyclically adjusted price to earnings，又稱US Shiller CAPE）*倍數的結果互相比較。美國風險／安全資產比率（R^2值為0.79、80%）比週期調整本益比（R^2值為0.21、50%）更能完善解釋兩段時期的未來報酬。

　　一九八〇年代與一九九〇年代這兩段十年證券市場報酬率顯著，好比標普綜合指數激漲一二二五％，不過它也是獲利溫和成長的二十年，上漲二一八・四％。在此期間，證券最顯著的驅動力是流動資產配置的可觀降幅，以及風險資產追逐風氣高漲，以至於投資美國證券的比率從約占全國金融財富一四％，到了一九九九年底上衝至四二％。至今，投資證券的比率占美國金融財富三六％左右，明顯高於一九九〇年後約二九％的平均配置水準。

　　展望未來，美國週期調整本益比與風險／安全資產比率最新的相對較高讀數顯示，未來報酬死氣沉沉。可從附圖十・十五略窺一二。圖中呈報採用附圖十・十四中描述的回歸模型算出來的結果。兩者估價指標的追蹤紀錄都可以與標普五百指數的兩年滾動回報結果互相比較。兩道估價指標看似顯示十分適用投資者，但是二〇〇七年至二〇〇八年全球金融危機期間，美國風險／安全資產比率的表現遠優於美國週期調整本益比。換句話說，這意味著資產估價是相對，而非絕對標準，因此必然涉及風險與安全資產之間隱含的套利。

資產配置

　　資產價格因為買賣行為而改變，還會受到流動性與投資者的風險偏好變化刺激，進而導致供需失衡。我們不關注個別證券的理論假設估價，而是套

---

* 譯注：這個比率由美國諾貝爾經濟學獎得主羅伯・席勒（Robert Shiller）所提出；有時也會冠名強調。

附圖10.15　2002-2021，採用美國週期調整本益比與美國風險／安全資產比率
預測未來2年股票報酬率（百分比）

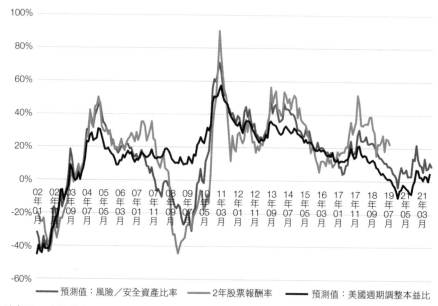

資料來源：跨境資本

用流動性與資金流向，分析總體投資者群體在各種風險與安全資產之間的資產配置行為。必然後果是，當他們渴望的資產配置從持有政府債券之類的安全資產，轉成持有證券之類更高風險的資產，如此一來這些投資者將會購入更多證券，它們的價格理當上漲。同理，反之亦然。也因此，假設資產配置的均值回歸隨著時間拉長落在某種「規範」內，知道資產配置何時將會顯著倒向高風險資產，就可預期未來出現拋售，進而壓低預期的股票報酬。

　　葛拉罕與陶德的《證券分析》堪稱價值投資最上乘之作，書中簡要總結投資這門藝術：「……市場不是秤重機器，並不能根據證券的特性精確並客觀地記錄每一支股票的價值。反之，我們應當說市場是一部投票機器，匯集無數的個人選擇，它們部分出於理性、部分出於情緒。」引述自一九三四年

葛拉罕與陶德出版的《證券分析》。我們僅簡單地補充一句：所謂選票就是
鈔票。

　　因此，明白貨幣週期的這些總體變化，或者更正確的說法是流動性週
期，讓我們更完善理解資產配置。附圖十‧十六的示意圖形匯總主要訊號與
轉折點。我們點出兩道週期：（一）流動性週期與隨後而至的（二）商業週
期或風險週期。正如我們在附圖十‧十二所示，投資者的風險偏好往往與整
道商業週期中的變動密切相關，而且經常稍微領先。我們標示出政府債券殖
利率曲線斜率（淺灰點）與投資者風險偏好（深灰點）的轉折點，疊放在
圖形之上。根據我們的經驗，商業週期傾向緊隨著流動性週期之後十五至二
十個月。流動性週期歷經高峰與低谷，約莫六至九個月之後，殖利率曲線通

附圖10.16　採用全球流動性週期的資產配置（示意圖）

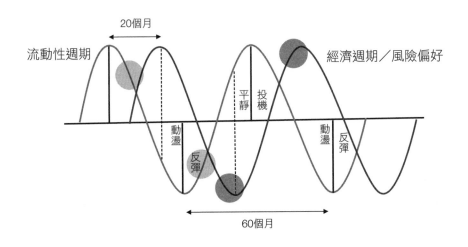

資料來源：跨境資本

常就會趨平與陡升。流動性稀少（或充裕）時期，會看到國債期限貼水收窄（或放寬），而且代表長期債券和短期債券之間殖利率差的殖利率曲線就會趨平（或陡升）。流動性負面衝擊發生後，很可能企業信用利差也將開始擴大，部分是因為國債殖利率本身崩潰所致。這道預測假設，再融資投資部位變得越來越困難，因而帶來進一步後果，亦即證券投資者的風險偏好可能崩垮，系統性風險也開始升息。風險偏好降溫可能導致實體經濟中長期資本專案取消與遞延，矛盾的是，最長存續期限的投資都是部分完成的資本專案。隨著這些與其他專案都喊停擱置，產業活動隨之減速。因此，投資者的風險偏好也有相似的高峰和低谷，而且大致與商業週期的高峰與低谷同步。不過正如附圖十‧十二所示，這些變動往往更猛烈、經常自我強化並會觸及恐懼與貪婪的兩邊極端。這意味著，殖利率曲線轉折點出現一年左右後，商業週期本身通常就會出高峰和低谷。殖利率曲線與商業週期的相關研究都分別證實後者特徵（請參見在下於二〇一八年發表的文章）。附表十‧五描繪流

附表10.5　流動性和投資制度的分類法

	反彈	平靜	投機	動盪
流動性	低／上升	高／上升	高／下跌	低／下跌
殖利率曲線	低谷	看漲陡升	高峰	看跌趨平
投資者的風險偏好	下跌	低谷	上升	高峰
經濟	減速	收縮	擴張	繁榮
長期殖利率	小升	大跌	小升	上升
短期利率	大跌	下跌	上升	大升
存續期限	增加	最高	減少	最低
波動性	大漲	持平	大跌	增加
證券	走弱	低谷並上升	走強	高峰並下跌
（產業區塊）	防禦性價值	週期性價值	週期性成長	防禦性成長

資料來源：跨境資本

動性週期四大階段的特性為**反彈**、**平靜**、**投機**與**動盪**，並總結我們稍早所描述資產配置的這些可能特徵。這些標籤反映出流動性週期的節奏，但不必然描述資產和經濟市場的當代特徵。典型情況是，流動性週期約莫領跑一至兩道階段。因此，股市在流動性制度中的**動盪**階段攀抵高峰、在流動性制度中的**平靜**階段跌至低谷。往往分別與經濟榮景的高峰與經濟蕭條的低谷同步發生。

注釋

1. 發表於二〇一三年四月，編號一五二八的工作論文系列。
2. 存續期限也將未來一連串息票與股利支付的現有價值以及最終贖回價值納入考慮。對零息債券來說，期限與存續期限同義。
3. 個別資產的「流動性」衡量持有者獲取法定貨幣的能力。因此它具備兩大面向：（一）轉換成法定貨幣所需的時間，亦即期限轉換；以及（二）實現價格的確定性，亦即信用風險（第三種就是外匯風險）。存續期限總結這些面向，但它們彼此息息相關，因為更快速的轉換可能意味著更低廉的實現價格。
4. 遠期利率（Forward Rate）相當於增量的即期匯率，亦可套用。有時候對付息債券來說，平價曲線採用到期殖利率繪製而成。即期曲線顯示出任何一個時間點的債券殖利率，並不假設它被持有直至到期為止。
5. 對零息債券來說，期限與存續期限同義。對傳統的非零息債券來說，債券存續期限會被到期日限制。
6. 舉例來說，二〇〇〇年至二〇一九年期間，期限貼水變動約占美國十年期國債殖利率變化七七％；占五年期五〇％，占一年期僅一四％。
7. 我們將在稍後第十三章闡釋這些全球流動性指數。
8. 出於二〇〇九年十二月美國聯準會說法。
9. 出於二〇一九年七月英格蘭銀行的安德魯‧豪瑟說法。
10. 請參見二〇一六年五月，他於倫敦商學院（London Business School）發表的演說《貨幣政策預期與長期利率》（*Monetary Policy Expectations and Long Term Interest Rates*）。
11. 請參見二〇一六年，J‧甘農在美國華盛頓特區發表的綜合調查〈量化寬鬆：一場被低估的成功〉刊於二〇一六年《第十六—四號彼得森國際經濟研究所政策簡報》。

第十一章

金融危機與安全資產

金融循環

　　金融歷經十八和十九世紀洗禮已經由國家順差資金池，演變成當今我們擁有的全球銀行業與金融體系，主要由獨立運作於境內經濟需求的民營企業組成。我們在第八章主張，資本進口無法精確衡量另一個國家的淨儲蓄，反而代表從境外某一家金融機構流入另一家境內金融機構的信貸流動。例如，儘管英國和美國一直存在巨額的經常帳逆差，兩國的金融業卻是國際信貸的主要來源。因此，二〇〇七年至二〇〇八年全球金融危機與無以為繼的經常帳逆差無關，很大程度取決於無法維持的銀行資產負債表，並因而導致全球流動性崩潰。

　　標準的經濟學和金融基本理論無視貨幣和流動性。市場被假設為無時無刻、無所不在，而且零摩擦貿易理當發生。矛盾的是，流動性不足卻成為最終的摩擦，而且缺乏充足流動性時，將可能出現普遍的市場失靈、零交易。一旦貨幣和信貸供應瓦解，再加上一旦不確定性加劇（標準架構再次做此假設），導致投資者出於預防性原因囤積諸如現金的「安全」資產，流動性不足就可能發生。就實務而言，「零交易」相較於「交易」更可能成為常態。因此，流動性數量的波動至關重要。換句話說，在現實世界中，不完善的市場和市場失靈司空見慣，身為金融理論基礎的效率市場假說則根本不適用。

金融危機因此爆發。

　　稍早我們定義的全球流動性建立在兩道概念上：（一）**資金流動性**，亦即一種貨幣流動性衡量指標，定義成在境內和國際上將貨幣資產轉換為商品、金融工具和服務的能力，以及（二）**市場流動性**，亦即金融市場深度的衡量指標，定義成資產交易相對於貨幣交易的便易程度，反映出將金融資產轉換成貨幣的成本。雖然我們主要關注資金流動性，但它與市場流動性密切相關，兩者借道抵押效應相互作用。稍早我們主張不應單獨或個別檢視，我們也展示，這些全球流動性流動不僅高度順週期，而且快速人間蒸發，進而產生自我支持和逆向動態效應，就好比金融危機期間經常見到的現象。

　　全球流動性背後的主導性玩家包括美國聯準會、中國人行和諸如歐洲美元的跨境融資市場。中國借道管理銀行準備金來控制龐大的零售存款基底。此外，由於中國的出口和外人直接投資主要以美元計價，因而積累美元，但考慮到民間部門在境內龐大的人民幣負債，中國政府承擔管理整個經濟體的外匯風險。正如我們在第九章所討論，這種不對稱性反映在中國實質上是再出口大量美元，而非人民幣。與此同時，美國的流動性越來越倚賴躉售貨幣市場，它們從企業與工業現金池接收這些中國及類似的美元流入。然而，躉售市場以槓桿和抵押品擔保，深受優質安全資產工具的結構短缺之苦，迫使需求外溢到風險比較高的更長到期日與不穩定的信貸替代品。當美元躉售存款在利率和監管套利鼓勵下進入境外歐洲美元市場，進一步的放大機制開始起作用，在此它們通常被回頭放款給美國和新興市場的借款方。反過來說，由此而生的跨境資本流入新興市場經濟體既可當作額外的銀行抵押品，也可在當地央行干預外匯市場時倍數增加。

　　這些流動性循環的來回反復推升風險偏好，接著反過來借道市場流動性對資金流動性產生正向回饋，終而放大循環週期。市場流動性、資金流動性和風險偏好共同組成學術界所稱的**金融循環**，如附圖十一‧一所示。三大關鍵成分更分別呈現在圖十一‧二中。以下文字引自二〇一五年芮伊[1]撰寫的

附圖11.1　1976-2019，全球金融循環，綜合資金流動性、市場流動性和投資者風險偏好（指數0-100）

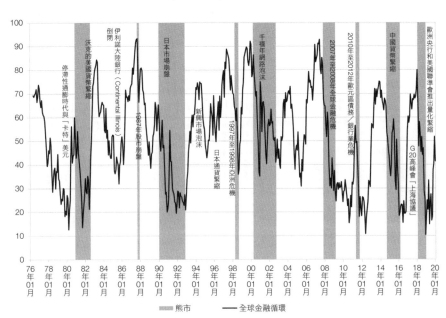

資料來源：跨境資本

報告：「（這套）全球金融循環可能與資本流動的暴增與枯竭、資產價格和危機的榮景和蕭條有關……資本流動、槓桿和信貸成長的實證結果對國際信貸管道或是風險承擔管道具有暗示意涵，而且都指向金融穩定議題。」

穩定性會破壞穩定嗎？

不過，至少理論上來說，二〇〇七年至二〇〇八年全球金融危機啟動變化之後，全球金融體系應該更穩定。舉例來說，現在有更多而且更好的政府監管。巴塞爾資本協定III規範推出以來，銀行保留更多資本緩衝，它們的資金倚賴躉售市場的程度因此降低。央行則更主動，最新的跨境資本流動組

附圖11.2 1980-2019，全球金融循環組成要素：資金流動性、市場流動性和投資人的風險偏好（指數0-100）

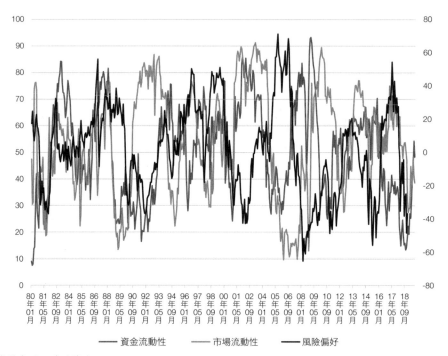

資料來源：跨境資本

合涵蓋的波動組成要素比較少。如今流動性覆蓋比率要求每一家外國合法子公司得維持未來三十天百分之百的流動性。現在跨境存取存款變得更加困難，即使外國資產並未明確地遭受懲處，也會受到更嚴密審查。此外，儘管監管主要仍以國家層面為主，但國際監督更形重要，例如國際貨幣基金組織和國際清算銀行參與更多，也意識到不一致的制度之間監管套利的危險。這種現象發生在全球金融危機爆發之前，當時借道槓桿比率嚴密監督美國銀行，迫使它們出售大半貸款給資本比率限制更嚴格的歐洲銀行。這導致一套放大的回饋機制，或是後來所稱的「流動性幫浦」（liquidity pump）。

與此同時，英國前首相邱吉爾（Winston Churchill）的名言值得偷學：

最初我們塑造我們的制度，最後它們塑造我們＊。他的智慧經常適用於金融市場。舉例來說，許多決策者毫無疑問地採納威克塞爾的觀點，亦即貨幣體系本質上穩定，唯獨因為央行採取錯誤行動而不穩定：「透過強制信貸擴張來對抗蕭條，就是企圖採用造成蕭條的手段治療它。因為我們遭受生產誤導，我們還想製造進一步錯誤，這道過程只會在信貸擴張結束導致更嚴重的危機[2]。」另一方面，根據二〇一七年考夫曼的說法[3]，美國聯準會仍未能充分理解它的貨幣政策與金融市場之間的關聯。同樣地，我們的擔憂普遍集中在決策者的幾道面向：（一）不理解有必要善用資產負債表容量促進債務延展，以及它們關於（二）未能提供足夠的安全資產。換句話說，許多主管機關和決策者從未適應日益演化的金融結構。除此之外，這些主事者推動金融體系進一步集中，但與此同時，他們對日益升高的金融緊張局勢回應卻是緩慢、飄忽不定。例如，全球債務的快速積累以及債務品質逐步下滑，美國AAA級企業信貸評級大量流失適切說明這一點[4]。與此同時，衍生性金融商品使用廣泛、不受控制、到期日和外匯錯配、日益成長的證券化和資產負債表之外融資。簡言之，創新步伐貪婪迅猛，全球金融危機本身則突顯解決二〇〇七年法國巴黎銀行（BNP Paribas）基金終止交易的關鍵性延誤，以及批准雷曼兄弟破產所犯的短視錯誤。

　　並非只有這些錯誤而已。美國聯準會前主席艾倫・葛林斯班、前財政部長羅伯特・魯賓（Robert Rubin）和副手羅倫・桑默斯（Larry Summers）共同推動一九九九年美國《金融服務現代化法案》（*Gramm-Leach-Bliley Act of 1999*），最終並取消一九三三年的《格拉斯—史帝格法案》（1933 *Glass-Steagall Act*），它與一九二九年金融危機及隨後而至的大蕭條所採取的其他保障措施一樣，幾十年來不斷分拆美國商業銀行和投資銀行業。一九九年

＊ 譯注：原文是 We shape our buildings; thereafter they shape us：我們塑造建築物，之後建築物塑造我們，比喻環境影響甚大。

推出的新法案加速美國金融公司集中化，進一步削弱美國聯準會的控制能力。這可能有助解釋美國超過四分之三的金融資產如何被規模前十大金融集團操控。直到最近的一九九〇年，當時前十大企業僅控制一〇％。這一事實正點破大眾所指「大到不能倒」的心聲，並迫使美國主管機關加大介入干預，並遠遠超出傳統授權範圍的職責。

信用和流動性深具影響力

與其關注「大到不能倒」，更應該擔憂「錯綜糾結到不能倒」。一九三二年五月二十四日的大蕭條時期，才華橫溢的漫畫家大衛‧洛伊為《倫敦標準晚報》描繪一幅滑稽十足的諷刺畫。他的漫畫呈現全球經濟正漂流在公海上，圖說是：「吼，這真是討厭的漏洞。謝天謝地，這不是我們這艘船的末日。」以戲謔方式嘲笑決策者因應一九三〇年代初中歐銀行業危機的愚蠢反應。時至今日，它也可以輕易地套用在最近發生的二〇一〇年至二〇一二年歐元區銀行業危機，隨後歐洲央行總裁德拉吉以四字名言[5]「……付出一切」啟動大規模量化寬鬆計畫，從此拯救歐洲的銀行。德拉吉的發言呼應聯準會前主席班‧柏南奇展現的決心，更早之前的二〇〇二年十一月，他發表著名的反通貨緊縮演講中就宣稱：「確保『它』不會在這裡發生……。」然而在最新的迭代中，數據顯示全球債務在非金融企業債務中成長最快，政府債務也在擴大，而且家庭債務水準緊繃，看似接近飽和點。二〇一九年，羅伯特‧特里芬國際研究所（Robert Triffin International Institute）[6]發表的一份報告關注這些跨境風險，並對脆弱的資金狀況發出警告。報告指出，美國境外非銀行機構的美元債務處於創下新高的水準，進一步探索則更暴露出嚴重的貨幣錯配以及令人憂心的民間部門高槓桿率，加上日益倚賴國際債券市場，因而產生額外的潛在風險。總的來說，市場參與者益發不安美元的主導地位，也日益擔憂國際金融安全網不足。

所有這一切肯定是質疑國際金融體系是否有能力推動更多有意義的信貸

成長，以及央行在未來好比更高通膨需要時是否具備充分緊縮政策的能力？我們稍早在其他章節中強調，現代金融如何不可避免地轉向對現有債務再融資，而非繼續提供全新信貸。因此根據國際貨幣基金組織估計，雖然影子銀行通常參與三分之二融資，好比「重新包裝」現有貸款，但它們只提供一五％的新信貸。影子銀行的本質是透過更長、更複雜的中介鏈，進而改造傳統銀行資產和負債再融資，例如A借給B，然後B借給C等。招致災難的二〇〇七年至二〇〇八年全球金融危機印證金融體系的脆弱性，被這道中介過程突顯出來，因為當A借給B，然後B借給C，就這樣一路借到Z，這條躉售貸款鏈出現任何一丁點中斷都可能在名義上導致「二十六家」*公司破產，而非僅只一家。除此之外，廣泛使用以市場為基礎的抵押品引入債務等級制度，導致這套制度更加順週期，而且比以往任何時候都更加倚賴央行干預。在未來的電子和數位貨幣世界中，肯定只會更倚賴央行嗎？再融資活動比新融資持續掌握主導性，讓取得信貸額度比利率更重要，並強化量化寬鬆與量化緊縮才是重要的政策手段。在實體經濟中貨幣很重要，但在金融市場中，信用和流動性才真正具有影響力。根據教科書的模型，信貸通常借道銀行生成，新的流動性來自央行，資金則由國家存款擔保提供。二〇〇七年至二〇〇八年全球金融危機爆發前，證券化大行其道，新的流動性來自銀行間市場，資金源自信用違約交換。全球金融危機之前的模式顯然失效，最新體現的特徵就是占據主導地位的躉售市場，新流動性由企業與工業現金池提供，資金則由有時候不太穩定的抵押品提供。

　　反過來說，追求更大金融彈性的驅動力推進美國聯準會利率調控和監管控制範圍之外的跨境流動，進而提供額外的槓桿來源。全球整合因此迅速展開。事實上，跨境流動的速度和相關金融外溢的規模嚴重質疑經濟學家羅伯特·孟岱爾著名的三難困境理論有效性，它描述開放經濟運行獨立於貨

---

* 譯注：英文共二十六個字母。

幣政策的能力。實際上，國內經濟似乎永遠無法擺脫這些國際貨幣衝擊的影響。正如二〇〇九年美國經濟學家卡門‧萊茵哈特（Carmen Reinhart）協同肯尼斯‧羅格夫（Kenneth S. Rogoff）；二〇一二年舒拉海克協同泰勒；以及二〇一八年裴達等學者大聲疾呼，這一現象應該引起眾人擔憂潛在的金融不穩定，並在漫長摸索後解釋，最近這些國際金融危機為何眾所周知地集中化、團聚化。事實上，國際金融危機爆發前往往會大量積累槓桿，政府的緊縮政策加上影子銀行與企業與工業現金池崛起，幾乎肯定擴大不穩定的程度。這道歷程似乎證實海曼‧明斯基詳實記錄的**金融不穩定假說**（financial instability hypothesis, FIH），它主張負債經歷三套不同融資機制：（一）避險，（二）投機與（三）龐氏騙局。儘管對市場和經濟來說，避險機制穩定，但投機和龐氏騙局則否。投機計畫需要流動性延展債務，龐氏騙局需要流動性和持續上漲的資產價格支撐。兩者都無法獲得擔保，況且，根據明斯基的說法：「……**穩定性帶來不穩定**（stability leads to instability）」，意指隨著時間拉長，避險機制最終會倒退成投機和龐氏騙局機制。

　　現代資本主義坐擁歷來累積的顯著龐大資本，必須運作一套龐大的再融資制度。這又反過來要求一項能夠支持這些債務延展的穩定信貸工具。黃金的彈性不足、國家貨幣和債務供應往往受制於決策者擔憂低通膨任務，再加上一股尊崇主流自由市場／自由放任意識形態的渴望，順此而生的安全資產供應短缺鼓勵民間部門主動創造替代品，但根據定義這些替代品往往已超出國家的監管範圍，因而不得國家支持。更重要的是，這些民間部門的工具可能高度順週期，因此在經濟低迷最亟需流動性的時期，這些工具根本付之闕如。缺乏紀律的特性使它們不適合扮演「安全」資產的角色。

　　白芝浩有一句名言[7]：**金錢不會自我管理**。誠然，金融危機的故事往往是這些安全資產砸鍋的故事，這一點或許可以解釋為什麼危機會如此揪心痛苦。投資者做好承擔風險投資損失的準備，但不會期待蒙受所謂安全投資的損失。決策者企圖鼓勵投資者投資更多安全資產，促進金融體系更安全。決

策者根本無法供應足夠的安全資產，然後又被迫急就章地採取行動紓困整套系統，他們最終在將許多風險投資轉化成安全投資的過程中創造出道德風險，在此期間一些最危險的投資最後被證明曾經是那些眾人認定完全安全的投資。事實上，考慮到電子和數位貨幣正快速發展並部署，加上第七章概述的抵押品與日俱增備受重視，這場關於結算方式彈性和安全手段的漫長貨幣激辯似乎將更加白熱化。

「安全」資產全球短缺？

　　每一次金融危機似乎都涉及安全資產淪於某種形式的失效。凱因斯則是換句話說指出，對整個投資界來說，根本沒有流動性這種玩意兒：就是有人必須承擔風險。我們知道，躉售融資市場在財務承受壓力時期會需要更優質的抵押品，通常以長期美國國債或國際等價物件的形式呈現。然而，目前這種優質抵押品供應稀少，就一定意味著金融體系更脆弱嗎？美國聯準會和其他央行祭出大規模資產購買計畫已經奪取最優質抵押品並因此擠壓躉售市場。有些學術專家主張，由於利息按照準備金支付，加上幾乎近零殖利率無所不在，因此央行的貨幣已經無法自外於所有其他金融資產。這是一道有爭議性的觀點。我們已經留意到「流動性」有兩大面向：低存續期限和有限的信用風險，這意味著流動性可以立即化身為無須折價的法定貨幣。我們可以採取類似角度檢視「安全」資產，不同之處是時間軸必須根據資產所有者未來負債的時間點加以調整。如此一來，「安全」資產可以根據應付預期負債的能力定義，而非安全資產可能無法配合預期負債定義，無論是就規模（即償付能力問題）或隨時間發展而成的現金需求模式（流動性問題）而言。這種時間錯配可以藉由金融概念中的**存續期限**表示，或者也可以被視為投資的有效期間。存續期限與到期日一樣通常以年為單位。資產的殖利率溢價可能會部分補償這種時間錯配（或流動性不足）。資本被捆綁的時間越長，潛在

的未來回報也可能越高。因此,「風險」資產（定義為偏離某一段預期存續期限）應該會獲得更高回報。換句話說,「安全」資產的信用風險比較低,並且與資產所有者預期的未來負債期限相匹配。對諸如政府債券等安全資產的過度需求通常反映在更高的債券價格,或者更準確來說是反映在更窄的債券期限貼水。稍早我們在第七章和第十章提到,二〇〇七年至二〇〇八年全球金融危機以來,這段時期以量化寬鬆和所謂的「緊縮」政策為特徵,並與期限貼水的大幅波動有關。特別是每當流動性和／或安全資產供應稀少（充足）時,期限貼水就會收窄（放寬）。

　　兩道觀察結果如下:首先,全球金融體系中最重要的價格始終是占據幾大主要經濟體的主權債務價格,現今主要由美國國債殖利率和美元價值組成。其次,對許多美國境內和國際機構投資者來說,典型的「安全」資產就是美國十年期公債,因為它比現金更接近於負債的存續期限,例如未來的養老金支付[8]。然而,教科書傾向視現金甚至是純金金條為主要的安全資產,成長快速的企業與工業現金池則可以說更傾向到期日較短的美元計價工具。資產配置者主動決定持有風險資產和安全資產的投資組合。安全資產比較可能符合預期的存續期限,但可能提供比較低的回報。儘管風險資產帶來更高回報,交換代價則是錯配的存續期限。我們必須找到平衡點。正如第十章所示,視政府債券和現金為「安全」資產、股票和企業債為風險資產,風險與安全資產的組合比例可能隨經濟循環過程發生變化,但最終應該均值回歸由預期未來負債決定的水準。反過來說,這些負債將取決於人口統計、賦稅、潛在通膨和風險規避等長期因素。圖十一‧三顯示美國和全球投資者持有的全部權益證券（即風險資產）的價值,以及他們各自持有的安全資產之間的比率。根據圖表,相較於歷史水準,目前全球（約四五％）和美國（約五五％）投資者的風險資產持有價值比起「安全」資產似乎有所增加。這是在示警較高的風險水準,但不可否認的是,目前的風險水準與二〇〇〇年、

附圖11.3　1980-2019，美國和全球投資者持有的權益證券市值與安全資產比率

美國　　全球

資料來源：跨境資本

千禧年網路泡沫之後或二〇〇七年至二〇〇八年全球金融危機之前不可同日而語。

　　風險資產比率相較安全資產升高的部分原因是，近來流動性和政府債券供給嚴重受限於壓抑政府發行債券的撙節政策，以及對諸如傳統商業銀行等傳統金融存款接收機構加諸日益收緊的規管，最終都會導致負債成長受限。這些新的流動性規則和抵押品要求提升銀行持有優質流動性資產的需求，並降低可以用來支持銀行對其他交易（包括附買回）的能力。因此，缺乏可用的優質抵押品會重大影響擔保市場的流動性，尤其在金融承受壓力時期。甚至是在政府法規之外，謹慎常規也大幅提高持有流動性不足的資產的機會成本，進而提升對流動性資產的需求。因此，流動性供應減弱加劇抵押品匱乏，兩者共同創造對安全資產的更龐大需求，並進一步擴大缺口。

安全資產

　　「安全」資產可以根據償付預期負債的能力定義。「安全」資產與法律定義的「準備資產」不同,它是主觀認定。非安全資產可能與預期負債不匹配,無論是就規模(**償付能力**問題)或時間(**流動性**問題)而言。資產的殖利率溢價可以部分補償這些錯配。通常一旦安全資產供應不足,若非投資組合可能受限而且無法擴充價值,就是民間部門得借道供應自身「安全」資產,以便創造額外彈性。

　　二○一二年,國際貨幣基金組織正式將「安全」資產定義成一種金融工具,提供(一)低市場和信用風險,(二)高市場流動性,(三)有限的通膨風險,(四)低匯率風險和(五)有限的異質風險。

　　就實務而言,安全資產的定義往往變得模糊,因為它還牽涉地緣政治與諸如信任與信念之類的心理要素。唯有在其他人都同意的情況下,安全資產才稱得上「安全」。此外,安全資產的歷史顯示它們有幾個共同點:

一、經濟不景氣時,安全資產往往會升值,諸如股票、企業和新興市場債等風險較高的資產則表現較差。套一句金融術語,安全資產相對於市場為**負系統性風險**的關係(negative beta)。

二、存在深度和流動性兼具的市場以現行價格從事大規模自由交易的能力為特徵,因此,資本管制足以否定安全資產的狀態。

三、殖利率始終低於其他資產。二○一二年,克許奈莫帝和薇欣─約葛森估計,美國國債殖利率具備更完善的安全性和流動性,比平均值低約七十個基點。

四、更強大的財政能力,例如借道殖利率對債務與國內生產毛額比率上升的低敏感度,以及受到可能是軍事強權的國家(例如美國)支持衡量。

標準的安全資產是十年期美國國債，但實際上，安全資產清單包括採用對資訊不敏感的方式使用的任何工具。參見戈頓、S・魯威廉（S. Lewellen）和A・麥崔克（A. Metrick）合撰的〈安全資產比重〉（The Safe Asset Share），刊於二〇一二年一〇二期《美國經濟評論》；《安全資產：金融體系的基石？》（*Safe Assets: Financial System Cornerstone?*），刊於二〇一二年四月國際貨幣基金組織《全球金融穩定報告》（*Global Financial Stability Report*）；以及克許奈莫帝和薇欣─約葛森合撰的〈國債總需求〉（Aggregate Demand for Treasury Debt），刊於二〇一二年一二〇期《政治經濟學雜誌》（*Journal of Political Economy*）。

根據二〇一二年國際貨幣基金組織的說法：「……不確定性加劇、監管改革以及央行的危機相關回應正在推高（安全資產）需求。在供應端，被視為安全債務的主權國家數量減少，可能導致安全資產供應減少約莫九兆美元……或換算下來大約是一六％……；民間部門產出的安全資產也在減少，因為美國境內證券化效果不良，以至於汙染了這些證券。再加上一些新法規可能會損害（供應）……。」如附圖十一・四所示，這種「安全」資產（在此定義為已開發經濟體的政府債券，以及已開發與新興經濟體的現金及短期工具）供應減少，從它占全球國內生產毛額的比率及全球流動性的年成長率可見一斑。二〇〇七年至二〇〇八年全球金融危機爆發前，新的國際安全資產供給似乎增加一〇％左右，但此後下降至勉強維持正成長的步伐。與危機前的趨勢相比，即使十年來這種低於平均的成長也可能造成約八〇％的龐大缺口。更重要的是，伴隨安全資產供應減少，全球流動性擴張也同樣步履蹣跚，因此進一步強化過度需求的程度，並有助解釋國債期限貼水進一步暴跌的原因。

這道缺口關係重大是因為，當前以臺售貨幣市場支持的系統不同於傳統

附圖11.4　1998-2020，全球「安全」資產供應（占全球國內生產毛額百分比）
和全球流動性成長（年度變化）

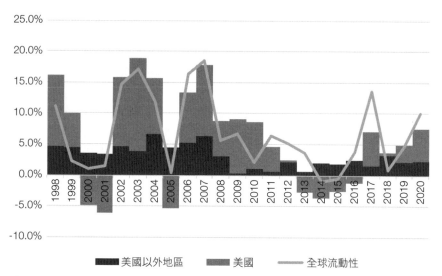

資料來源：跨境資本

銀行支持的信貸供應，本質上它倚賴穩定的新抵押品供應。儘管企業與工業現金池提供新的資金來源，但它們需要金融體系透過附買回機制提供可流動的抵押儲蓄工具。企業與工業現金池快速成長因此提振附買回需要，進一步推動抵押品需求。國債的結構性短缺迫使大部分機構現金流入有抵押品而且通常是「新鑄的」民間部門工具中。例如，美國家庭從二〇〇〇年代初就受到政客們公開鼓勵，延長抵押房屋貸款融資。然後這些貸款被搭售組合成評級更高的房屋抵押貸款擔保證券，使得銀行和影子銀行從貨幣市場借入更多機構現金，並放款給家庭和其他非傳統借款人（例如新興市場的企業）。隨後事態進一步惡化。二〇〇〇年代初就已經存在深度和流動性兼具的躉售貨幣市場，影子銀行放款方肯定自己輕易就能展延這些部位，因此借入期限短至七至十四天這種超短期的資金，並經常使用房屋抵押貸款擔保證券抵押；但它們同時提供長至三十年的長期貸款，進一步承擔龐大的**到期風險**。二

〇〇七至二〇〇八年全球金融危機證明，貨幣市場的深度和流動性並不是可靠的常數。英國**北岩銀行**（Northern Rock）在英國抵押貸款市場持有一〇％比率，二〇〇七年八月成為資金流動性迅速蒸發的早期犧牲品。無論如何，因為放款方面對基本上來路不明的全然陌生貸款人，這些市場上的緊張局勢都可能導致更高漲的**信用風險**。當三十年期的證券或貸款，就說是由十四天票據支持好了，距離到期日需要再融資高達七百七十八次時，借款人就面臨加劇的風險。這種龐大的再融資負擔提供事情出包的大量機會。

　　全球金融危機爆發過後十年間，安全資產的結構性短缺問題借道貨幣市場附買回優質抵押品（如國債和高等級企業債）終獲解決。然而，政府證券的供應依舊有限，平添企業發行更多債券的壓力。由於市場對美元資產的需求特別強勁，加上美國擁有全球最龐大、流動性最強的企業債市場，美國資本市場因而受益。美國信用利差因此收窄，美國企業的發行量則大幅上升。低的普遍資本支出需求意味著，大部分額外現金已經借道股票回購計畫重新注入華爾街股市，進而推高股價。附圖十一・五顯示債券發行與股票回購的密切關係；同時，圖十一・六更突顯過去十年中，股票退休金平均占美國總市值的一％至二％，可用的股票池也因此減少。

　　然而，這一切都有代價。一道關鍵事實是，這種以抵押品擔保的流動性創造機制是高度順週期，因為創生的新流動性**數量**主要取決於可取得的企業**債品質**，後者又取決於景氣循環階段。這種關聯性示警，信用利差擴大可能會嚴重影響流動性供應，它也具有潛在的脆弱性，因為如果企業違約風險增加，附買回制度本身可能就會崩潰，進而將投資者推向具有安全性的稀有政府債券。二〇〇八年十二月華爾街大幅拋售便證明伴隨而來的信用利差和附買回利率跳升：二〇一八年十一月初至十二月下旬，美國單 B 評級的高收益債券（經選擇權調整後）利差突然擴大二百多個基點，衝至五・八四％高點。這與二〇〇七年至二〇〇八年全球金融危機之前，流動性供應系統運作具有相似的脆弱性和順週期性。不過後來它又聚焦房屋抵押貸款擔保證券和

附圖11.5　2012-2019，美國企業債發行和淨股票退休金市值

單位：億美元

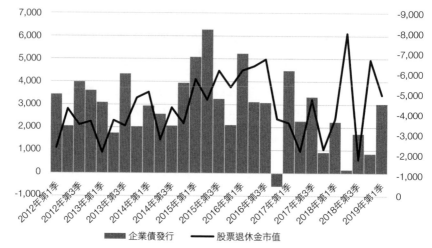

資料來源：跨境資本

附圖11.6　2000-2019，美國淨股票退休金市值（占市值百分比）

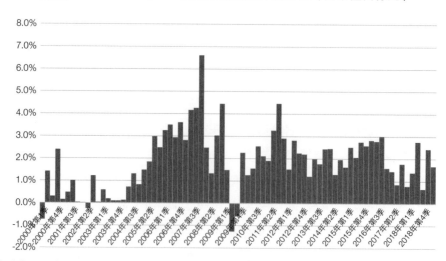

資料來源：跨境資本

其他資產擔保證券。二○○七至二○○八年間，美國房產市場惡化證明是摧毀整體系統流動性的關鍵觸發因素。

迫使財政部發行更多長期債券是「安全」資產短缺的一道解方，例如以三十年甚至一百年為期限。正如第六章強調，僅使用聯邦儲備券（Federal Reserve notes）替代政府債券的量化寬鬆政策效果要差很大，因為它們會吸納抵押品。決策者必須找到提升整體政府資產負債表（即財政部和美國聯準會的負債）的動機，並發明更多創新方法為薑售市場釋出抵押品。

注釋

1. 二○一五年，賀蓮‧芮伊於國際貨幣基金組織開辦孟代爾—弗萊明。
2. 一九三三年，克弗里德里希‧海耶克（Frederick von Hayek）出版的著作《貨幣理論與商業週期》（*Monetary Theory and the Trade Cycle*）。
3. 二○一七年，亨利‧考夫曼出版的著作《金融市場結構轉變》（*Tectonic Shifts in Financial Markets*）。紐約：佩爾格雷夫出版社。
4. 藥廠嬌生集團（Johnson & Johnson）和微軟是唯二具有標準普爾最高信用評級AAA的美國企業，遠低於一九九二年的九十八家。
5. 請參見https://www.ecb.europa.eu/press/key/date/2012/html/sp120726.en.html
6. 請參見http://www.triffininternational.eu/images/global_liquidity/RTI-CSF_Report-Global-Liquidity_Dec2019.pd
7. 請參見一八七三年白芝浩出版著作《倫巴第街》。
8. 請參見G‧戈頓、S‧魯威廉與A‧麥崔克合撰的〈安全資產比重〉，《美國經濟評論》第一○二期和〈全球金融穩定報告〉，國際貨幣基金組織，二○一二年四月。

第十二章

金融絲路：全球化與資本東流

金融絲路

　　全球經濟重心受到中國、印度和中亞龐大的經濟機遇吸引，正逐漸被牽引向東。一九五〇年，全球經濟重心靠向美國東海岸；截至一九八〇年，名義上它已移至大西洋中部；到了一九八九年左右，世界經濟重心則經由西柏林轉進東柏林，諷刺的是，這道轉變大致上與柏林圍牆倒塌同步。二〇〇五年它穿過芬蘭首都赫爾辛基並繼續東移，二〇一〇年左右越過莫斯科，預定二〇五〇年前將落腳印度和中國之間。資本尾隨成長的足跡沿著古老絲路，以每年一百三十三公里的穩定速度堅定前進中國和中亞，相當於古代駱駝列車每天行進速度的三・五倍[1]。我們之前就將這種資本移動稱為**金融絲路**[2]，反映出中國和亞洲在巨大的投資機會之下存在著資本短缺。過去古老絲路沿線的貿易同樣受到中國渴望白銀、西方需求絲綢、香料和茶葉所驅使。當時中國的貨幣體系與白銀披索掛勾，而且有時候在中國流通的硬幣還多於墨西哥境內。這些大規模的貿易和資金流動經歷大約超過半世紀才消弭存在歐洲和中國之間的白銀套利[3]。這種現象在一七〇〇年代初重新出現，由於當時中國人口激增導致對銀幣的需求增加。因此，在十六世紀和十八世紀，隨著資本東移，世界經濟發生重大變化。

　　國際市場出現一些毫不相關的事件。這種轉變的最初徵兆甚至在搖搖欲

墜的柏林圍牆正式倒塌前就已經很明顯。幾乎在一夕之間，世界各地的國有企業紛紛急於出售，提供外國投資者誘人的新機會。兩個月後的一九九○年一月，墨西哥總統卡洛斯・薩林納斯（Carlos Salinas）在達沃斯世界經濟論壇（Davos World Economic Forum）發表專題演講，由於與會代表過度關注東歐而顯得相形失色，並促使薩林納斯回國後加速推動北美自由貿易協定（North American Free Trade Agreement, NAFTA）[4]談判，並民營化墨西哥境內的銀行。爭奪外國資本的競爭頓時白熱化了。根據墨西哥官員：

> ……他（薩林納斯）發表的專題演講非常出色，深獲好評。第二天，關於匈牙利、波蘭和東德的會議開始了，每個人都一窩蜂地跑去聆聽那些會議以及那些人必須闡述的內容〔來自一九九○年六月三日《紐約時報》（New York Times）〕。

從許多方面來看，美國前五百大企業一向引領這道全球資本轉移趨勢，也就是**全球化**。儘管這些企業總部仍設在美國，並且在知名的紐約證交所上市，卻將製造外包到全世界任何材料最便宜，並擁有最好勞動力技術的地方，同時將獲利轉移到全世界任何稅率最低的國家。這與中國經濟形成偌大對比。中國的國有企業構成中國產業的核心，它向採取人為操縱低利率的國有銀行[5]借款，優先贏得政府合約，國有企業和國有銀行也被當作平衡經濟的便利政策手段，它們在民營企業意願低落時反向增加貸款和支出。它們也是經濟成長的關鍵引擎，啟動必要的資本密集型投資，包括投資支撐中國經濟的尖端技術。中國的目標相當明確，亦即為中國人民實現國家經濟繁榮，它的規劃者、國有銀行和國有企業共同承擔成為全世界最龐大、最強力的經濟體必須付出的一切努力。一九七八年以來，中國經濟以每年平均超過九％的速度成長。儘管國內生產毛額成長近來放緩，而且未來可能再進一步放緩，但是它的成長速度比起包括美國在內的全球其他主要經濟體而言應該堪

稱快速，全球其他主要經濟體的實質工資已經停滯四十年，龐大的貧富差距和日益嚴重的不公平成為現實。中國主張，成功的資本主義並不一定需要政治民主；然而，它確實需要大量的工業和金融資本流入，因此許多進入中國擴張業務的外企中，美國頂尖企業屬於最快速的一群。

　　外人直接投資成為這些流入中國和其他地區的資本的主要管道。本質上，外人直接投資是指境內經濟圈之外的有形投資，主要組成要素為廠房、設備、建築物和企業[6]。日本也一向是外人直接投資的主要淨供應國，相反地，新興市場和邊境市場一直是已開發經濟體資本流出的主要淨接收國，請參見附圖十二・一。外人直接投資往往代表最新穎的技術和管理能力，因此已獲證明是中國和其他新興市場成長的主要動力。中國接收主要的大規模外人直接投資，儘管最近腳步放緩，主要是出於轉讓中國專有技術的擔憂日益加劇，加上它在自身主導的**一帶一路倡議**中加大對外投資的影響。請參見附圖十二・二。除了統一時期，德國一直是全球其他地區外人直接投資的淨供應國。研究顯示，大約一半的對外資本被再投資在鄰近地區，因此中國對外人直接投資的重點主要在亞洲，德國則主要是歐洲。然而，儘管流入中國境內的淨投資明顯放緩，不能改變中國依舊需要吸引大量外國風險資本進入國內市場的事實（請參見附表十二・一）。

德國向東方靠攏

　　歷史證明，區域資本的疆域通常是遵循經濟邊界而非固有的政治邊界。不必將目光投向遙遠的中國，因為德國的資本流動提供資本東移和關注更廣泛地區的最新證據。更重要的是，這道持續轉變暴露出歐盟的弱點，並可能威脅到歐元匯率制度本身的完整性。德國智庫歐洲政策中心（Center for European Policy[7]）最近發表一項研究加強這道觀點，文中估計，至今歐元對義大利、法國和葡萄牙的人均淨成本分別高達七萬三千六百零五歐元、五萬

附圖12.1　1990-2019，流向主要區域的（淨）外人直接投資

單位：億美元

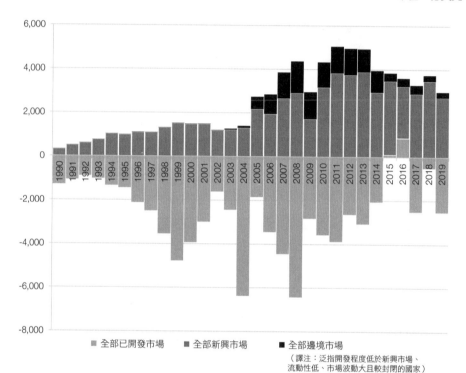

■ 全部已開發市場　　■ 全部新興市場　　■ 全部邊境市場
（譯注：泛指開發程度低於新興市場、
流動性低、市場波動大且較封閉的國家）

資料來源：跨境資本、聯合國貿易暨發展會議（United Nations Conference on Trade and Development, UNCTAD）

五千九百九十六歐元和四萬零六百零四歐元；一九九九年至二〇一七年間，德國人得到的暴利約人均二萬三千一百一十六歐元。諷刺的是，英國在二〇一六年公投退出歐盟（即英國脫歐）的背景下，近來反而受惠德國大規模的外人直接投資，加上取得低成本、技能堪稱熟練的歐盟勞動者。毫無疑問，這對英國經濟成長的好處顯而易見，由它相對低的失業率可獲證明。然而，這些移民勞工的歐盟老家經濟狀況與英國形成巨大反差，尤其是青年失業率。對這些經濟體來說，更令人擔憂的是英國和其他國家一直在吸收它們的

附圖12.2　1990-2019，流向美國、中國與歐洲的（淨）外人直接投資

單位：億美元

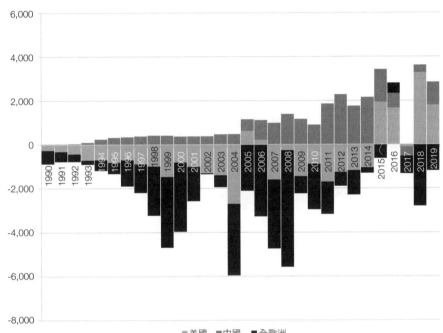

資料來源：跨境資本、聯合國貿易暨發展會議

年輕創業家，而這可是未來經濟成長的重要推手。這種「人才外流」有一道
關鍵解釋是，由於幾個南歐經濟體直接綁定歐元，因此國內經濟空洞化。貨
幣聯盟具有優勢，但也可能付出高昂代價。我們在第五章解釋過這一點，借
道實質匯率調整，加上名目匯率固定時，更有彈性的資產價格和工資便將發
揮作用。長期以來，對美國與英國等經濟體來說，最大的代價是富裕地區更
富裕，而貧困地區更貧窮。在歐元區經濟中，德國因此變得更富裕，而義大
利與希臘無論採用收入或是財富衡量，都變得更貧窮。後者尤甚。這一點不
出意料之外。比較小的歐元區經濟體資產價值（尤其是房產價格）暴跌，侵
蝕寶貴的抵押品、削弱它們的銀行體系，進而阻礙經濟復甦。美國企圖借道

附表12.1　2000-2019，對主要區域的（淨）外人直接投資流量

單位：10億美元

	已開發經濟體	新興市場	邊境市場	美國	中國	日本	英國	德國	法國
2000	-393.5	148.8	1.2	-80.8	37.5	-30.2	-201.3	140.7	-131.1
2001	-299.9	150.1	1.3	-100.9	37.7	-35.9	-49.1	-12.6	-41.0
2002	-160.7	120.9	1.2	-130.3	46.6	-29.5	-47.3	31.6	-0.1
2003	-244.2	127.8	5.2	-139.6	47.3	-27.3	-56.0	26.6	-10.0
2004	-637.7	140.7	9.3	-270.2	53.3	-29.2	-79.9	-32.7	-23.5
2005	-184.5	274.0	56.2	61.0	89.7	-45.3	97.8	-30.3	-30.6
2006	-344.9	285.0	89.3	21.2	98.0	-61.2	60.5	-57.4	-53.9
2007	-444.9	385.7	118.8	-159.6	139.0	-52.1	-156.0	-90.0	-48.3
2008	-642.9	437.9	146.1	-26.5	115.4	-84.7	-110.9	-68.2	-70.2
2009	-282.4	296.9	123.7	-144.3	89.6	-65.2	59.0	-46.1	-68.6
2010	-357.2	434.1	116.0	-88.5	186.4	-71.3	6.9	-58.6	-33.5
2011	-387.3	506.1	123.0	-169.4	228.4	-117.6	-47.7	-10.6	-19.5
2012	-264.1	497.1	121.6	-125.9	175.9	-117.9	31.1	-33.8	-18.3
2013	-307.0	494.7	105.8	-117.9	215.5	-145.0	42.9	-26.5	9.9
2014	-206.2	396.0	99.8	-105.3	149.0	-118.4	144.4	-83.3	-47.5
2015	10.4	374.7	36.8	193.5	66.2	-133.8	107.6	-66.2	-5.9
2016	86.4	274.9	37.3	167.0	-42.4	-139.8	197.3	-46.6	-37.4
2017	-250.6	329.7	39.5	-10.6	33.6	-151.8	-5.8	-57.2	-20.3
2018	-50.2	375.1	27.1	327.9	104.5	-138.5	11.5	-59.8	-63.7
2019	-252.6	298.7	24.6	179.8	80.6	-335.4	-39.8	-40.0	-10.4

資料來源：跨境資本、聯合國貿易暨發展會議

徵稅與支付社會保障金，以及國內軍事基地選址和政府採購計畫，消除類似的區域性不平衡。英國使用區域援助，並設有獨立的政府部門，為威爾斯、蘇格蘭和北愛爾蘭等低度開發地區提供財政支持。換言之，任何實際貨幣聯

盟的一個必要組成部分是財政轉移機制。歐盟目前擁有最低限度的區域支持制度和零散的財政安排，但近二十年來成員國之間經濟失衡的規模已經顯現，需要採取更強力的集體行動。這是一場爭議性的辯論，尤其英國脫歐發生後，德國將成為歐盟預算的唯一淨貢獻者。

　　單純從經濟角度來看，身為歐洲工業強國的德國很可能會繼續向東投入資本。德國占歐盟製造業附加價值約近四〇％，法國為一〇％至一五％。對外的外人直接投資數據顯示，德國在南歐和東歐的投資存在明顯差異。圖十二・三比較二〇〇〇年與二〇一八年這兩年間德國外人直接投資總額依據地理位置計算的百分比。在此期間，投入美國的資本從占總量二九％劇降至不足一七％；分配給英國的比重微升至近一二％；最大變化發生在分配給法國和「其他歐盟」經濟體的比重，從合計一一・五％降至六・五％，但分配給東歐的比重從五％大幅躍升至一〇・二％。世界其他地區這個類別涵蓋了中國和其他亞洲經濟體，包括中亞、印度和俄羅斯，比重也翻了將近一倍。前述數據印證，全球的經濟重心正由西向東轉移。如果我們採用更簡單的東、西兩方比較，重新呈現德國的數據，並排除「核心」歐洲經濟體（亦即比荷盧經濟聯盟、丹麥、奧地利和瑞士），「西方」投資比重的轉變則更顯著，二〇〇〇年，「西方」投資占德國的外人直接投資總額由五一・八％降至至二〇一八年的三四・九％。不到二十年，德國投資到「東方」的比重幾乎翻倍，由一五・五％增加到二九・八％。資本基本上是由義大利和希臘等國吸收德國的順差，再重新被分配到東歐。

資本轉移的地緣政治意涵

　　許多西方人仍然看待未來的危險落在輕度的邊界爭端或流氓國家中。也相信民主制度是資本主義成功不可或缺的一部分，這解釋他們支持民主起義運動，例如二〇一一年的阿拉伯之春和二〇一九年的香港示威者。依照此觀

附圖12.3 2000年與2018年，依地理位置區分德國外人直接投資持有
（占總額百分比）

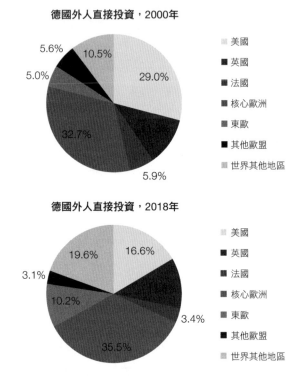

德國外人直接投資，2000年

5.6% 10.5%
5.0%
29.0%
32.7%
5.9%

■美國
■英國
■法國
■核心歐洲
■東歐
■其他歐盟
■世界其他地區

德國外人直接投資，2018年

19.6% 16.6%
3.1%
10.2%
3.4%
35.5%

■美國
■英國
■法國
■核心歐洲
■東歐
■其他歐盟
■世界其他地區

資料來源：德國聯邦銀行（Deutsche Bundesbank）、經濟合作暨發展組織、跨境資本

點，所有自由國家都應該不可避免地像西方一樣發展並保持和平，西方才能
因此刪減不必要的軍費開支。不過正如我們之前所述，中國已經證明，即使
不延續西方式的民主和自由，依舊能夠實現資本主義式的成功。因此，許多
評論家將一九八九年至一九九二年期間，意識形態上對抗舊式史達林國家社
會主義的勝利誤判為最後一幕；然而在許多方面，更加根深柢固的俄羅斯和
中國列寧主義式政治模式基本上沒有改變。因此我們正回到冷戰時代的西洋
棋賽局，外交行動因頻繁的僵局而受阻，沒有真正的贏家。早在一九七〇年
代和一九八〇年代，美國前國務卿亨利・季辛吉（Henry Kissinger）策劃的

共產主義集團分裂之後，美國、俄羅斯和中國這三大強權便主導地緣政治。美國隨後採取分而治之的政策，類似十九世紀英國對後拿破崙時代歐洲的政治外交手段，將反對派保持在分裂狀態，並引導專注在比較小的地方事件上。如今，政策專家同樣建議美國領導人分開俄羅斯和中國，但原因不同。換句話說，美國需要與中國達成「公平」的貿易協議，並謹慎管理中國對美國技術和風險資本的需求，與此同時則讓歐洲面對俄羅斯的持續威脅保持警戒。諷刺的是，在一九七〇年代和一九八〇年代，歐洲讓俄羅斯有如芒刺在背，如今情況反轉，俄羅斯反而成為歐洲人的眼中釘。二〇〇七年至二〇〇八年全球金融危機普遍弱化西方國家的經濟實力，歐盟受害尤深。如今，一九五七年《羅馬條約》（*The Treaty of Rome*）簽訂後美國鼓勵歐洲共同體以來，它第一次不再視歐盟為外交和地緣政治資產。更重要的是，資本正在退出歐洲，現在華盛頓極不可能允許歐元區再次利用國際貨幣基金組織當作歐盟的附屬品，拿來紓困境內搖搖欲墜的地區銀行。事實上，白宮許多人視歐洲為競爭對手，對歐盟解體樂觀其成。

從經濟和社會層面來看，歐盟似乎已經從內部開始分裂。它背負著歐元這個腐蝕性貨幣機制的重擔，仍無法履行承諾發揮作用。歐盟經濟很可能在一場接一場的危機之間蹣跚前行，直到選民的耐性被磨光殆盡。歐洲貨幣聯盟若想活下來就必須發展成一個全面的聯邦國家，擁有單一的歐盟財政部和相同的財政結構。這道建議似乎不太可能實現。歐元區在結構上劃分為很難應付的債權人和債務人兩大陣營，兩邊陣營各有互相衝突的總體經濟議題。近年來，歐洲央行的大規模量化寬鬆和週期性的景氣榮景掩蓋這些嫌隙，但潛在的南北分歧仍然長期存在。我們已經注意到，德國資本與歐盟其他大多數國家的利益截然不同。一九八九年柏林圍牆倒塌後，曾經構成歐盟核心的舊法德軸心實際上已經過時。任何想要重建它的企圖只會益發突顯法國現在的弱勢地位。英國脫歐進程清楚地印證這道轉變：儘管一九七二年時，英國主要是與法國談判加入當時名為共同市場的經濟圈，但是它現在必須說服德

國才能以體面的條件離開。

　　除此之外，有一道風險就是東歐可能回歸俄羅斯懷抱，或許是受基督教民族主義（Christian nationalism）的誘導。歐盟的核心潛在問題最終仍然存在：德國與南方相互衝突的需求，既無法和解，也無法透過經濟暨貨幣聯盟解決。整個歐洲在經濟競爭力和債務負擔能力的顯著差異實在太龐大。但無論如何，歐盟許多福音派教徒的天性是義無反顧繼續前進。許多歐洲經濟體根本不應該使用一種共同貨幣。德國一直支持在歐洲境內推動自由貿易主義，並暗中放手讓德國馬克大幅貶值，這道過程導致鄰國經濟破產。德國馬克是在歐元創立時最初被納入歐元的貨幣。與此同時，由於歐盟過於倚賴美國協助防衛，免於支付沉重的大規模軍備花費。一旦美國撤軍，歐盟必將暴露於險境，毫無能力保衛自己的邊界。歐盟正迅速流失美國的地緣政治支持，但與此同時，隨著德國資本流向東方，它也正在失去德國的經濟支持，只是這道現象相對比較不明顯。過去二十年來，歐元加速歐洲南部邊陲地帶的去工業化和財富縮水困境，卻助長德國企業增加財富，而且不可避免地繼續擴張至東歐、烏克蘭和最終的俄羅斯並提供其資金。在這些經濟體中，消費者更年輕、負債更少、更有抱負，而且到目前為止它們仍未被開發。與此同時，歐洲的經濟獨立性備受威脅，因為它位處於俄羅斯控制的天然氣管道〔例如北溪（Nord Stream）I號和II號〕的末端，在更遙遠的東部邊境則面對好幾位深不可測的獨裁者。

　　中國、俄羅斯、伊朗和土耳其時常爭論並抵制冷戰後的解決方案，亦即：（一）德國統一；（二）前蘇聯領土分割和前《華沙公約》（Warsaw Pact）國家納入北約；（三）一個由遜尼派（Sunni）沙烏地阿拉伯人主導並獲美國支持的中東，藉此壓制伊拉克和伊朗；（四）美國在亞洲無可爭議的主導地位，借道友好聯盟並在亞洲廣設軍事基地。四個心懷不滿的國家各有目標和不同的因應策略，例如中國是資源和原油的主要進口國，不過戰略都聚焦中亞。它們對中亞的共同關注使得美國的戰略地位更艱鉅，導致美國質

疑北約並試圖從中東脫身。除此之外，中國正挑戰美國在亞洲的主導地位。俄羅斯則在烏克蘭挑戰歐盟，並企圖重建對獨立國協（Commonwealth of Independent States, CIS）的影響力。此外，伊朗藉由入侵敘利亞並在俄羅斯暗中協助下正挑戰沙烏地阿拉伯在中東的勢力，並尋求將區域權力中心移回德黑蘭。總而言之，資本正在從美國，尤其是歐洲流出，並沿著這條**金融絲路**向東轉移，但更重要的是，它似乎匯集到中亞。地緣政治的緊張局勢肯定將成倍放大？

注釋

1. 新加坡經濟學家柯成興所著〈全球經濟重心轉移〉（The Global Economy's Shifting Center of Gravity），刊於二〇一一年一月《全球政策》（*Global Policy*），第二卷。
2. 請參見一九九六年霸菱證券出版專書《金融絲路》。
3. 一五九〇年代後期，中國的黃金／白銀比率約為六：一，是當時西班牙一三：一的兩倍多。
4. 英文全名是North American Free Trade Agreement。
5. 國有企業和國有銀行是廣泛使用的名稱。
6. 包括服務業，就技術定義而言，所有權通常是指持股比率達三〇％或更高。
7. 請參見經濟學家亞歷山卓・加斯帕洛帝（Alessandro Gasparotti）與馬提亞・庫拉斯（Matthias Kullas）合撰的報告〈歐元二十年：贏家和輸家〉（20 Years of the Euro: Winners and Losers），刊於二〇一九年二月歐洲政策中心研究（cepStudy）。

第十三章

衡量流動性：全球流動性指數

跨境資本全球流動性指數（GLI™）

　　跨境資本（CBC）＊追蹤資本流動，並評估它們對市場和經濟的影響。研究方法是基於跨境資本廣泛研究資金流動的數據資料，加上一股資金來源（亦即資金流動）的變化遠比資金使用（亦即經濟支出類別）更重要的信念。就定義來看，融資週期的主要轉折點真實發生，它是跨境資本定期發布的**全球流動性指數**加以衡量。請造訪網站：www.liquidity.com。全球流動性指數提供投資者一道衡量並監測流動性的實例[1]。它們是一系列綜合指數，意在透過嚴謹方法明確評估全球相似類型經濟體的**資金流動性**情況。涵蓋範圍包括已開發、新興市場和邊境市場經濟體[2]。同時也蒐集每一個經濟體相關的關鍵資料序列，包括衡量央行、民間部門和跨境資本（CBC）的淨流量。流動性的多面向測量和廣泛覆蓋提高準確性和可信度，並有助排除「錯誤」信號。請參見附圖十三・一。

　　一九九〇年代初期以來，全球流動性指數一向定期發布。跨境資本（CBC）借道最新穎的統計方法，從大數據中擷取貨幣環境相關的常見訊號，並善用這些資料集具有明確連動性的事實。蒐集數據的三大主要來源為：

＊ 譯注：為了明確區分是在討論總體經濟或提及公司名稱，下文提到公司名稱時都會加上縮寫。

附圖13.1　1980-2019，跨境資本全球流動性指數，（指數0-100）

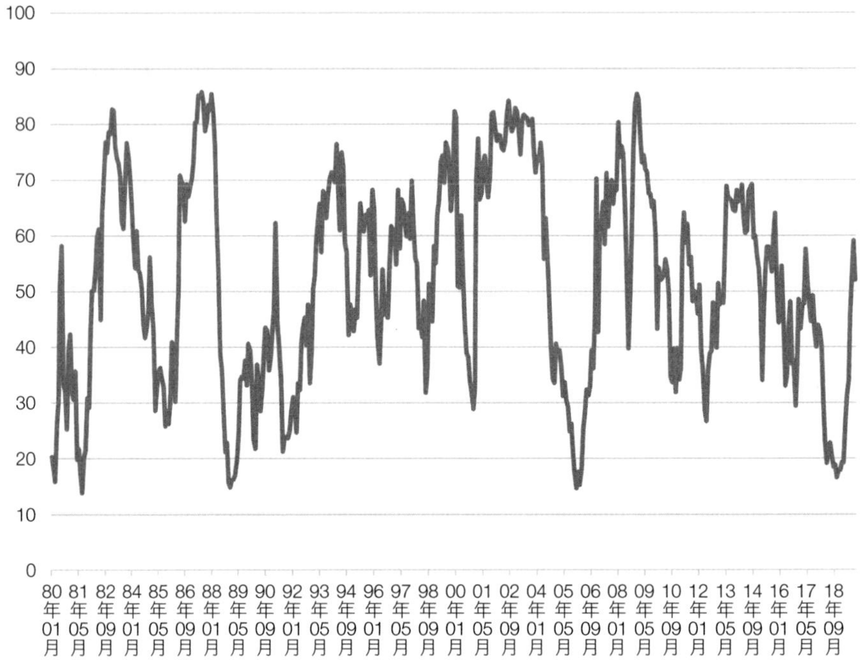

資料來源：跨境資本

- 超國家組織，例如國際貨幣基金組織、聯合國和國際清算銀行。
- 國家財政部和央行，例如美國聯準會、中國人行、歐洲央行。
- 貿易組織、主要貸款公司、貨幣市場和影子銀行。

　　全球流動性指數可以用來顯示關鍵經濟和金融資料序列之間的單向葛蘭哲因果關係，而且通常先行於重要的資產價格變動之前。這套指數往往領先債市和匯市約三至六個月、股市六至十二個月，以及實體經濟約十五至二十個月。指數涵蓋全球約八十個經濟體，由一籃子z分數（「標準化」統計序列）組成，針對每個經濟體進行約三十道資料序列抽樣，涵蓋傳統銀行、央行、影子銀行、企業、家庭和外國投資人。這些資料經過清理、交叉檢驗並

組合成為標準模組，藉此方便進行地理和歷史面向比較。

　　有六種變數類型可能納入使用：（一）資產價格和信用成本；（二）信用利差或風險貼水；（三）槓桿和信貸成長；（四）資產負債表之外的放款（如影子銀行、證券化）；（五）徵信調查；和（六）證券新發行數據、指數股票型基金和共同基金資金流動。跨境資本（CBC）聚焦在（三）和（四）以及一部分（二），特別是：

- 廣義信貸或金融儲蓄額成長率。
- 央行資產負債表規模成長率。
- 相對於國內流動資金池規模的跨境金融資本淨流入。
- 私人信貸提供者的槓桿率。
- 貨幣市場的短期信用利差。

　　徵信調查提供有用的資訊，但經驗證明它們不具預測性，並且往往大幅落後其他信貸衡量指標。發行數據、指數股票型基金和共同基金流量也堪用，但它們代表資金「用途」而非資金「來源」，而且通常不可預測。基於類似的原因，信用成本和資產價格也被排除在外，除了非常短期的信用利差，例如倫敦銀行同業拆借利率—隔夜指數交換利率（LIBOR-OIS）和泰德利差（Treasury & EuroDollar Different, TED[3]），廣泛用來「交叉檢驗」資金流量數據。名目流動性流量數據與指數的基本差別在於，指數是經由趨勢調整，相對於當前經濟活動衡量，而且更加全面，因為它們包含某些無法量化的關鍵資產負債表比率。這些指數也隱含貨幣流通速度。

　　這些指數透過一個三階段的過程建立而成，系統性整合質化和量化數據資料：

- 級別一：原始數據資料。

- 級別二：轉換和標準化。
- 級別三：建構指數。

就實務而言，建構指數涉及好幾種選擇：（一）數據資料次數；（二）包含的變數量；（三）每段參考時期涵蓋的時間間隔和（四）加權系統。由於指數是一道基準指標，衡量它必須對應自身的波動或比較特定的歷史參考點：兩者都涉及選擇恰當的時間間隔刻度。較長的間隔看似更好，但更有可能因而納入暗中損害指數的結構變化時期。相形之下，較短的間隔可能更穩定，但歷史太短又可能形成局限的觀點。同理，諸如每日數據資料之類的高頻數據資料可能比每月或每季度數據更合適，因為可以促進更頻繁的決策。然而代價是每日數據資料可能含有更多的「雜訊」，因此不太可靠。跨境資本（CBC）採用的折衷方法便是使用每月的數據資料。包含在指數中的信號變數量也存在類似矛盾，更多的變數量比起更少似乎是比較理想。然而，蒐集大量變數的問題是樣本可能變得不平衡，包含太多同一種容易取得的類型，因此使得指數趨向某一方向偏移，並導致「過度信號」。若欲緩解這道問題，可以依照類型將變數分組到獨立的子指數中，例如央行流動性、跨境資本（CBC）資金流量，並藉由統計顯著性挑出依照經濟體劃分而成大約三十個不同變數，而非一百個經濟體。構成每個子指數的數據成分都被消除趨勢性，也調整過波動性，以確保它們的穩定性。

由此產生的跨境資本全球流動性指數本質上是由「標準化」成長率和資產負債表比率組成。這道概念是說，金融市場會回應衝擊並根據標準差衡量衝擊強度。投資者對穩定的流動性流動越來越習以為常，一旦成長率突然改變也會立即反應。跨境資本全球流動性指數類似標準擴散指數，是由好一些子成分組成，它們在演算時一起加權，然後以標準化的z分數呈現。由於很難比較指標之間的「寬鬆」或「緊縮」，z分數計算標準化的數據如何分布。擴散指數衡量這些數據資料在每一個特定群組中分散或「擴散」的程

度。集體讀數越分散，我們就越有信心得出流動性為「寬鬆」或「緊縮」的結論。

　　這些個體成分的z分數是採用類似估計的方法組合而成，當所有測量值對齊時就會產生最強訊號，而且不會因為一個或兩個子成分的極端讀數就出現偏離。由此產生的總z分數不是個體成分的簡單總和，而是包含「信賴」效應，於是讓它呈現非線性結構。因此如果所有子成分都具有「高」z分數，出於聯合機率的作用，綜合指數或子指數的總z分數將會更高。每一個指數層級的z分數，好比央行流動性，標示在〇至一〇〇的「標準化」區間，並將平均值設在五〇；然後在六〇標記一個正標準差；八〇標記兩個正標準差；四〇標記一個負標準差；二〇標記兩個負標準差。全球流動性指數或子指數讀數超過五〇便代表，某個經濟體金融部門的流動性相較其四十一個月的趨勢相比有所成長；讀數低於五〇則代表，流動性相較於趨勢減緩。與上個月相比若是成長（減緩）則表示加速（減速）。指數值越大，隱含的變化速度越快。

　　圖十三‧二顯示，美國聯準會流動性子指數以及它的五項關鍵子成分，例如整體資產負債表成長率、銀行超額準備金和政府債務持有部位。選擇這些時而重疊的子成分是為了提供量化政策明確的衡量標準，藉以採取寬鬆和緊縮的行動。它們被併入美國聯準會流動性指數（範圍介於〇至一〇〇）中，呈現出一個累積的機率數值。當子成分以相似的訊息相互強化，指數將呈現更極端的數值。相異的子成分值較可能給出中性的指數讀數。同樣的，圖十三‧三顯示，構成新興市場整體流動性的三項子指數〔央行流動性、民間部門流動性和跨境資本（CBC）的跨境資本流動〕，以及綜合新興市場指數本身的連動。

　　可借道兩種選擇將這些子指數一起加權到國家和綜合全球流動性指數中：（一）基於規模的權重和（二）取決於數據資料成效的權重。規模權重由每一個類別的流動性流通存量決定。成效權重通常指涉基於回歸的負載，

附圖13.2　1980-2019，跨境資本（CBC）美國央行流動性指數和主要子成分
（指數0-100和z分數）

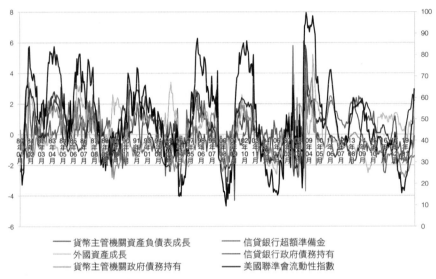

貨幣主管機關資產負債表成長　　　　信貸銀行超額準備金
外國資產成長　　　　　　　　　　　信貸銀行政府債務持有
貨幣主管機關政府債務持有　　　　　美國聯準會流動性指數

資料來源：跨境資本

是由成分與目標資料序列的相關性決定；或是主要成分，權重取決於它們對
數據資料中共同變異的第一個主成分的貢獻度。由於這兩種方法各有優、缺
點，跨境資本（CBC）採取一種混合的方法，使用一種由主要成分權重，
以及流動性流通存量決定的權重所組成的優化組合。就實務而言，這使得
央行的流動性在指數中的負載高於單獨的規模加權值。平均而言，跨境資
本（CBC）將三二％權重歸因於央行和民間部門的流動性；二〇％為跨境流
動，另有一六％為短期流動性利差。

　　指數方法可以採用以下數學公式表示：

$$GLI_t = \sum_1^{80} w_i \cdot \left[pc_1 \cdot \sum_1^{10} u_k \cdot CBLf_{i,k,t} + pc_2 \cdot \sum_1^{15} v_l \cdot PSLf_{i,l,t} \right.$$
$$\left. + pc_3 \cdot \sum_1^5 x_m \cdot CSf_{i,m,t} + pc_4 \cdot CBFf_{i,t} \right]$$

**附圖13.3　1980-2019，跨境資本（CBC）新興市場流動性指數和主要子指數
（指數0-100和z分數）**

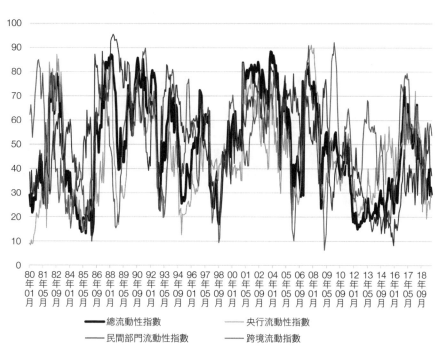

總流動性指數　　　央行流動性指數
民間部門流動性指數　　　跨境流動指數

資料來源：跨境資本

　　w_i為國家權重；pc_i為基於主成分的子指數權重；u_k、v_l和x_m為因子權重；$CBLf_i$、$PSLf_i$、CSf_i和$CBFf_i$為央行、民間部門、短期信用利差和跨境流動性因素。t表示每個月的時間間隔。

　　由此產生的全球流動性指數正如附圖十三‧四所示。區域和國家經濟的指數根據相應規模以及基準年（目前為二〇一〇年），將美元計算的流動性流通存量加權在一起，建立綜合全球流動性指數。此外，跨境資本（CBC）呈報主要的區域性組成成分，包括已開發市場、新興市場和邊境市場經濟體。指數涵蓋期間有幾次明顯的異常現象，例如一九九〇年代初，跨境資金流動競相利用地緣政治變化強化新興市場流動性；兩次新興市場流動性劇減

附圖13.4　1980-2019，跨境資本全球流動性指數和主要區域子指數
（指數0-100）

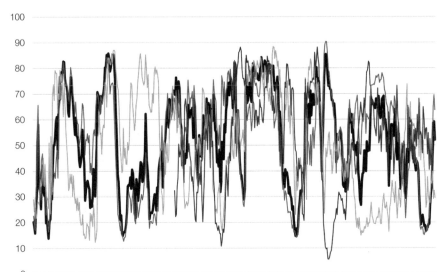

資料來源：跨境資本

則出現在二〇一二年至二〇一六年左右，以及中國兩次緊縮貨幣後的二〇一
八年至二〇一九年；二〇〇七至二〇〇八年全球金融危機之前，邊境市場流
動性急劇下降。

注釋

1. 有關替代方法，請參見隸屬美國財政部的金融研究局（Office of Financial Research, OFR）
製作的金融壓力指數（Financial Stress Index, FSI）；或請造訪www.financialresearch.gov/
financial-stress-index/，另有桑納・恰特吉（Somnath Chatterjee）、邱靖偉〔Ching-Wai
（Jeremy）Chiu；音譯〕、帝柏・杜普雷（Thibaut Duprey）與希南・哈喬・魯霍克（Sinem
Hacioglu Hoke）合撰的報告〈英國金融壓力指數〉（A Financial Stress Index for the United

Kingdom），刊於二〇一七年十二月英格蘭銀行六九七號工作報告。

2. 請參見摩根士丹利資本國際公司（Morgan Stanley Capital International, MSCI）對於這些市場的定義。

3. 泰德利差是美國國庫券和歐洲美元之間的利差；OIS（Overnight Indexed Swap）是隔夜指數交換利率。

第十四章

結論：最高水位線？

流動性觸頂：全球化將成為資本戰爭的第一號受害者？

在美國南北戰爭（Civil War）的蓋茨堡（Gettysburg）戰場上，沿著墓園嶺（Cemetery Ridge）有一座防衛北方聯邦陣地的石牆，長久以來代表一八六三年造反的美國人觸及**南方邦聯的最高水位點**。國際金融交易場景中雖然沒有這類標記，但是感覺上全球流動性這股大潮似乎也在退散？促成這道轉變的手段是美國推動不再全面擁抱中國的政策，借道控制貿易、轉讓技術和資本流動等方式，明確遏制中國帶來的經濟和地緣政治挑戰。同樣地，中國宣稱它採取類似政策反制削弱美元霸權。儘管至今基於意識形態和地理因素，全球化倒退轉向區域主義，聚焦貿易而非資本流動，但我們是否正在觸及等同於全球流動性的高水位點，也就是「流動性觸頂」了？我們預見，去全球化和新區域主義將以地緣政治定義資本領域，其中，至少在許多美國人眼中，中國將扮演造反者角色。

就本質而言，貿易戰不總是容易打贏。不論輸贏，決定經濟主導地位的因素不僅止於貨物貿易，傷害產業競爭對手的方法也不僅止於透過關稅。資本和技術流動與貨物流通至少是旗鼓相當或是更重要。如今，美、中角力的中心軸線貫穿人工智慧、5G網路、數位貨幣和量子計算等先進科技；每一樣都有潛力重塑經濟、網路安全和軍事領域的地緣政治權力平衡。因此，資

323

本保護主義和技術轉讓限制比一般的貿易保護更可能是對中國和其他國家的強力經濟威脅。中國必須引進「聰明」和獵逐風險的資本以便維持經濟穩定成長，像是近期進一步放寬外商投資限制、二〇一九年九月香港證交所主動出價購買倫敦證交所就是證明。如此一來將為資本東流開闢一條重要管道，幾乎可以肯定這是中國政府所樂見的發展。就在作者執筆之際，國家外匯管理局宣布取消外國投資者購買中國股票和債券額度上限[1]，解除存在近二十年的外商投資限制。資本戰爭真的事關重大。

我們開宗明義就拋出一道問題：如果金融推動全球經濟，那是誰或什麼力量推動金融？我們也看到央行坐擁權力，但不總是掌控。在美國和中國的政策指導下，流動性供應已逐漸成為全球現象，而且是奠基於品質可能不優的抵押資產上。與此同時，美元持續舉足輕重，在跨境市場更是如此。事實上，布列敦森林固定匯率制度終止後幾十年後，我們注意的矛盾現象是，世界變得更加以美元為中心。換句話說，儘管美國經濟規模相對下滑，全球投資人仍以美國聯準會和美國政府的決策馬首是瞻。諷刺的是，美國貿易逆差與政策高度相關，足以解釋箇中原因的答案是金融市場競爭力，而非假設性的產業競爭力不足。

我們拒絕接受這道偶一為之的結論，亦即全世界不可避免地發展出一套多邊匯率制度：一套雙邊（若納入歐元則為三邊）制度更有可能。以十九世紀後期為例，**表面上**金本位制是由英國監督，但法國和德國大力支持功不可沒。就實務而言，當時的運作似乎與目前狀況相差無幾，如同當今美元與日圓、歐元和英鎊等其他貨幣開心地排排坐的情景。然而這無法改變一項現實，亦即大約三分之二到四分之三的金融市場活動借道美元交易並結算。

所有這些事實都是在確認，金融循環將持續高度順週期，而且時而脆弱，總是無可預測。或許，它們可以反過來解釋我們的核心命題：為何隨著投資圈日益壯大，波動也更劇烈？不容置疑，三十年來，全球流動性供應變得更不穩定。世界市場的全球貨幣主要供應者是一個大型卻生產力成長緩

慢的經濟體，同時擁有高度發展的金融市場和資本順差。世界市場的全球貨幣主要使用者則是借道全球價值鏈生成，是一個大型而且生產力成長快速的經濟體，但金融市場開發不完全，更有必要引進風險資本。這道顯著差異反映出美、中之間日益白熱化的經濟競爭關係：中國現在可能具備工業強國實力，但美國金融強權的地位依舊屹立不搖；中國被迫過度倚賴美元，美元本身卻對全球市場構成更多風險。

金融絲路

　　一九八九年柏林牆崩塌代表關鍵的經濟和地緣政治變化：當破舊的二行程引擎汽車衛星（Trabant）***2**緩緩駛向西方，突然被湧入東邊的西方資本急流淹沒，二十至三十億名「新生產者」從此獲得參與經濟的權利。這些變化也加速中國更早幾年由鄧小平**3**啟動的經濟改革，進一步激勵拉丁美洲掀起改革浪潮，由墨西哥發動民營化計畫，並在總統卡洛斯・薩林納斯任內主導加入北美自由貿易協定的談判。結果是，經濟強權影響所及的領土正在重新劃定界線：中國正在整合它在亞洲的影響力，並借道**一帶一路倡議**向西拓展到中亞，最終延伸至歐洲和非洲市場。歐洲的主張則反映在德國資本的足跡，證據顯示德國正鎖定烏克蘭和俄羅斯朝東邊重新部署，並可能進入包括土耳其和伊朗等的中東部分地區。美國資本只能向南拓展至拉丁美洲，並在歐洲和諸如日本、台灣、韓國、東南亞，可能加上印度等亞洲地區維持一些影響力。這道發展似乎讓二戰後協議的邊界和慣例被重新界定。

　　在景氣循環波動中，風險資本永遠被成熟的大型貨幣中心排除在外，同時卻被吸引至成長更快速的經濟體中。風險資本敦促經濟「追趕」，並被視為現代工業時代成長的唯一保障來源。中國和其他新興市場由此獲得的生

---

* 譯注：東德時代的國民車。

產力激增，有效迫使美國透過複雜的實質匯率調整，採行幾乎長期不變的寬鬆貨幣政策，因而導致全球市場承受泡沫吹大的後果。中國和其他新興市場的金融體系仍處於發展階段，由於美國寬鬆貨幣政策的外溢效果形成資本流入，並引發在地好幾次信用膨脹。與此同時，全新的產業競爭促使成本削減，進一步侵蝕西方市場的獲利率和經濟成長，過低的資本邊際報酬更迫使許多公司調整甚至放棄新的資本支出計畫。許多企業轉而關注提高平均資本報酬，借道削減現有資本產生的營運成本手法。竭盡使用在地資產使得這些企業得以提高產業現金流，再透過股票回購提高財務槓桿，這些現金流借道躉售貨幣市場四處流竄，既不是流向一般銀行也不是流向集中全球產業的大型購併交易中。金融市場因此被迫聚焦資本分配與再融資，因而無法發揮傳統融資機制的功能。這樣日新月異的角色使得資產負債表規模（亦即流動性量能）遠比資金成本（亦即利率）更顯重要，以符合延展債務的持續需求，並為現今似乎不再頻繁的新資本專案提供融資。同時，這些新措施借道企業與工業現金池設立，有效扭轉國際金融體系的極化。由此產生的過度「安全」資產需求強化全球流動性的順週期性，反倒令人更擔憂脆弱性。

這道趨勢還夾帶社會與政治成本。在西方，高階主管剝削中產階級勞動力，進一步削減成本，並因此獲得高額股票選擇權。由於就業型態改變，許多例行性認知型和半技術操作型的工作機會從此消失。工作時數大幅下降，新工作機會主要出現在「低工時」產業和零工經濟中。低工資成長進而鼓勵西方家庭採用更多借貸和抵押以便維持他們的消費支出比率。隨著產業轉向「輕資產」商業模式，資本支出下降尤其反映在原油和零售產業，剩餘的支出主要集中在高科技產業。醫療保健和科技等產業的債務成倍增加，大幅抵銷能源、汽車和化工等傳統工業產業下滑的新債務規模。這些轉變被明顯的負向人口發展趨勢強化，進一步削弱潛在的經濟成長力。儘管總體就業率看似很高，由於工作機會不足引起的社會疏離卻更讓勞動者備受挫折。這些發展催生出巨大貧富差距，正摧毀政治光譜的中間地帶，形成所謂民粹政治，

並將社會分裂成左、右兩派極端。資本真的事關重大。

附買回交易崛起

　　歷史顯示，隨著經濟體系演進、整合和壯大，大型機構和既得利益者更想掌控並限制價格變動。這些僵固價格和工資引發更大幅數量和資產價格調整，進一步影響資產負債表和收益。中國於二〇〇一年成為世貿組織會員後，區域性供應鏈得以茁壯，美元更加廣泛應用在這些供應鏈中。本國貨幣兌美元匯率穩定性的需求隨之彰顯，帶動許多新興市場經濟體的外匯存底規模遽增，主權財富基金便是為求方便管理這些現金池應運而生。這段時期被觀察家們稱為「布列敦森林制度二期」（Bretton Woods II）。這些來自東方的資本流入占據集中企業與工業現金池的很大比重，發展成熟的西方企業同時也新設具備同等規模的美元現金池，這些加總起來的流動性至此超越傳統銀行所能提供安全、流動的資產規模。附買回交易崛起、更多美元的需求應運而生，這兩者既是安全資產持有，也是供應鏈中的流通手段，抵銷掉官方供應遲緩的窘境，因而導致它們更需要借道民間部門供應越來越多的替代品。反過來說，這道需求更多金融彈性的驅動力進一步推動美國聯準會利率和監管控制範圍之外的跨境資本流動激增，進而借道歐洲美元市場直接並間接提供額外的槓桿來源。這些境外自由流通的資本池成為不受監管的薹售融資的現成來源。它們不掛國旗，幾乎不守國界，而且移轉速度之快唯有最新通訊技術可以加以限制，因此便放大了全球流動性的循環。

　　總之，曾經代表十九世紀和二十世紀初金融市場特徵的波動性似乎重出江湖。這段漫長的歷史示警，資本主義公認擅長於創造總財富，但這種財富創造手法卻是借道破壞產業成本結構，繼而構築在高聳的金融巨塔之上。若放任發展，自由市場將造成傳統物價通縮，同時資產價格卻膨脹的後果。一旦這些資產泡沫化，更多的市場波動便隨之而來。西方的民間部門需要舉債

更多支持成長，但債務品質隨著債務膨脹而變差，最終只能借道更大規模的未來資產負債表再融資。資產負債表規模是體現金融流動性的另一種方式。然而，這種流動性建立在同一個安全的資產池上，但這個資產池卻摻雜民間部門素質參差不齊的債務。在這道惡性循環下，更多的劣質債務則透過更劣質的民間部門債務融資。

貨幣史告訴我們，支付系統需要一定程度的流動性支持，通常只有大國而非任何民營企業所能提供。換句話說，由於安全資產短缺應運而生的市場性解決方案只能在一定程度上起作用。但是國家控制貨幣體系的效力時強時弱。兩者之間的關係經常令人擔憂，而且這種無法避免的拉鋸關係呈現在民間部門尋求更大債務彈性，以及監管單位借道全新工具並加強監管力度以抑制債務成長。資本主義需要一套穩定的信貸工具支撐資本累積和擴張。黃金不夠有彈性，國家的貨幣供應往往與低通膨政策和「健全貨幣」意識形態不一致。美元至今一直發揮作用，但美元體系是否禁得起另一場世界性危機的考驗？民間部門總會透過創新產出全新替代品，但這些替代品往往不受國家控制和支持，而且有很強的順週期性。全球流動性循環的極端波動很大程度歸因於民間部門供應機制，尤其得歸因於強力貨幣的非正式來源這道改變，亦或是所謂的**影子貨幣基礎**變化。因此，在經濟低迷時期最需要流動性的時候，它根本就不存在。應運而生的是一套更脆弱、更順週期的金融體系。

不可否認，過去仍存在一些正向發展。過去二十年來，美國和世界經濟大規模**金融化**，使許多投資者的紙上財富遠多於二〇〇〇年網路泡沫高點時期。紙上財富反映出過多的廉價全球流動性，供應過剩主要歸因於非傳統貨幣政策。隨著央行創造新的貨幣，以及決策者和企業從一般市場中淘汰金融工具，可供民間部門購買的可用資產池（尤其是比較優質的資產）顯著縮水，追逐這些資產的資金規模卻大幅成長。過多的需求或貨幣能力進一步推高這些資產的預估價值。自一九九〇年代後期，當許多人聲稱由葛林斯班領導的美國聯準會致命地轉向持續寬鬆的貨幣政策以來，美國的名目國內生產

毛額以年平均四％至五％的速度成長。然而，股票、住宅和商用不動產、農業用地、政府公債、投資級和高收益企業債券、垃圾債券和槓桿貸款等投資工具的報酬率，卻遠超過理論上相應的經濟能力所應得。因此未來緊縮貨幣政策的可能性敦促投資者戒慎恐懼。

利率不是貨幣的價格，匯率才是

　　決策者面對這些威脅，即使祭出最新工具，保障穩定性的能力仍受局限。二〇一九年，英格蘭銀行前總裁馬文・金恩（Mervyn King）在國際貨幣基金組織年會上警告：「堅持貨幣政策的新正統並假裝我們讓銀行系統變得安全，我們實則夢遊中步向危機。」最新的估算顯示，美國的自然利率約為二％至二・五％，相當於美國聯準會政策利率近期的徘徊區間。如此低利率上限暗示，一旦下一次危機來襲，美國決策者進一步調降名目利率的空間將受到限制。降息依舊是決策者的本能，對美國聯準會來說如此，對諸如歐洲央行和日本央行等其他主要決策者更是如此。肯定地，有些決策者時而嘗試使用負利率，但隨之而來的代價是可能破壞重要的附買回機制，並損害商業銀行的獲利能力。換言之，負利率或接近負利率可能反常地破壞流動性供應[4]。謹慎的央行家們會不明智地延續這些實驗嗎？流動性理論的主要宗旨為，利率不是貨幣的價格，匯率才是。低利率反映產業資本的低報酬亦或是過度需求「安全」資產。決策者借道維持緊縮政策、降低利率和不擴充金融體系中的流動性量能，冒著破壞信貸機制的風險，就和他們在一九三〇年代初期經歷的困境一樣。

　　美國貝萊德投信（Blackrock）固定收益投資長瑞克・里德（Rick Rieder[5]）在近期研究通膨和通貨緊縮的報告中列舉一九七〇年代以來重現的長期通縮成因。積極的資本主義總會導致成本通縮。在他列出老化的嬰兒潮世代、更多的女性勞動力投入、中國、創新科技和原油輸出國家組織停擺等因素之外，我們或許還可以加入大規模生產帶來報酬遞增的影響，但此處關鍵是沒

有任何一處提到「貨幣」。事實上，相較這些結構性供應面轉變的力度，各國央行的因應手法甚至可能被指責避重就輕。至少二十年來，美國聯準會一直遵循全國物價通膨率達二％的目標。如果傳統的通膨不再〔採用貨幣學派大師米爾頓‧傅利曼（Milton Friedman）長期以來的主張〕**何時何地都屬於貨幣現象**，以及如果深受喜愛的菲利浦曲線已經失靈，那麼央行就是一直在浪費時間。更嚴重的是，他們一直忽略金融穩定這個貨幣政策確實發揮作用的領域。在全球化以及中國加入世貿組織造成的通貨緊縮供給衝擊中，以低通膨為目標吹出資產泡沫。各國央行似乎拒絕正視這一現象對金融穩定的影響。現今貨幣理論中的兩大爭論涉及數位貨幣和現代貨幣理論的未來角色，在在反映出人們質疑央行掌握拜占庭式全球金融制度的能力。這一點不出人意料之外。

再融資與全新融資系統

　　下一步是什麼？央行和監管機關必須重新關注金融穩定，尤其是提供足額「安全」資產和流動性，而非試圖調控傳統的通膨。通膨很大程度上是在體現實體經濟，而非僅是貨幣現象：簡而言之，中國的低成本模式已證明傅利曼的主張錯誤！決策者將被迫再次採取量化寬鬆政策，並可能因此顯著擴大央行的資產負債表，以取代二〇〇七至二〇〇八年全球金融危機期間永久喪失的融資能力。融資的衡量標準是總信貸流量，而不是淨信貸流量，對於促進亟需的債務延展至關重要，我們可視為未來的第四代、五代、六代等量化寬鬆。決策者必須確保體系中保有足夠的流動性，尤其是因為我們生活在一個債務再融資遠比新資本融資重要的世界。簡而言之，**資本能量**（金融部門的資產負債表規模）遠比**資本成本**（利率水準）重要。這暗示著，糾結在量化寬鬆和現代貨幣理論的整場爭論都被誤導，因為我們的經濟問題和低迷的新投資率與缺乏資金本身幾乎毫無關係。央行可以在二級市場上購買公

債，但不應該（在大多數情況下，法律也不允許）購買初級債券。然而，對政府債券的龐大需求不僅反映在目前的低殖利率，更反映在十分負向的期限貼水指數上。全球金融危機以來，過度需求政府公債這類「安全」資產是主要肇因，需求總量可能高占全球國內生產毛額八〇％。

　　理解這道變化多端的金融結構是制定正確政策的關鍵。有些人堅信，這樣的理解經常具有缺失（請參見二〇一七年考夫曼的報告）。真正的癥結不在於「大到不能倒」，而是「錯綜糾結到不能倒」。本質上，現代金融體系已不再只是一套新的融資系統，而是龐大的再融資系統。身為監管機關的央行是貨幣的壟斷供應者，卻只是眾多信貸供應者的一員，如同二〇〇七至二〇〇八年金融危機所示，它們可能影響利率水準，但沒有參與設定。另一方面，若缺乏適當監管，信貸循環將很難被理解與掌控。決策者必須重新建立追蹤信貸和流動性量能的專業知識。更重要的是，決策者應該朝向以資產為基礎建立的掌控架構，聚焦信用品質，而不是現今妥協於以負債為基礎的控制融資制度。安全資產的穩定供應至關重要。最重要的是，鎖定利率水準藉以控制迅速消失的消費者物價膨脹為（唯一）目標已不敷所需。一個比較理想的中級目標是鼓勵貨幣集團形成，並賦予集團之間相較於集團內部更大的匯率調整能力，同時建立更有效的工具抑制每一個集團內部的過度信貸成長，藉以維持金融穩定，包括發行較長存續期限的工具，好比三十年、五十年和一百年期政府債券，並通過多元方式抑制資本過度流動的負面影響。不過最重要的是，避免系統性風險意味著確保全球流動性穩定在足夠水位。

未來數十年：人民幣國際化

　　時至今日，全球流動性來自美國聯準會、中國人行和跨境資本流動這三大最重要的來源。跨境資本流動在很大程度上受制於美元匯率波動，而美元匯率在某種程度上又受聯準會控制，諷刺的是，它也掌握在中國人行手

中。這三大主要流動性來源中的每一道都有必要擴充。過去二十年經濟和金融版圖的最大轉變無疑是中國崛起。二〇〇〇年，中國約占全球流動性五・九％，但今日中國甚至超越美國，高占二七・五％。中國身為主要的美元使用國，歷來借道境外出口經濟需要之際及時提供財政刺激，以幫助穩定美元區域。儘管中國產業繼續擴張，但金融體系在許多方面仍然十分不成熟。這既解釋為何中國不得不成為重度的美元使用國，也解釋為何中國政府而非民營企業被迫回收這些美元。中國在選擇貨幣方面的順從角色不能一如既往。我們應該回顧第一章闡述的中國願景：

> ……我們應該推進人民幣成為亞洲的主導貨幣，就像美元先成為北美的貨幣，再成為全世界的貨幣一樣……每一次全球化都是被每一個崛起的帝國推動……作為一個崛起中的大國，「一帶一路」是中國全球化的初始階段……它是跟美國策略東移的一次對沖（節錄自二〇一五年四月中國人民解放軍少將喬良演說）。

儘管歷史告訴我們，一個國家在取得貨幣主導地位之前幾十年，經濟表現總是會比產業的競爭對手出色，這預示著全球金融市場的下一道發展階段重點幾近肯定將以人民幣崛起為特色。經常被用以反對人民幣的論點則是：信貸身為貨幣被採用的重要面向，它需要一個真正民主的國家。這種說法無法說服羅馬人同意，也無法解釋當時貨幣迪納里（denarii）何以廣泛流通⁶，更不會影響那些渴望在中國投資的鄰近國家。中國資金已經形成一股力量，未來幾年「中國人行觀察術」對投資者的重要性至少將與當今的「美國聯準會觀察術」一樣重要。

中國如何才能與位居主導地位的美元體系競爭並最終摧毀它？顯而易見的策略是擴大中國的國際資產負債表總量，正如第九章勾勒的願景，透過推動更多以人民幣計價的貿易；發展人民幣交易的信貸市場，這將允許中國的

銀行提供外國人更多貸款，並進一步向國際資本開放國內龐大的人民幣債券市場。這套策略的主要部分可能牽涉建立並使用數位人民幣。據稱中國在這方面發展已相當先進。我們將加密數位貨幣視為現金替代品，與現有的電子貨幣不同之處在於，它消除中介機構，並因此允許個人對個人轉帳。諸如加密貨幣之類的數位貨幣由於可以內部化清算與結算，因而不再需要銀行扮演中介機構。數位貨幣還可能使美元失去中介機構的地位，並削弱美國的金融實力。中國境內諸如支付寶和微信等平台早已取得主導地位，很快就有能力透過電子錢包容納國家發行的數位貨幣。一道巧妙的歷史對稱發展是，中國這個一千多年前就使用紙幣的先驅，可能成為第一個被更有變通性的電子和數位貨幣取代的重要國家。在中亞等周邊經濟體開發人民幣專屬市場，並提供以人民幣計價的發展援助和政府貸款，也將有助推進中國的目標。此外，中國可能會嘗試在境內市場重新部署更多供應鏈，將有助減少製成品進口，並呼應備受爭議的《中國製造二〇二五》政策[7]。正如稍早強調，在現有安排下，中國自相矛盾地被迫再出口美元，原本理想情境下它需要同時出口電子和數位人民幣。我們不僅應該期待這些方案在未來幾年加速推進，還必須質疑這種競爭是否損害全球流動性和民間部門金融資產負債表的擴張能力，或是會影響美國聯準會極重要的美元互換額度未來的可取得性？

地緣政治的力量起身抗衡

然而，人民幣不可能輕而易舉取得主導地位，因為它對美元霸權和整個西方金融體系構成存在主義式的威脅，將激發起身抗衡的地緣政治力量，並燃起阻礙資本自由流動的企圖。正如第八章概述，龐大的美元國際支付系統代表美國外交政策的關鍵部分，再考慮到順應更低的美國國債融資成本而生的好處，它也是美國預算政策的重要組成要素。以前的全球貨幣制度有過成功擊退類似的存在主義式攻擊的例子。不容置疑，美元最近擊退歐元的挑戰，歐元基本上在二〇一〇年至二〇一二年歐洲銀行業危機爆發後就屈服

了。英鎊—金本位制也曾受到法國領導和白銀支持的**拉丁貨幣聯盟**（Latin Monetary Union，一八六五年至一八七三年）挑戰。儘管新義大利王國和法國在普法戰爭（Franco-Prussian War，一八七〇年至一八七一年）落敗而中止，但對英鎊—金本位制的挑戰基本上是功敗垂成，因為梵諦岡教廷國（Vatican State）借道不斷發行低純度銀幣進行欺詐（我的天啊）。但由此看來，這些都等同於軍事衝突的財務等價物。這場資本戰爭的最終爭鬥肯定涉及美元、人民幣和數位／加密貨幣之間的霸權之爭，正如我們已預見，美元將對抗後兩者合為一體的單一股力量。決策者、商界領袖和投資者必須提出的問題是：數位人民幣能否成為二十一世紀的「安全」資產？我們必須為中國下一個階段的發展和實力做好準備。

最終結果是歷史而非經濟學說了算。普法戰爭最後是由勝利的德國人向法國索取巨額賠償金落幕。德國發出占領法國北部的大部分地區的威脅，一直到收到總額高達法國國內生產毛額四分之一的帳單才停手。法國最終提早兩年還清債務。法國將自己的黃金儲備交給德國，並透過新發行的政府債券提耶（Thiers）募集到數十億資金。這些債券在法國和全歐洲獲得大量超額認購。轉眼間，國際「安全」資產池大幅成長。此前的閒置存款因此活絡，信貸蓬勃發展並跨境向外擴展。事後來看，接踵而至的經濟榮景擴張的規模過大，最終導致另一場金融危機。所謂的一八七三年恐慌可以說是第一場貨真價實的全球危機，影響的區域涵蓋英國和歐洲大陸，並延伸至美國沿岸。在美國是借道更廣為人知的投機性鐵路泡沫、銀行家所創的同名金融機構傑依・庫克（Jay Cooke & Co.）破產，再加上廢除銀幣流通的《美國鑄幣法》（*US Coinage Act*），順勢而生的是內戰英雄尤利塞斯・格蘭特（Ulysses S. Grant）將軍在第二屆總統任內的穩健貨幣政策。總之，它強調創造「安全」資產的重要性以及當時全球流動性的新興力量。推動股票、債券和資產市場的力量是全球流動性（亦即儲蓄和信貸流動），**而非經濟**。

我們提出四點結論：

- 由於國際資本快速流動，投資世界因而日益壯大、更加相互聯通，而且變得波動性更大。
- 這種現象源於日益順週期的貨幣體系，受到民間部門信貸和債務主導，以全球供應鏈為特色，並以美元為基礎，而且受到快速流動的**全球流動性**所推動。
- 決策者未能理解千變萬化的金融結構、金融極化的扭轉、企業與工業現金池崛起以及機構聚焦於再融資而非新融資上。在在將導致不合時宜的貨幣政策，最終便將破壞穩定。
- 由於資本競爭限制跨境貿易、技術轉讓和風險資本自由流動，以數位貨幣為主的區域主義可能因而取代全球化。

注釋

1. 諷刺的是，三千億美元的外國專業投資機構（Qualified Foreign Institutional Investor, QFII）計畫只用掉三分之一額度。
2. Trabants是德語中的衛星：前東德車商薩克森林（VEB Sachsenring）製造的車輛，由二行程五百CC引擎提供動力。衛星本身就是共產主義技術成就的遺憾象徵，又被謔稱「有屋頂的火星塞」（sparkplug with a roof）。衛星沒有燃油表，一體式鋼製底盤和由蘇聯回收的棉廢料製成特色**熱固性**塑料車身。
3. 碰巧的是，鄧小平宣布下台的日期為一九八九年十一月九日，當天即為柏林牆倒塌日。
4. 請參見二〇一九年一月，馬可斯‧K‧布納梅爾與楊恩‧柯比合撰的報告〈逆轉利率〉，刊於普林斯頓討論文件（Princeton University Discussion Paper）。
5. 請參見二〇一九年九月貝萊德發表報告〈貨幣政策最終結局〉（The Monetary Policy Endgame）。
6. 標準羅馬銀幣，原來價值十個阿斯（asses）青銅幣。
7. 《中國製造二〇二五》政策即是中國借道專注發展高科技產業的計畫，諸如製藥、汽車、航空航天、半導體、資訊科技和機器人技術，與美國製造業相抗衡。目標是提升國內供應核心材料比率，由二〇二〇年的四〇％拉抬至二〇二五年的七〇％。

附錄

通膨、通縮和預估價值

我們最早就在第二章指出，通膨和通縮影響資產配置，就字面含意而言是借道它對價格與現金比率產生的影響，我們在第十章介紹過，它將影響資產的預估價值，好比傳統的本益比倍數。這一節將解釋這些明確主張。

附圖A‧一的曲線圖描繪理論說的本益比倍數與政府公債殖利率曲線（倒掛），兩者都與底部橫軸的年通膨率相對。實質資產的作為也被點明出來。股票價值包括基於違約機率與通縮期間存貨預估價值損失的額外風險貼水。同理，雖說通膨時期這些要素可能逆轉，但更高的債券殖利率拖累股票的預估價值水準，導致股票本益比倍數與通膨之間的關係呈現出這種駝峰模式。反之，債券預估價值（同樣就字面含意而言、同樣反過來說、同樣比較實質資產的預估價值）則呈現一種平滑向下傾斜的預估價值曲線。

駝峰關係意味兩道特徵：（一）當價格通膨年率壓低在好比一％至二％，股票享有最高預估價值水準，與（二）股票和債券變動之間的相關性主要取決於打底的通膨制度。這張曲線圖暗示，在通縮與低通膨期間，直到觸及定義股票預估價值高峰的通膨門檻，債券與股票都是呈現負相關。此後，在比較高的通膨率之下，債券與股票的預估價值都呈現正相關。就後者情境而言，一旦起漲的通膨率對股票收益產生足夠強烈的正面影響，這種預估價值打底的相關性就可能會在資產價格的層面崩潰。儘管如此，基本的主張有助解釋近年來這套債券和股票之間的相關模式為何出現讓人費解的變化。

附圖A.1   理論所謂本益比倍數、實質資產與債券殖利率（倒掛）對比通膨

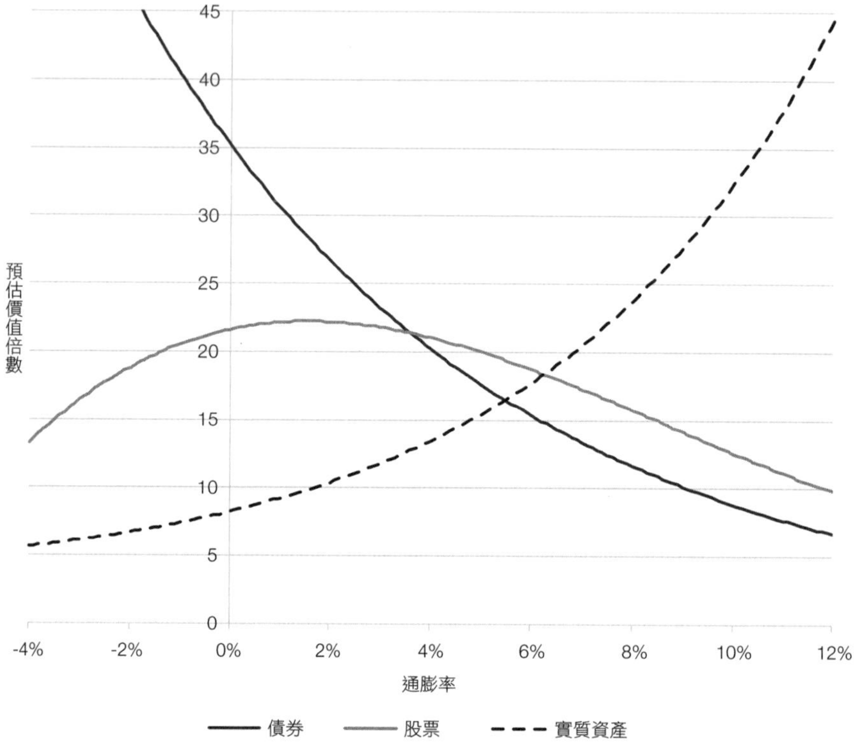

資料來源：跨境資本

　　日本市場提供一道明顯實例足以說明這種持續變化的相關性結構。一九八○年代後期，股票和債券之間的相關係數平均約為○‧六，那是在一個日本消費者價格通膨率定在幾乎是年率二‧五％的時代。一九九○年代後期，日本的年度通膨已經轉為負值，約莫是負○‧五％，導致股票和債券之間的相關係數平均崩落至負○‧四％。到了更近期，隨著二○○七年至二○○八年全球金融危機而來的通膨率下降至平均每年負一％左右，日本的股票和債券之間的相關係數暴跌至負○‧六％。換句話說，在低通膨、物價緊縮時期，債券提供理想的股票避險作用。

　　這份分析強調，資產預估價值是以通膨為條件：不是絕對標準。傳統通膨是連結資產市場預估價值的常見要素，這項事實或能解釋為何投資人經常比較股票和債券的相對預估價值。資產配置深受通膨與通縮影響，因為兩者都會打亂未來的負債。換句話說，這項常見要素促進股市與債市之間的套利行為，也足以用來解釋，為何相對預估價值採用好比收益或現金股息折現模型就能證明，它是比個別比較債券的殖利率與證券的本益比倍數更理想的投資工具。

　　圖Ａ‧二呈報的經驗數據似乎證實，附圖Ａ‧一的另一道特徵，也就是預估價值高峰與低通膨一致。雖說日本數據也證實這道特徵，但我們聚焦美國個案，從席勒的數據庫[1]擷取出一八八〇年以來的數據。曲線圖繪製美國週期調整本益比的五年平均數值，對比消費者價格通膨的五年平均比率。我們擬合三次函數關係，結果顯示，當通膨率趨近於零，週期調整本益比觸

附圖A.2　1881-2019，美國週期調整本益比與通膨率（平均總共連續5年）

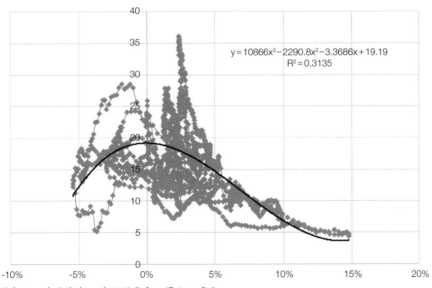

$$y = 10866x^3 - 2290.8x^2 - 3.3686x + 19.19$$
$$R^2 = 0.3135$$

資料來源：跨境資本、美國聯準會、羅伯‧席勒

頂,不過數據也支持我們的論點,亦即股票預估價值在正向通膨率位於低點時升到最高。我們想要傳達的訊息是,對資產配置決策而言,通膨真的事關重大。

數據來源說明

　　除非另有說明，否則所有附圖、附表的數據來源都來自跨境資本（CBC）的數據庫，二〇一九年三月至十月期間從 www.liquidity.com 下載，

　　這座網站提供同時以名目美元與在地貨幣計價的流動性與資本流動數據，也採用自家專屬的全球流動性指數，再加上涵蓋全球八十多國的數據庫，它提供始自一九八〇年以來的每月數據，有時則改採每週數據。它們同時採取實時與特定時間點的形式公布。

注釋

1.　請參見http://www.econ.yale.edu/~shiller/data.htm.

進階閱讀

一、《探討殖利率曲線》（*Inside the Yield Book*），一九七二年出版，所羅門兄弟經濟學家馬帝‧萊波維茲與希尼‧何姆（Sidney Homer）合撰。
這是一本頗具開創性的著作，建立債券的數學算式，並讓固定收益投資成為一門科學。在幕後，馬帝再度引入兩道重大的構想：可以套利的連續殖利率曲線的概念，以及麥氏存續期間（Macaulay Duration）[*]。

二、《利率史》（*A History of Interest Rates*），一九七七年出版，希尼‧何姆撰。
可能僅有少數人從頭讀到尾，但這一本廣獲引用的著作詳盡分類利率發展，始自遠古時期、跨越中世紀的歐洲，再到一九九〇年後的世界，涵蓋美洲、亞洲與非洲。套一句亨利‧考夫曼的話形容就是：「不作第二本想。」

三、《利率、市場和新金融世界》（*Interest Rates, the Markets, and the New Financial World*），一九八六年出版，亨利‧考夫曼撰。
我剛加入所羅門兄弟時，它可能是影響我最深的一本書。書中的先見之明至今依舊卓越非凡。亨利傾力預見信貸市場未來的不穩定性，據此發出警語。書中的流動性與資金流動分析讓人大開眼界，我經常回頭參考書中有關殖利率曲線的分析。

---

[*] 譯注：意指負債面之存續期間計算應包含保費收入。

四、《金融理論中的貨幣》（*Money in a Theory of Finance*），一九六〇年出版，約翰・G・格利與愛德華・S・蕭合撰。

格利與蕭引領業界之先，開創非銀行業的金融機構，或是當今我們所稱的「影子銀行」，所採用的「流動性」與創造信貸概念。這是一本艱澀沉重的著作，但書中論述傳統銀行與貨幣都失去各自的金融主導地位這道構想相當前衛。

五、《就業、利息和貨幣通論》（*The General Theory of Employment, Interest and Money*），一九三六年出版，約翰・梅納德・凱因斯撰。

這本眾所周知的著作愛者恆愛、恨者恆恨。凱因斯是第一批英國劍橋的貨幣理論家。他的兩大深刻洞見就是，第一，獨立的產業和金融貨幣循環真實存在；第二，「流動性陷阱」這類金融領域問題可能會破壞實體經濟活動與就業。

六、《資本論》（*Das Kapital*）全三卷，一八九四年出版，卡爾・馬克思撰。

這是一道爭議性頗高的選擇，但是馬克思身為經濟歷史學家，堪稱十九世紀資本主義制度下最優秀的編年史家。這套在他過世後才出版的著作看得到一些關於任何地方的貨幣市場與金融危機最細微的描述，但通篇充斥著憤世嫉俗的社會主義謾罵。另一道選擇是沃爾特・白芝浩的《倫巴第街》，不過馬克思著作的優勢在於放眼全球金融市場，不單僅限於倫敦。

參考資料

Adrian, Tobias, and Hyun Song Shin. 2007. Liquidity and Leverage. BIS Annual Conference, September.

Adrian, Tobias, and Hyun Song Shin. 2008. Money, Liquidity and Financial Cycles. FRBNY Current Issues, January/February.

Adrian, Tobias, and Hyun Song Shin. 2009. Money, Liquidity and Monetary Policy. New York Fed Staff Papers, January.

Adrian, Tobias, Erkko Etula, and Tyler Muir. 2014. Financial Intermediaries and the Cross□Section of Asset Returns. *Journal of Finance* 69 (6) (December): 2557-2596.

Adrian, Tobias, and Bradley Jones. 2018a. Shadow Banking and Market-Based Finance. IMF Working Paper No. 14/18.

Adrian, Tobias, and Nina Boyarchenko. 2018b. Liquidity Policies and Systemic Risk. *Journal of Financial Intermediation* 35 (Part B, July): 45-60.

Alessi, L., and C. Detken 2011. Quasi Real-Time Early Warning Indicators for Costly Asset Price Boom/Bust Cycles: A Role for Global Liquidity. *European Journal of Political Economy* 27 (3): 520-533.

Allen, Franklin, and Douglas Gale. 2007. *Understanding Financial Crises*. Oxford: Oxford University Press.

Bagehot, Walter. 1873. *Lombard Street*. London: Henry S. King & Co.

Baks, K., and C. Kramer. 1999. Global Liquidity and Asset Prices: Measurement, Implications and Spillovers. IMF Working Paper No. 99/168.

Bank for International Settlements. 2019. Triennial Central Bank Survey of Foreign Exchange and Over-The-Counter (OTC) Derivatives Markets in 2019. https://www.bis.org/statistics/rpfx19.htm.

Bank for International Settlements—Committee on the Global Financial System. 2011. Global Liquidity—Concept, Measurement and Policy Implications. CGFS Paper No. 45, November.

Bank of England. 2007. Financial Market Liquidity. *FSR*, April.

Bank of England. 2010. Quantitative Easing Explained. *BoE Website*.

Banque de France. 2018. Financial Stability Review No. 2, April.

Baring Securities. 1996. *The Financial Silk Road*. London.

Berger, Allen N., and Christa H.S. Bouwman. 2008. Financial Crises and Bank Liquidity Creation. Working Paper, August.

Bernanke, Ben S. 2005. The Global Saving Glut and the U.S. Current Account Deficit. Federal Reserve Board, Remarks made at the Sandridge Lecture, Virginia Association of Economists, Richmond, Virginia, March.

Bernanke, Ben S. 2008. Liquidity Provision by the Federal Reserve. Speech, Board of Governors of the Federal Reserve System, May 13.

Bernanke, Ben S., and Mark Gertler. 1995. Inside the Black Box: The Credit Channel of Monetary Policy Transmission. *The Journal of Economic Perspectives* 9 (4) (Autumn): 27-48.

Bernstein, Peter. 1992. *Capital Ideas.* New York: The Free Press.

Bierut, Beata. 2013. Global Liquidity as an Early Warning Indicator of Asset Price Booms: G5 Versus Broader Measures. DNB Working Paper No. 377, May.

Bookstaber, Richard. 2000. Understanding and Monitoring the Liquidity Crisis Cycle. *Financial Analysts Journal* 56 (5) (September/October): 17-22.

Borio, Claudio. 2012. The Financial Cycle and Macroeconomics: What Have We Learnt? BIS Working Papers No. 395, December.

Borio, Claudio, and Philip Lowe. 2002. Asset Prices, Financial and Monetary Stability: Exploring the Nexus. BIS Working Papers No. 114, July.

Borio, Claudio, and Haibin Zhou. 2008. Capital Regulation, Risk-Taking and Monetary Policy: A Missing Link in the Transmission Mechanism? BIS Working Papers No. 268, December 17.

Borio, C., and M. Drehmann. 2009. Assessing the Risk of Banking Crises-Revisited. *BIS Quarterly Review*, March, 29-46.

Borio, Claudio, and Anna Zabai. 2016. Unconventional Monetary Policies: A Re-appraisal. BIS Working Papers No. 570, July.

Borio, Claudio, Mathias Drehmann, and Dora Xia. 2019. Predicting Recessions: Financial Cycle Versus Term Spread. BIS Working Papers No. 818, October.

Bruno, Valentina, and Hyun Song Shin. 2015. Capital Flows and the Risk-Taking Channel of Monetary Policy. *Journal of Monetary Economics* 71 (April): 119-132.

Brunnermeier, Markus K., and Lasse Heje Pedersen. 2009. Market Liquidity and Funding Liquidity. *The Review of Financial Studies* 22 (6) (June): 2201-2238.

Brunnermeier, Markus K., and Yuliy Sannikov. 2014. A Macroeconomic Model with a Financial Sector. *American Economic Review* 104 (2): 379-421.

Brunnermeier, Markus K., and Yann Koby. 2019. The Reversal Interest Rate. Princeton Working Paper, January.

Bullard, James. 2010. The Seven Faces of the Peril. Federal Reserve of St. Louis.

Carlstrom, Charles T., and Sarah Wakefield. 2007. The Funds Rate, Liquidity and the Term Auction Facility. Federal Reserve Bank of Cleveland, December.

Carney, Mark. 2019. Pull, Push, Pipes. Speech, Tokyo, Bank of England, June 6.

Champ, Bruce, and Sarah Wakefield. 2008. Monetary Policy: Providing Liquidity. Federal Reserve Bank of Cleveland, January.

Chatterjee, Somnath, Ching-Wai (Jeremy) Chiu, Thibaut Duprey, and Sinem Hacioglu Hoke. 2017. A Financial Stress Index for the United Kingdom. Bank of England Working Paper No. 697, December.

Clower, Robert W. 1967. A Reconsideration of the Microfoundations of Monetary Theory. *Western Economic Journal* 6: 1-8.

Clower, Robert W. 1965. The Keynesian Counter-Revolution: A Theoretical Appraisal. In *The Theory of Interest Rates*, ed. F.H. Hahn and F. Breechling. IEA.

Committee for Global Financial Stability. 2011. Annual Report, Basel.

Coimbra, Nuno, and Helene Rey. 2019. Financial Cycles with Heterogeneous Intermediaries. NBER Working Paper No. 23245 (Revised).

Copeland, Morris. 1952. *A Study of Moneyflows in the United States.* NBER.

Cour-Thimann, Philippine, and Bernhard Winkler. 2013. The ECB's Non-standard Monetary Policy Measures the Role of Institutional Factors and Financial Structure. ECB Working Paper Series No. 1528, April.

D'Arista, Jane. 2002. Rebuilding the Transmission System for Monetary Policy. Financial Markets Center, November.

D'Arista, Jane. 2009. Rebuilding the Framework for Financial Regulation. Economic Policy Institute. Briefing Paper No. 231, May.

Darmouni, Olivier M., and Alexander Rodnyansky. 2017. The Effects of Quantitative Easing on Bank Lending Behavior. *The Review of Financial Studies* 30 (11) (November): 3858-3887.

Detken, C., O. Weeken, L. Alessi, D. Bonfim, M.M. Boucinha, C. Castro, S. Frontczak, G. Giordana, J. Giese, N. Jahn, J. Kakes, B. Klaus, J. H. Lang, N. Puzanova, and P. Welz. 2014. Operationalizing the Countercyclical Capital Buffer. ESRB Occasional Paper No. 5.

Di Maggio, Marco, Amir Kermani, and Christopher J. Palmer. 2018. How Quantitative Easing Works: Evidence on the Refinancing Channel. MIT Working Paper, June.

Drehmann, Mathias, and Kleopatra Nikolaou. 2009. Funding Liquidity Risk. ECB Working Paper No. 1024, March.

Drehmann, Mathias, Claudio Borio, and Kostas Tsatsaronis. 2011. Anchoring Countercyclical Capital Buffers: The Role of Credit Aggregates. BIS Working Paper, November.

ECB. 2002. The Liquidity Management of the ECB. *Monthly Bulletin*, May.

ECB. 2012. Global Liquidity: Concepts, Measurement and Implications from a Monetary Policy Perspective. *ECB Monthly Bulletin*, October.

Eggertsson, Gauti B., and Michael Woodford. 2003. The Zero Bound on Interest Rates and Optimal Monetary Policy. *Brookings Papers on Economic Activity* 2003 (1): 139-211.

Emmerson, Charles. 2013. *1913: In Search of the World Before the Great War*. New York: PublicAffairs.

Espinoza, Raphael A., and Dimitrious P. Tsomocos. 2008. Liquidity and Asset Prices. Working Paper, July.

European Central Bank. 2016. Dealing with Large and Volatile Capital Flows and the Role of the IMF. Occasional Paper No. 180, September.

Federal Reserve Board. 2012. Shadow Banking After the Financial Crisis, Remarks by Daniel K. Tarullo, June.

Financial Services Authority. 2008. Liquidity Risk Metrics, March 20.

Financial Stability Board. 2019. Global Monitoring Report on Non-bank Financial Intermediation, February.

Fisher, Irving. 1933. *Booms and Depressions*. New York: Adelphi Company.

Fornari, Fabio, and Aviram Levy. 2000. Global Liquidity in the 1990s. BIS Conference Papers No. 8, March.

Gagnon, J. 2016. Quantitative Easing: An Underappreciated Success. PIIE Policy Brief No. 16-4. Washington, DC.

Gali, Jordi. 2008. *Monetary Policy, Inflation, and the Business Cycle: An Introduction to the New Keynesian Framework and Its Applications*, 2nd ed. Princeton: Princeton University Press.

Geanakoplos, John. 2002. Liquidity, Default and Crashes: Endogenous Contracts in General Equilibrium. Cowles Discussion Paper No. 1316R, June.

Gerdesmeier, Dieter, Hans☐Eggert Reimers, and Barbara Roffia. 2010. Asset Price Misalignments and the Role of Money and Credit. *International Finance* 13 (3) (December): 377-407.

Gertler, Mark. 1988. Financial Structure and Aggregate Economic Activity: An Overview. *Journal of Money, Credit and Banking* 20 (3) (August): 559-588.

Goldberg, Linda S., and Robert Lerman. 2019. The U.S. Dollar's Global Roles: Where Do Things Stand? Liberty Street Economics, February.

Goldsmith, Raymond W. 1985. *Comparative National Balance Sheets: A Study of Twenty Countries, 1688-1978*. Chicago: University of Chicago Press.

Gopinath, G. 2016. The International Price System. Jackson Hole Economic Symposium.

Gopinath, Gita, and Jeremy C. Stein. 2018. Banking, Trade, and the Making of a Dominant Currency. NBER Working Paper, March.

Gorton, G., S. Lewellen, and A. Metrick. 2012. The Safe Asset Share. *American Economic Review* 102 (3): 101-106.

Gourinchas, Pierre-Olivier, and Helene Rey. 2007. International Financial Adjustment. *Journal of Political Economy* 115 (4) (August): 665-703.

Gourinchas, Pierre-Olivier, Helene Rey, and Maxime Sauzet. 2019. The International Monetary and Financial System. LBS Working Paper, April (Forthcoming, *Annual Review of Economics*).

Graham, Benjamin, and David Dodd. 1934. *Security Analysis*. New York: McGraw-Hill.

Griese, Julia V., and Christin K. Tuxen. 2007. Global Liquidity and Asset Prices in a Cointegrated VAR, July.

Gurley, J., and E. Shaw. 1960. *Money in a Theory of Finance*. Washington, DC: Brookings.

Harman, Jeremiah. 1819. Report from the Secret Committee of the Bank Resuming Cash Payments.

Bank of England.

Hawtrey, Ralph G. 1928. *Currency and Credit*, 3rd ed. London: Longmans.

Hayek, Frederick von. 1933a. *Prices and Production*. London: Mises Institute.

Hayek, Frederick von. 1933b. *Monetary Theory and the Trade Cycle*. London: Mises Institute.

He, Zhigu, and Arvind Krishnamurthy. 2012. A Model of Capital and Crises. *Review of Economic Studies* 79 (2): 735-777.

Hicks, John. 1939. *Value & Capital*. Oxford: Clarendon Press.

HMSO. 1959. Committee on the Working of the Monetary System: (Radcliffe) Report. Cmnd 827.

Holmstrom, Bengt, and Jean Tirole. 2001. LAPM: A Liquidity-Based Asset Pricing Model. *Journal of Finance* 56 (3) (October): 1837-1867.

Homer, Sidney. 1991. *A History of Interest Rates*. New Brunswick: Rutgers.

Horn, Sebastian, Carmen Reinhart, and Christoph Trebesch. 2019. China's Overseas Lending. Kiel Working Paper No. 2312, June.

Howell, Michael J. 2017. *Further Investigations into the Term Structure of Interest Rates*. London: University of London.

Howell, Michael J. 2018. What Does the Yield Curve Slope Really Tell Us? *The Journal of Fixed Income* 27 (4): 22-33.

Howell, Michael J. 2019. Measuring Bond Investors' Risk Appetite Using the Interest Rate Term Structure. *The Journal of Investing* 28 (6) (October): 115-127.

International Monetary Fund. 2010. Global Liquidity Expansion: Effects on 'Receiving' Economies and Policy Response Options. Global Financial Stability Report, April.

International Monetary Fund. 2012. Global Financial Stability Report, April.

Jevons, William Stanley. 1884. *Investigations in Currency and Finance*. London: Macmillan.

Jorda, Oscar, Moritz Schularick, Alan M. Taylor, and Felix Ward. 2018. Global Financial Cycles and Risk Premiums. NBER Working Paper No. 24677, June.

Kaldor, Nicholas. 1992. *The Scourge of Monetarism*. Oxford: Oxford University Press.

Kaufman, Henry. 1986a. Debt: The Threat to Economic and Financial Stability. *Economic Review*. Federal Reserve of Kansas.

Kaufman, Henry. 1986b. *Interest Rates, the Markets and New Financial World*. Time Books.

Kaufman, Henry. 2017. *Tectonic Shifts in Financial Markets*. Cham: Palgrave.

Keynes, John Maynard. 1936. *The General Theory of Employment, Interest and Money*. London: Macmillan.

Keynes, John Maynard. 1930. *A Treatise on Money*, 2 vols. London: Macmillan.

Kohn, Donald L. 2009. Monetary Policy Research and the Financial Crisis: Strengths and Shortcomings, Speech. Board of Governors of the Federal Reserve System, October 9.

Krishnamurthy, Arvind, and Annette Vissing-Jorgensen. 2011. The Effects of Quantitative Easing on Interest Rates: Channels and Implications for Policy. Brookings Papers.

Krishnamurthy, A., and A. Vissing-Jorgensen. 2012. Aggregate Demand for Treasury Debt. *Journal of*

Political Economy 120: 233-267.

Krishnamurthy, Arvind, and Annette Vissing-Jorgensen. 2013. The Ins and Outs of LSAPs. Jackson Hole Economic Symposium.

Lane, Philip R., and Peter McQuade. 2013. Domestic Credit Growth and International Capital Flows. ECB Working Paper No. 1566, July.

Lane, Philip R., and Gian Maria Milesi-Ferretti. 2008. The Drivers of Financial Globalization. *American Economic Review* 98 (2): 327-332.

Leibowitz, Martin L. 1986. Total Portfolio Duration [from *Investing*, Probus, 1992].

Leibowitz, Martin L. 2004. *Franchise Value*. Hoboken: Wiley.

Leibowitz, Martin L., Eric H. Sorensen, Robert D. Arnott, and H. Nicholas Hanson. 1989. A Total Differential Approach to Equity Duration. *Financial Analysts Journal* 45 (5) (September/October): 30-37.

Lombardi, Marco, Madhusudan Mohanty, and Ilhyock Shim. 2017. The Real Effects of Household Debt in the Short and Long Run. BIS Working Paper No. 607.

Lucas, Robert E. 1984. Money in a Theory of Finance. Carnegie-Rochester Conference Papers No. 21.

Macaulay, Frederick R. 1938. *Some Theoretical Problems Suggested by the Movements of Interest Rates, Bond Yields and Stock Prices in the United States Since 1856*, NBER.

Mandelbrot, Benoit, and Richard L. Hudson. 2004. *The Misbehavior of Markets: A Fractal View of Financial Turbulence*. New York: Basic Books.

Mian, Atif, Amir Sufi, and Emil Verner. 2017. How Do Credit Supply Shocks Affect the Real Economy? Evidence from the United States in the 1980s. NBER Working Paper, August.

Minsky, Hyman P. 1957. Central Banking and Money Market Changes. *Quarterly Journal of Economics* 71 (2) (May): 171-187.

Minsky, Hyman P. 1992. The Financial Instability Hypothesis. Jerome Levy Institute Working Paper No. 74, May.

Mishkin, Frederick S. 2007. Financial Instability and the Federal Reserve as a Liquidity Provider. Speech, Board of Governors of the Federal Reserve System, October 26.

Miranda-Agrippino, S., and H. Rey. 2019. US Monetary Policy and the Global Financial Cycle, March 28.

Moreira, Alan, and Alexi Savov. 2017. The Macroeconomics of Shadow Banking. *Journal of Finance* 72 (6) (December): 2381-2432.

Nikolaou, Kleopatra. 2009. Liquidity (Risk) Concepts: Definitions and Interactions. ECB Working Paper No. 1008, February.

Pedersen, Lasse Heje. 2008. Liquidity Risk and the Current Crisis. *Vox*, November 15.

Qiao Liang, Major-General. 2015. Speech, Chinese PLA, April.

Quah, Danny. 2011. The Global Economy's Shifting Centre of Gravity. *Global Policy* 2 (1) (January): 3-9.

Reinhart Carmen, M., and Kenneth S. Rogoff. 2009. *This Time Is Different: Eight Centuries of Financial Folly*. Princeton: Princeton University Press.

Rey, Helene. 2013. Dilemma Not Trilemma: The Global Financial Cycle and Monetary Policy

Independence. Jackson Hole Conference, August 2013.

Rey, Helene. 2015. IMF Mundell Fleming Lecture.

Ruffer, Rasmus, and Livio Stracca. 2006. What Is Global Excess Liquidity, and Does It Matter. ECB Working Paper No. 696, November.

Schularick, Moritz, and Alan M. Taylor. 2012. Credit Booms Gone Bust: Monetary Policy, Leverage Cycles, and Financial Crises. *1870-2008, American Economic Review* 102 (2): 1029-1061.

Shin, Hyun Song. 2012. Global Banking Glut and Loan Risk Premium. *IMF Economic Review* 60: 155-192.

Shostak, Frank. 2000. The Mystery of the Money Supply Definition. *Quarterly Journal of Austrian Economics* 3 (4) (Winter): 69-76.

Singh, Manmohan. 2013. Collateral and Monetary Policy. IMF Working Paper No. 13/186, August.

Singh, Manmohan, and Peter Stella. 2012. The (Other) Deleveraging: What Economists Need to Know About the Modern Money Creation Process. *CEPR VOX*, July 2.

Singh, Manmohan, and Rohit Goel. 2019. Pledged Collateral Market's Role in Transmission to Short-Term Market Rates. IMF Working Paper No. 19/106, May.

Sprinkel, Beryl W. 1964. *Money and Stock Prices*. Homewood: Irwin.

Stanton, Bernard F. 2007. *George F. Warren—Farm Economist*. New York: Cornell University Press.

Strahan, Philip. 2008. Liquidity Production in 21st Century Banking. NBER Working Paper No. 13798, February.

Stein, Jeremy C. 2012. Monetary Policy as Financial-Stability Regulation. *Quarterly Journal of Economics* 127 (1): 57-95.

Stigum, Marcia L. 1987. *Money Market*, Rev. ed. New York: McGraw-Hill.

Taleb, Nassim Nicholas. 2008. *Black Swan*. London: Penguin.

Taylor, Lance. 2008. Notes on Liquidity. *New School for Social Research*, April.

Thornton, Henry. 1802. *An Enquiry into the Nature and Effects of the Paper Credit of Great Britain*. London.

Tooze, Adam. 2018. *Crashed*. London: Penguin.

Tucker, Paul. 2004. Managing the Central Bank's Balance Sheet: Where Monetary Policy Meets Financial Stability. *BoE Quarterly Bulletin*, Autumn.

Tucker, Paul. 2018. *Unelected Power*. Princeton: Princeton University Press.

Vlieghe, Gertjan. 2016. Monetary Policy Expectations and Long-Term Interest Rates. Speech at London Business School, Bank of England, May.

Woodford, Michael. 2003. *Interest and Prices: Foundations of a Theory of Monetary Policy*. Princeton: Princeton University Press.

Zero Hedge. 2019. 12 Reasons Why Negative Rates Will Devastate the World, August 19.

Zucman, Gabriel. 2013. The Missing Wealth of Nations. *Quarterly Journal of Economics* 128 (3) (August): 1321-1364.

新商業周刊叢書BW0794

資本戰爭
熱錢如何重塑全球金融、撼動股市、左右大國爭霸

原 文 書 名／Capital Wars: The Rise of Global Liquidity
作　　　者／麥可‧J‧豪爾（Michael J. Howell）
譯　　　者／吳慕書
編 輯 協 力／張語寧
責 任 編 輯／鄭凱達
企 畫 選 書／陳美靜
版　　　權／黃淑敏
行 銷 業 務／周佑潔、林秀津、黃崇華、賴正祐

總 　 編 　 輯／陳美靜
總 　 經 　 理／彭之琬
事業群總經理／黃淑貞
發 　 行 　 人／何飛鵬
法 律 顧 問／台英國際商務法律事務所　羅明通律師
出　　　版／商周出版
　　　　　　臺北市104民生東路二段141號9樓
　　　　　　電話：(02) 2500-7008　傳真：(02) 2500-7759
　　　　　　E-mail: bwp.service @ cite.com.tw
發 　 　 行／英屬蓋曼群島商家庭傳媒股份有限公司　城邦分公司
　　　　　　臺北市104民生東路二段141號2樓
　　　　　　讀者服務專線：0800-020-299　24小時傳真服務：(02) 2517-0999
　　　　　　讀者服務信箱E-mail: cs@cite.com.tw
　　　　　　劃撥帳號：19833503　戶名：英屬蓋曼群島商家庭傳媒股份有限公司城邦分公司
訂 購 服 務／書虫股份有限公司客服專線：(02) 2500-7718；2500-7719
　　　　　　服務時間：週一至週五上午09:30-12:00；下午13:30-17:00
　　　　　　24小時傳真專線：(02) 2500-1990；2500-1991
　　　　　　劃撥帳號：19863813　戶名：書虫股份有限公司
　　　　　　E-mail: service@readingclub.com.tw
香港發行所／城邦（香港）出版集團有限公司
　　　　　　香港灣仔駱克道193號東超商業中心1樓
　　　　　　電話：(852) 2508-6231　傳真：(852) 2578-9337
馬新發行所／城邦（馬新）出版集團
　　　　　　Cite (M) Sdn. Bhd.
　　　　　　41, Jalan Radin Anum, Bandar Baru Sri Petaling, 57000 Kuala Lumpur, Malaysia.
　　　　　　電話：(603) 9057-8822　傳真：(603) 9057-6622　E-mail: cite@cite.com.my

封 面 設 計／萬勝安
印　　　刷／韋懋實業有限公司
經 　 銷 　 商／聯合發行股份有限公司　電話：(02) 2917-8022　傳真：(02) 2911-0053
　　　　　　地址：新北市新店區寶橋路235巷6弄6號2樓

■ 2022年3月10日初版1刷

國家圖書館出版品預行編目（CIP）資料

資本戰爭：熱錢如何重塑全球金融、撼動股市、左右大
國爭霸／麥可‧J‧豪爾（Michael J. Howell）著；吳慕
書譯.--初版.--臺北市：商周出版：英屬蓋曼群島商家
庭傳媒股份有限公司城邦分公司發行, 2022.03
　面；　公分.--（新商業周刊叢書；BW0794）
譯自：Capital wars : the rise of global liquidity
ISBN 978-626-318-155-7（平裝）

1.CST: 國際金融　2.CST: 金融政策　3.CST: 風險評估

561.8　　　　　　　　　　　　　　　　111000

線上版讀者回

Printed in Taiwan

定價520元
ISBN：978-626-318-155-7（紙本）　　ISBN：978-626-318-162-5（EPUB）

城邦讀書花園
www.cite.com.tw